C·H·Beck
PAPERBACK

W0363932

Die Themen Flüchtlings- und Einwanderungspolitik haben nach Meinungsumfragen für die Bundesbürger höchste Priorität. Doch Mythen und Legenden bestimmen oftmals die Diskussion, nicht nur im Umfeld von Pegida. Dem will dieses Buch abhelfen. Anschaulich und leicht verständlich führt es in die wichtigsten Daten, Fakten, Zusammenhänge und Entwicklungen ein – eine wichtige Orientierungshilfe für die Debatte im Einwanderungsland Deutschland.

Prof. Dr. Karl-Heinz Meier-Braun, langjähriger Leiter der Fachredaktion SWR International beim Südwestrundfunk in Stuttgart und Integrationsbeauftragter des Senders, ist Honorarprofessor für Politikwissenschaft an der Universität Tübingen und Mitglied im Rat für Migration (RfM).

Inhalt

III. Grundlagen

IV. Gruppen von Einwanderern

IX. Zukunftsperspektiven von Einwanderung und Asyl

Einleitung

Bis zu 7 Millionen Flüchtlinge - nachziehende Familienangehörige eingerechnet - könnten es alles in allem werden, so wurde noch im Oktober 2015 in Zeitungsberichten vermutet. Das Schreckgespenst eines Landes, das die Kontrolle über seine Grenzen verloren hat, geisterte durch Deutschland. Längst wurde die Zahl der Flüchtlinge - man sprach lange Zeit von einer Million - nach unten korrigiert, im Laufe des Jahres 2016 suchten immer weniger Asylbewerber Zuflucht in Deutschland. So könnte eigentlich zur Jahreswende 2016/17 die Schlagzeile «Wir haben das wieder einmal geschafft!» lauten, nachdem die sogenannte Flüchtlingskrise mehr oder weniger bewältigt wurde. Trotz des Chaos an den Grenzen, überforderter Behörden und überfüllter Flüchtlingsunterkünfte - vor allem durch die vielen ehrenamtlichen Helferinnen und Helfer ist Deutschland einigermaßen über die Runden gekommen. Vor ähnlichen Herausforderungen durch die Zuwanderung hatte das Land bereits verschiedene Male gestanden, beispielsweise als nach dem Zweiten Weltkrieg rund 12,5 Millionen deutsche Heimatvertriebene Zuflucht in der Bundesrepublik fanden. Oder als seit Mitte der 1950er Jahre Millionen von «Gastarbeitern» ins Land geholt wurden, die es zu integrieren galt. Von 1955 bis 1973 sind rund 14 Millionen Arbeitsmigranten eingewandert und etwa 11 Millionen wieder in ihre Heimat zurückgekehrt. In der aufgeheizten Debatte der letzten Zeit geriet dies alles genauso in Vergessenheit wie die Tatsache, dass bereits Anfang der 1990er Jahre ein halbe Million Asylanträge gestellt wurden. Stuttgart nahm damals vorübergehend mehr Flüchtlinge aus Jugoslawien auf als ganz Großbritannien. Schon 1980 stiegen die Flüchtlingszahlen und es gab Zeitungsschlagzeilen wie «Explosiver Zustrom von Asylbewerbern», «Flut von Wirtschaftsasylanten» oder «Scheinasylanten stoppen». 5 Millionen Spätaussiedler wurden im Laufe der Jahre aufgenommen. Die Beispiele zeigen: Deutschland ist schon seit Langem ein Einwanderungsland, auch wenn das immer wieder in Frage gestellt wird. Die Bundesrepublik hat sich durch Einwanderung verändert, ist nach dem Zweiten Weltkrieg zu einem weltoffenen Land geworden. Ob und wie es sich durch die «Flüchtlingskrise» verändern wird, bleibt abzuwarten. Wird es die Zugewanderten ein weiteres Mal integrieren können oder wird es sich abkapseln? Kippt die Stimmung, die immer noch ziemlich gut ist?

Wie viele Flüchtlinge endgültig hier bleiben werden, weiß niemand. Selbst die offiziellen Angaben zu ihrer Zahl wurden vom Bundesministerium des Innern immer mit einem Vorbehalt versehen. Sie stammen aus dem sogenannten EASY-System, einer Software-Anwendung zur Erstverteilung der Asylsuchenden auf die Bundesländer. «Bei den EASY-Zahlen sind Fehl- und Mehrfacherfassungen u. a. wegen der fehlenden Erfassung der persönlichen Daten nicht ausgeschlossen», schreibt das Ministerium immer wieder in seinen monatlichen Berichten. Am 30. September 2016 korrigierte der Bundesinnenminister höchstpersönlich die Zahl der Asylsuchenden aus dem Jahre 2015. Das sogenannte «EASY-Gap» – die Lücke zwischen der Zahl aus diesem System und der tatsächlichen Zahl der Asylbewerber – sei so gut wie geschlossen. Laut de Maizière lag sie für das Jahr 2015 bei rund 890 000. Davon seien 820 000 mittlerweise vollständig im sogenannten Kerndatensystem registriert. Rund 50 000 Schutzsuchende seien zunächst ebenfalls registriert worden, hätten aber in der Folge ihre Asylverfahren nicht mehr weiterbetrieben und dürften überwiegend weitergereist sein oder in ihr Herkunftsland zurückgekehrt sein. Die Differenz zu der Zahl von über einer Million, die bisher gehandelt wurde und die Diskussionen bestimmte, ergibt sich nach Angaben des Bundesinnenministers aus den Mehrfachmeldungen und der Tatsache, dass die späteren Weiter- oder Rückreisen nicht in EASY berücksichtigt werden. Im Laufe des Jahres ging die Zahl der neuen Asylbewerber weiter zurück, was Anlass zur «Entwarnung» hätte sein können, auch wenn 2016 immer noch zwei Drittel aller Anträge in den EU-Staaten in Deutschland gestellt wurden. Erst im Januar 2017 sprach der Bundesinnenminister davon, dass es gelungen sei, «das Migrationsgeschehen zu ordnen, zu steuern», das BAMF (siehe Frage Nr. 26) sei jetzt «über den Berg». Die Zahl der tatsächlichen Einreisen von Asylsuchenden sei deutlich zurückgegangen: Nach vorläufiger Berechnung könne von 280 000 Asylsuchenden in 2016 ausgegangen werden, ein Drittel der Zahl vom Vorjahr. Im EASY-System wurden 2016 allerdings noch 321 371 Zugänge von Asylsuchenden registriert. Jetzt – so Minister De Maizière – werde zum letzten Mal die Statistik aus dem EASY-System dargestellt. Beginnend mit Daten ab dem Monat Januar 2017 stehe dem Bundesamt eine valide Asylgesuch-Statistik zur Verfügung, die künftig anstelle von EASY herangezogen werden könne. Kritik an der Asylbilanz äußerte unter anderem die Menschenrechtsorganisation PRO ASYL: Der drastische Rückgang neuankommender Asylsuchender sei nicht das Ergebnis einer Verbesserung in den Herkunftsländern sondern einer rigorosen Abschottungspolitik. Selbst wenn alles in allem eine halbe Million Geflüchtete bleiben dürfen, ist das angesichts der jüngsten Einwanderungsgeschichte nicht sehr viel, auch wenn es anders zu sein scheint. Schließlich leben rund 17,1 Millionen Menschen in Deutschland, die einen Migrationshintergrund haben, d. h. selbst eingewandert oder direkte Nachkommen von Einwanderern, sind – eine Rekordmarke, die einem Bevölkerungsanteil von 21 Prozent entspricht. Würde man die deutschen Heimatvertriebenen und Flüchtlinge, die nach dem Zweiten Weltkrieg in Deutschland Schutz fanden, hinzurechnen, so würde sich dieser Anteil mehr als verdoppeln, und das Land bestünde zur Hälfte aus Migranten. Deutschland kann sich also mehr zutrauen, auch wenn es bei der Integration der Flüchtlinge vor einer ähnlichen Herausforderung steht wie bei der Eingliederung beispielsweise der Heimatvertriebenen im Nachkriegsdeutschland. Die «Bewältigung der Flüchtlingskrise» wird auf jeden Fall lange Zeit eine der wichtigsten Aufgaben für Deutschland sein, selbst wenn die Flüchtlingszahlen zurückgehen.

Neu und einmalig war im Herbst 2015, dass die Behörden und staatlichen Stellen angesichts der sehr großen Zahl von Flüchtlingen innerhalb weniger Tage überfordert waren und dass überwiegend Muslime kamen. Hinzu kam der fatale Eindruck in der einheimischen Bevölkerung, die Grenzen seien offen, es herrsche Anarchie, die ganze Welt käme nach Deutschland und der Treck wolle kein Ende nehmen. In Wirklichkeit waren die Grenzen schon vorher offen, wurden sehr schnell Grenzkontrollen eingeführt und das Asylrecht immer weiter eingeschränkt. Versäumt wurde es auch, eine beunruhigte Bevölkerung über das «Weltflüchtlingsproblem» grundlegend zu informieren, über die Rekordzahl von 65 Millionen Flüchtlingen, von denen aber die meisten im eigenen Land oder in Nachbarländern Schutz suchen. So sind 6 Millionen Syrer im eigenen Land auf der Flucht, fast 5 Millionen sind vor allem in Nachbarländer geflohen. Der Libanon beherbergt seit Jahren 1,5 Millionen Flüchtlinge, ein Land halb so groß wie Mecklenburg-Vorpommern. Kriege, Bürgerkriege und andere Fluchtursachen in Afrika oder Lateinamerika geraten in Europa aus den Schlagzeilen. Ein aktuelles Beispiel ist Kolumbien, lange Zeit in Vergessenheit geraten, dann wieder in den

Nachrichten, das Land, das über 220 000 Tote in einem jahrzehntelangen Bürgerkrieg zu beklagen hat, mit über 6 Millionen Binnenflüchtlingen, die sich nicht auf den Weg nach Europa gemacht haben.

Neu ist in Deutschland aber auch eine bisher noch nicht dagewesene Welle der Hilfsbereitschaft. Schätzungsweise 10 Prozent der deutschen Bevölkerung haben sich an der Flüchtlingshilfe beteiligt, ein Drittel hat Sachspenden zur Verfügung gestellt. Für die Zukunft bleibt die Frage, wie das Land mit der aktuellen Bedrohung durch Gewalt und Terror umgeht, die Deutschland 2016 erschütterte - in einer Zeit, in der so etwas wie Ruhe und Normalität in die hitzige Flüchtlingsdebatte einzukehren schien. Vor allem weil zwei Flüchtlinge - offensichtlich mit islamistischem Hintergrund - für Anschläge in Würzburg und Ansbach verantwortlich waren, setzte eine erneute Debatte um innere Sicherheit und verschärfte Ausweisungsbestimmungen ein, die sich nach dem Terroranschlag auf dem Berliner Weihnachtsmarkt zuspitzte und zu weiteren Verschärfungen in der Asylpolitik führte. Die CSU stellte eine direkte Verbindung zwischen den Anschlägen und der Flüchtlingspolitik von Angela Merkel (CDU) her. Die Bundeskanzlerin selbst bekräftigte trotz allem ihr «Wir schaffen das!» und stellte einen Neun-Punkte-Plan für mehr Sicherheit vor. Nach dramatischen Stimmverlusten ihrer Partei bei Landtagswahlen sowie dem zunehmenden Erfolg der AfD (Alternative für Deutschland) räumte Merkel allerdings politische Fehler in der Flüchtlingspolitik ein und rückte von ihrem Satz «Wir schaffen das!», der schon fast zum geflügelten Wort in Deutschland geworden war, in gewissem Sinne ab. Sie habe den Satz «übertrieben oft» benutzt, obwohl er nicht die vor der Bundesrepublik liegende Aufgabe abbilde und «zu einem schlichten Motto, beinahe einer Leerformel geworden» sei. Obwohl sie, so Merkel, damit vor allem eine Haltung und ein Ziel habe ausdrücken wollen, fühlten sich offenbar viele Bürger davon «provoziert».

Befinden wir uns wirklich in einer «Flüchtlingskrise»? Ist es nicht vielmehr eine Krise der Migrations- und Flüchtlingspolitik, vor allem auch auf europäischer Ebene? Staaten wie Italien, Griechenland oder Spanien waren angesichts hoher Flüchtlingszahlen schon seit Langem überfordert. Deutschland und andere europäische Länder haben hier lange Zeit weggeschaut und das Drama im Mittelmeer ignoriert. So sagte die Bundeskanzlerin im September 2016 selbstkritisch, sie habe sich «lange Zeit gerne auf das Dublin-Verfahren verlassen, das uns Deutschen das Problem abgenommen hat.» Die Kanzlerin weiter: «Wenn ich könnte, würde ich die Zeit um viele, viele Jahre zurückspulen.»

Die letzten Jahre sind sicher für die Migrationspolitik sehr schwierig gewesen, aber solche Problemlagen sind nicht neu in Deutschland. Sie erinnern an 1991/92, als die Debatte um hohe Flüchtlingszahlen und die Änderung des Grundgesetzes tobte. Bundeskanzler Helmut Kohl sagte damals im Oktober 1992 auf dem CDU-Parteitag: «Die Grenze der Belastbarkeit ist überschritten. Die Situation hat sich dramatisch zugespitzt. Wenn jetzt nicht gehandelt wird, stehen wir vor der Gefahr einer tiefgehenden Vertrauenskrise gegenüber unserem demokratischen Staat, ja – ich sage es mit Bedacht –, eines Staatsnotstandes.» Nicht nur die Flüchtlinge, auch die Zuwanderung von «Gastarbeitern» oder Spätaussiedlern, oft Russlanddeutsche genannt, führten zu angeblichen Krisensituationen in Deutschland. So sagte beispielsweise 1996 der damalige SPD-Bundesvorsitzende Oskar Lafontaine: «Zudem muss die von der Union geförderte Aussiedlerzuwanderung gestoppt werden. In den vergangenen Jahren sind über eine Million Aussiedler als Erwerbspersonen zugewandert. Bei über vier Millionen Arbeitslosen ist das unverantwortlich.»

Es bleibt abzuwarten, wie die politische Auseinandersetzung um die Flüchtlingspolitik weitergeht und wie sie sich auf die Bundestagswahl 2017 auswirken wird, ob dadurch rechtspopulistische und rechtsradikale Strömungen weiteren Auftrieb erhalten oder ob es gelingt, das Thema zu versachlichen. Die Debatten um die doppelte Staatsangehörigkeit und das Burka-Verbot lassen nichts Gutes ahnen.

Dieses Buch möchte einen Beitrag zur Versachlichung der Diskussion leisten. Es versteht sich als Einführung in ein Thema, das jetzt und sicher auch in der Zukunft wie kaum ein anderes die Gemüter bewegt. Diese Einführung in das Migrationsgeschehen im Einwanderungsland Deutschland ist auf eine unerwartet große und positive Resonanz gestoßen, vor allem auch bei den Landeszentralen und der Bundeszentrale für politische Bildung. Bei einer Lesung in einer Kirchengemeinde sagte ein – wie er sich selbst bezeichnete – «einfaches Kirchengemeindemitglied», er sehe das so: Jede Generation habe ihre Aufgabe. Nach dem Krieg sei es um den Aufbau des Landes und die Heimatvertriebenen gegangen. Die Aufgabe der heutigen Generation sei die Integration der Flüchtlinge. Das bringt es vielleicht auf den Punkt.

Eine kleine redaktionelle Anmerkung: Die männlichen Formen (z. B. «Migranten») gelten selbstverständlich stets auch für Frauen (z. B. «Migrantinnen»). Mein besonderer Dank gilt Dr. Sebastian Ullrich vom Verlag C.H.Beck.

Das Buch widme ich meiner Frau Margot Meta Meier-Braun.

Stuttgart, im Januar 2017

Karl-Heinz Meier-Braun
(www.meier-braun.de)

I. Statistik

1. Kann man den Zahlen zu «Einwanderung und Asyl» trauen?

«Ich glaube nur der Statistik, die ich selbst gefälscht habe.» Dieses Zitat wird immer wieder dem britischen Premierminister Winston Churchill zugeschrieben. In Wirklichkeit stammt es aus dem deutschen Reichspropagandaministerium und vermutlich von Joseph Goebbels selbst, der Churchill lächerlich machen wollte und ihm das Zitat «untergeschoben» hat. Wenn man also selbst Zitaten zur Statistik nicht trauen kann, wie sieht es dann mit den Statistiken selber aus? Weniger die Statistiken sind das Problem als die Art und Weise, wie sie dargestellt und für die eigene Argumentation benutzt bzw. interpretiert werden.

Lange Zeit mangelte es sogar an Daten und Zahlen. Während bereits 1980 eine heftige Diskussion über die Asylpolitik geführt wurde, musste eine Bund-Länder-Arbeitsgruppe einräumen: «Über die Zahl, die Herkunft, den Familienstand und Familiennachzug der Asylbewerber in der Bundesrepublik Deutschland gibt es zur Zeit kaum gesichertes statistisches Material.» Der 6. Familienbericht der Bundesregierung zur Situation ausländischer Familien in Deutschland bezeichnete noch im Jahr 2000 die Reichweite statistischer Kenntnisse als begrenzt und stellte fest: «Wie viele Familien ausländischer Herkunft in Deutschland leben, wissen wir nicht.» Die Unabhängige Kommission «Zuwanderung», geleitet von der früheren Bundesfamilienministerin und Bundestagspräsidentin Rita Süssmuth (CDU), schrieb 2001 in ihrem Abschlussbericht: «Die Kommission ist im Verlauf ihrer Arbeit immer wieder an Grenzen der Durchschaubarkeit gestoßen.» Die Statistiken über das Wanderungsgeschehen seien unzulänglich und erlaubten keine «zweifelsfreie Beurteilung des gesamten Zuwanderungsgeschehens».

Der Migrationsbericht der Bundesregierung für das Jahr 2011 sorgte für Erstaunen, weil plötzlich die Menschen mit dem Herkunftsland Türkei von einem Jahr auf das andere enorm zugenommen hatten. Ihre Zahl stieg innerhalb von einem Jahr um rund 20 Prozent. Des Rätsels Lösung: Es handelte sich um 471 000 Kinder, die in Deutschland als «Deutsche», also mit deutscher Staatsangehörigkeit, auf die Welt gekommen waren. Bisher waren sie in der Statistik «unsichtbar» und wurden nur in der großen Gruppe von «Menschen mit Migrationshintergrund ohne Angabe zum Herkunftsland» mitgezählt. Das hatte sich nun geändert. Kinder, deren Eltern beide denselben Migrationshintergrund hatten, wurden zum ersten Mal Herkunftsländern zugeordnet, und so kam die Verschiebung bzw. Steigerung zustande.

Vor allem die Asylstatistik ist nicht unproblematisch. Dort werden Fälle – Anträge – gezählt und nicht Menschen. Die Zahlen beziehen sich also auf alle Anträge auf Asyl, einschließlich Folgeanträgen von Asylbewerbern, deren Antrag bereits abgelehnt wurde, oder die z. B. ihren Antrag zurückgezogen haben. Immerhin 22,5 Prozent aller Anträge hatten sich so, wie es im Amtsdeutsch heißt, «anderweitig erledigt», u. a. durch Rücknahme des Asylantrags. Von der offiziellen Asylstatistik müssen zunächst einmal die Folgeanträge – mindestens 15 Prozent – abgezogen werden. Man muss zudem bei dieser Statistik, die in der politischen und öffentlichen Diskussion eine wichtige Rolle spielt, fragen, auf wen sie sich bezieht. Auf alle Asylanträge einschließlich derjenigen, die bereits einen erfolglosen Antrag gestellt haben, oder auf die Zahl der Flüchtlinge, die schon einen Flüchtlingsstatus anerkannt bekommen haben, aber keine Asylbewerber mehr sind. Das Bundesinnenministerium bezieht sich auf die gesamte Zahl aller Asylanträge, die dann mit der Zahl an Asylbewerberzahlen gleichgesetzt werden. Wenn man wissen will, wie viele neue Asylbewerber einen Antrag gestellt haben, sollte man nur die Erstanträge zählen. Wichtig ist auch der Vergleichszeitraum. Anfang der 1990er Jahre in der heftig geführten Debatte um die Änderung des Grundgesetzes veröffentlichte beispielsweise das Bundesinnenministerium jeden Monat steigende Asylbewerberzahlen. Einmal wurden im Vergleich der Vormonat, dann das letzte Quartal oder Zeiträume aus dem letzten Jahr herangezogen. Auch wenn die Zahlen insgesamt hoch waren, stieg nach dieser Statistik die Zahl der Asylbewerber dauernd dramatisch an. Vergleicht man aber die Zahlen seit dem Zweiten Weltkrieg, so wird deutlich, dass es ein Auf und Ab gibt, in dem sich die Kriege, Bürgerkriege und Katastrophen auf der Welt spiegeln, was eigentlich ganz «natürlich» ist.

Die Migrationszahlen für Deutschland müssen insgesamt relativiert werden. Grundlage sind die Angaben der Meldebehörden. Auch Studenten oder Saisonarbeiter tauchen darin auf, was zu Verzerrungen führt. Grundlage für die Statistiker ist der Mikrozensus, eine Stichprobenerhebung, bei der jährlich rund ein Prozent der Bevölkerung in Deutschland befragt wird. Um aus diesen Daten Aussagen über die gesamte Bevölkerung ziehen zu können, müssen die Daten entsprechend hochgerechnet werden. Immer wieder kommt es zu Korrekturen. Der Zensus hat beispielsweise gezeigt, dass am 9. Mai 2011 in Deutschland 80,5 Millionen Menschen lebten, darunter 6,2 Millionen Ausländer. Das sind insgesamt 1,5 Millionen Menschen weniger – darunter 1,1 Millionen Ausländer weniger –, als damals angenommen wurde. Auch die internationalen Migrations- und Flüchtlingszahlen sind teilweise vage. Eine zuverlässige Quelle ist der Hohe Flüchtlingskommissar der Vereinten Nationen (UNHCR), der allerdings auch auf die Angaben von Ländern beispielsweise in Afrika angewiesen ist, deren Statistiken oft unzureichend sind. Vor allem die Zahl der Binnenflüchtlinge, die im eigenen Land Schutz suchen, bleibt eine Schwachstelle in der Statistik. Diese Flüchtlinge werden unterschiedlich erfasst, zumal sie keinen Schutz nach völkerrechtlich verbindlichen Bestimmungen genießen. Die Zahl der Vertriebenen im eigenen Land ist aber wichtig, weil sie den größten Teil der Flüchtlinge auf der Welt ausmachen. Die Daten zum «Weltflüchtlingsproblem» sollten also zunächst auf eine realistische Basis gestellt werden, weil sie Grundlagen für politische Entscheidungen sind und die Diskussion versachlichen können. Diese Forderung, die seit Jahren erhoben wird, blieb bislang unerfüllt. Um besseres Datenmaterial zu erhalten, wurde jetzt in Berlin das Global Migration Data Analysis Center (GMDAC) von der Internationalen Organisation für Migration (IOM) mit Unterstützung der Bundesregierung ins Leben gerufen. Nach Angaben von IOM liefert nur eins von vier Ländern weltweit belastbare Zahlen. Auf einer internationalen Konferenz der IOM im Dezember 2016 in Berlin, finanziell gefördert u. a. von der Europäischen Kommission, wurde ein Schritt in Richtung besseres Datenmaterial zur Migration und Integration unternommen.

Auch was die Zahlen der Arbeitsmigration und Einwanderer weltweit angeht, besteht Abstimmungsbedarf. Manche Länder sprechen von einem Daueraufenthalt und Einwanderung, wenn sich die Menschen ein Jahr im Land aufhalten, andere zählen schon ein halbes Jahr als dauerhaft, andere haben wiederum eine noch längere Zeitdauer als ein Jahr. Das alles führt zu Verzerrungen in der Migrationsstatistik.

2. Wie viele Ausländer leben in Deutschland? Kaum zu glauben, aber wahr, selbst nach den offiziellen Zahlen des Statistischen Bundesamtes gibt es drei verschiedene Angaben über die ausländische

Wohnbevölkerung zum 31. Dezember 2015: 9,11 Millionen nach dem Ausländerzentralregister, 8,65 Millionen nach der Bevölkerungsfortschreibung und 7,8 Millionen, die im Zusammenhang mit dem Migrationshintergrund genannt werden.

Immerhin schwanken die Zahlen um 1,3 Millionen, was erhebliche Folgen für die öffentliche Diskussion oder auch die Integrationspolitik hat. Dies liegt einmal an den unterschiedlichen Berechnungsarten, keineswegs an Fehlern der Statistiker, die wichtiges Zahlenmaterial liefern. Die Zahlen variieren schon seit Jahren, nicht erst seit der «Flüchtlingskrise», die weitere Unsicherheiten in die Statistik gebracht hat. Flüchtlinge werden dem Ausländerzentralregister gemeldet, wenn sie erfasst wurden und sind dann in der Statistik enthalten. Aufgrund der teilweise chaotischen Zustände und der Überforderung der Behörden wurden aber nicht alle Flüchtlinge zeitnah registriert.

Zum 31. Dezember 2015 war die ausländische Bevölkerung in Deutschland nach dem Ausländerzentralregister auf eine neue Rekordzahl von rund 9,1 Millionen angewachsen, was einer Steigerung gegenüber dem Vorjahr um rund 12 Prozent entspricht. Mit 1,5 Millionen stellten die türkischen Staatsangehörigen nach wie vor die stärkste Gruppe, auch wenn ihre Zahl wie in den Vorjahren um 1,4 Prozent zurückging. Die Polen folgten in der Statistik mit etwa 741 000 und einer Steigerung von fast 10 Prozent. Dann kommen die Italiener mit rund 596 000 und einem Plus von fast 4 Prozent, gefolgt von den Rumänen mit 452 000 und einem Plus von 27 Prozent. Nach ihnen kamen schon die Syrer mit 366 556 Personen und einer Steigerung von 210 Prozent. Ihnen folgten die Griechen mit rund 340 000 und einem Plus von 3,5 Prozent, die Kroaten mit rund 298 000 und einer Steigerung von 13 Prozent und schließlich die Staatsangehörigen der Russischen Föderation mit etwa 230 000 und einem Plus von 4,3 Prozent.

3. Was ist ein Migrationshintergrund? Die Unterscheidung zwischen deutscher und ausländischer Nationalität hat sich nicht nur in der Statistik immer mehr als unzureichend erwiesen, weil sich inzwischen viele Ausländer haben einbürgern lassen. Integrationsmaßnahmen wie Sprachkurse oder schulische Förderungen sind aber nach wie vor für diese Gruppe notwendig. Deshalb wird seit 2005 in der amtlichen Haushaltsbefragung (Mikrozensus mit 1 Prozent

Stichprobe der Bevölkerung) nach dem Migrationshintergrund gefragt, so dass auch Personen mit deutscher Staatsbürgerschaft erfasst werden, die eingebürgert wurden. Einen Migrationshintergrund haben daher sowohl die seit 1950 nach Deutschland Eingewanderten und deren Nachkommen als auch die ausländische Bevölkerung. Um einen Migrationshintergrund bescheinigt zu bekommen, muss man also entweder selber einen ausländischen Pass besitzen bzw. besessen haben oder Vater oder Mutter bzw. beide müssen eine ausländische Staatsangehörigkeit haben bzw. gehabt haben.

Der Begriff Migrationshintergrund wird zwar bisweilen belächelt und als zu «sperrig» bezeichnet, freilich ohne Alternativen anzubieten. Auch wird kritisiert, dass damit Menschen, die hier geboren und aufgewachsen sind, immer noch als Migranten in der dritten oder vierten Generation abgestempelt würden. Trotzdem hat er sich in den letzten Jahren durchgesetzt, auch wenn häufig nicht vermittelt wird, was genau damit gemeint ist. Um die Kritik aufzunehmen, wird zunehmend zwischen Menschen «mit/ohne eigene Migrationserfahrung» unterschieden. So soll vermieden werden, dass sich der Migrationshintergrund «unendlich» vererbt. In Zukunft wird es sicher weitere Veränderungen geben, zumal das Mikrozensusgesetz von 2005, auf dem die Befragung zum Migrationshintergrund basiert, ausläuft und der Gesetzgeber eine neue Grundlage schaffen muss. Der entsprechende Gesetzentwurf enthält neue Merkmale wie das Geburtsland, die das Statistische Bundesamt in seine Tabellen und Analysen aufnehmen will. Das Statistische Bundesamt hat jedoch nicht vor, die Definition des Migrationshintergrunds zu verändern, wie es auf Anfrage im November 2016 mitteilte.

4. Wie viele Menschen mit Migrationshintergrund leben in Deutschland? Die Zahl der Menschen mit Migrationshintergrund erreichte mit 17,1 Millionen im Jahr 2015 ein Rekordniveau. Wie das Statistische Bundesamt mitteilte, entsprach das einem Anteil an der Bevölkerung von 21 Prozent. Der außergewöhnlich hohe Anstieg ist vor allem auf ausländische Zuwanderer zurückzuführen. Mit 9,3 Millionen hat der größte Teil der Bevölkerung mit Migrationshintergrund einen deutschen Pass. 7,8 Millionen waren (nach dem Mikrozensus) Ausländerinnen und Ausländer. Die 9,3 Millionen Deutsche können in drei Gruppen untergliedert werden: Eingebürgerte (2,4 Millionen), (Spät-)Aussiedler (3,1 Millionen) und Deutsche durch Geburt

(3,8 Millionen). Von den Menschen mit Migrationshintergrund sind 11,5 Millionen selbst zugewandert, haben also eigene Migrationserfahrung, rund 5,7 Millionen sind in Deutschland geboren. Der größte Teil der Personen mit Migrationshintergrund lebt in den alten Bundesländern und in Berlin. Der Bevölkerungsanteil der Personen mit Migrationshintergrund reichte von rund 4 Prozent in Thüringen bis fast 29 Prozent in Hamburg oder Bremen. Heute noch bilden Menschen aus den sogenannten «Gastarbeiterländern» eine sehr bedeutende Gruppe der Bevölkerung mit Migrationshintergrund: 6,3 Millionen haben ihre Wurzeln in diesen Anwerbestaaten, vor allem in der Türkei, in Italien und in Griechenland. Rund ein Drittel stammt also aus «Gastarbeiter-Anwerbeländern».

Die Bevölkerung mit Migrationshintergrund ist durchschnittlich jünger als die Bevölkerung ohne Migrationshintergrund. Den höchsten Anteil verzeichneten die Statistiker bei den Unter-5-Jährigen, wo mehr als jeder Dritte (36 Prozent) einen solchen Hintergrund hatte. In den Ballungsräumen liegt dieser Anteil noch viel höher, teilweise bei 60 Prozent. Die Bevölkerung mit und ohne Migrationshintergrund unterscheidet sich, was den Bildungsstand angeht. Personen mit ausländischen Wurzeln haben deutlich häufiger keinen Schulabschluss oder nur einen Hauptschulabschluss. Außerdem haben sie dreimal häufiger keinen Berufsabschluss. Beide Gruppen erreichen aber akademische Abschlüsse in gleichem Umfang. Auch auf dem Arbeitsmarkt gibt es gravierende Unterschiede. So waren in der Altersgruppe der 25- bis Unter-65-Jährigen Personen mit Migrationshintergrund seltener erwerbstätig. Sie arbeiteten fast doppelt so häufig als Arbeiter und Arbeiterinnen, seltener als Angestellte oder Beamte und waren fast doppelt so häufig ausschließlich geringfügig beschäftigt. Menschen mit Migrationshintergrund sind fast doppelt so häufig erwerbslos wie jene ohne einen solchen Hintergrund. Auch das Armutsrisiko ist doppelt so hoch wie bei Menschen ohne Migrationshintergrund. Die Arbeitslosenquote von Ausländern ist inzwischen fast dreimal so hoch wie von Deutschen. «2016 sind wir bei der Teilhabe und Integration in Deutschland grundsätzlich auf einem guten Weg», so die Beauftragte der Bundesregierung für Migration, Flüchtlinge und Integration, Staatsministerin Aydan Özoğuz bei der Vorstellung ihres Migrationsberichts im Dezember 2016. Kinder mit familiären Einwanderungsgeschichten würden deutlich häufiger von einem Kita-Besuch profitieren, Jugendliche mit Migrationshintergrund höhere Schulabschlüsse als vor fünf Jahren erreichen und die Erwerbstätigkeit sei – wenn auch gering – gestiegen.

Auch was die Zahlen über den Migrationshintergrund angeht, machen die Statistiker einen Vorbehalt: «Es ist davon auszugehen, dass der Mikrozensus 2015 die Zuwanderung des Jahres 2015 nur teilweise widerspiegelt. Dies ist insbesondere auf die Schutzsuchenden zurückzuführen, die vor allem in der zweiten Jahreshälfte 2015 nach Deutschland kamen und in Erstaufnahmeeinrichtungen lebten, in denen generell keine Mikrozensus-Befragungen durchgeführt werden.»

5. Wie viele Migranten und Flüchtlinge kommen nach Deutschland? Hinter den USA war Deutschland noch vor der «Flüchtlingskrise» das zweitbeliebteste Zielland für Einwanderer – aber nur innerhalb der OECD (Organisation für Wirtschaftliche Zusammenarbeit und Entwicklung), also innerhalb der reichen Industrienationen. Mit 1,46 Millionen Zuwanderern sind bereits 2014 so viele nach Deutschland gekommen wie zuletzt 1992 – rund 238 000 mehr als 2013. Gleichzeitig wanderten rund 914 000 Menschen aus, das sind 116 000 mehr als 2013.

Mehr Menschen gehen seit 2002 in die Türkei zurück, als Einwanderer aus der Türkei zu uns kommen. Der Wanderungsgewinn in Deutschland – also Einwanderung minus Abwanderung – betrug 2014 insgesamt rund 550 000 Menschen. In den zurückliegenden Jahren hatte Deutschland einen wesentlich kleineren Wanderungsgewinn. Teilweise wurde sogar ein negativer Wanderungssaldo verzeichnet, das heißt, es wanderten mehr Menschen ab, als zu uns kamen.

Die Zahl von über 500 000 erscheint zunächst einmal hoch. Wenn man jedoch die weltweite Bevölkerungszunahme betrachtet, so ist das nicht viel. Länder wie Indien erreichen solche Zahlen innerhalb weniger Wochen oder Tage ohne Migration! Vor dem starken Anstieg der Zuwanderung durch Flüchtlinge in den Jahren 2015/16 kamen überraschend viele Menschen aus den Krisenländern am Mittelmeer wie Italien, Griechenland oder Spanien nach Deutschland, um hier zu arbeiten. Unklar ist, wie lange diese Zuwanderer langfristig bleiben werden, was entscheidend von der wirtschaftlichen Entwicklung dieser Länder abhängt.

Nach den Ergebnissen des Statistischen Bundesamtes war im Jahr 2015 die Zuwanderung nach Deutschland so hoch wie nie zuvor.

2,14 Millionen Personen sind insgesamt nach Deutschland gezogen. Das waren 672 000 Zuzüge mehr als im Jahr 2014 und entspricht einer Steigerung von 46 Prozent. Alles in allem zogen aber auch 998 000 Personen aus Deutschland fort, 83 000 oder 9 Prozent mehr als im Vorjahr. Daraus ergibt sich ein Wanderungsüberschuss von rund einer Million Personen – ein neuer Höchststand seit Bestehen der Bundesrepublik. Von den rund 2,1 Millionen Zuwanderern hatten etwa 2 Millionen einen ausländischen Pass, das waren 50 Prozent mehr als im Jahr 2014. Dahingegen ist die Zahl der Zuzüge von Deutschen – Spätaussiedler sowie Rückkehrer aus dem Ausland – mit rund 121 000 Personen gegenüber dem Vorjahr fast konstant geblieben. Von den 998 000 Abgewanderten im Jahr 2015 waren 859 000 ausländische Staatsangehörige und 138 000 Deutsche. Daraus ergibt sich ein Wanderungsüberschuss ausländischer Personen von rund 1,2 Millionen Personen und ein Wanderungsverlust von Deutschen von rund 18 000 Personen. Im Rahmen des Familiennachzugs sind 2015 82 400 Personen nach Deutschland eingereist. Die Zahl der Drittstaatsangehörigen, die zur Erwerbstätigkeit kamen, ist um 4 Prozent auf 38 800 gestiegen, darunter waren 28 000 Fachkräfte. Im Wintersemester 2015/16 studierten 340 000 Ausländer an deutschen Hochschulen.

Die Einwanderung nach Deutschland ist vielschichtig und besteht nicht nur aus Flüchtlingen. Was nun die Schutzsuchenden angeht, so weisen die Statistiker wieder auf Unsicherheiten, auf eine mögliche Untererfassung hin. Aber: «Wegen Fehlbuchungen, insbesondere im Zusammenhang mit der Verteilung der Schutzsuchenden innerhalb Deutschlands können auch Doppelerfassungen vorgekommen sein.» Diese Vorbehalte und eine verlässliche Datenbasis sind umso wichtiger, als die Zahlen eine zentrale Rolle bei der Diskussion um Einwanderung und Asyl spielen.

6. Ist Deutschland das Hauptzielland von Flüchtlingen und Migranten – wie viele sind weltweit unterwegs? Deutschland ist zwar ein Magnet für Migranten und Flüchtlinge, aber andere Länder, vor allem arme Entwicklungsländer, haben wesentlich höhere Zuwanderungszahlen, vor allem was die Flüchtlinge angeht. Die Mehrzahl der Flüchtlinge – rund 90 Prozent – bleibt im eigenen Land oder flieht in Nachbarländer, nicht in die reichen Industrieländer Europas, auch wenn die Industriestaaten bereits 2014 die höchste Zahl von Asylanträgen seit 22 Jahren verzeichneten. 2015 erreichte die

Zahl der neu registrierten Asylsuchenden im OECD-Raum mit 1,65 Millionen einen Höchststand. Die meisten – fast 1,3 Millionen – reisten in europäische OECD-Länder ein. In Deutschland wurden 2014 zunächst die meisten Asylbewerber weltweit registriert, bis sich Russland plötzlich mit 274 700 Anträgen, 99 Prozent davon von Ukrainern, an die Spitze der Statistik stellte. Insgesamt wurden in Deutschland rund 173 000 Asylerstanträge gestellt, davon ein Viertel von Syrern. Im Jahr 2015 war lange Zeit von weit über einer Million Asylanträgen die Rede, bis im September 2016 die offizielle Zahl vom Bundesinnenminister auf rund 890 000 reduziert wurde. Die fünf Hauptherkunftsländer sind Syrien, Afghanistan, Irak, Iran und Eritrea. In den letzten drei Jahren wurden in Europa die meisten Asylanträge in Deutschland gestellt. Wenn man aber die Zahl der Asylbewerber mit der Größe der Bevölkerung in Beziehung setzt, dann steht Deutschland keineswegs an der Spitze der Tabelle, sondern auf Platz fünf. Auf dem ersten Platz steht Ungarn, das für seine «Grenzen-dicht-Politik» stark kritisiert wurde, mit dem höchsten Anteil von Asylbewerbern pro tausend Einwohner (etwa 18 Asylanträge), an zweiter Stelle folgt Schweden, dann Österreich und Norwegen. Deutschland hat trotz der hohen Zahlen nur 5,9 Antragsteller pro tausend Einwohner zu verzeichnen.

Vor allem durch die Aufstockung des Personals hat das Bundesamt für Migration und Flüchtlinge (BAMF) 2016 insgesamt 695 733 Asylentscheidungen getroffen, was einer Steigerung gegenüber dem Vorjahreszeitraum um rund 146 Prozent beträgt. 2016 erreichte das Amt die jeweils bis dato höchste Entscheidungszahl in seiner Geschichte. Trotzdem stapelten sich Ende 2016 noch immer 433 719 Anträge bei der Behörde. 2016 wurden 745 545 Asylanträge gestellt (Erstanträge: 722 370 und Folgeanträge: 23 175). Diese hohe Zahl ist dadurch zu erklären, dass das BAMF in großem Umfang Anträge von Asylbewerbern angenommen hat, die bereits im Vorjahr eingereist waren. Die Zahlen machen deutlich, welch gewaltige «Asylmaschinerie» in Deutschland läuft, um die Anträge zu bearbeiten und welche Anstrengungen unternommen worden sind, um die Krise zu bewältigen. Schaut man einige Jahre zurück, so sieht man, dass das Problem nicht neu ist: Zwischen Anfang 1990 und Ende 2015 hat das BAMF über 3,55 Millionen Asylanträge entschieden. Die Gesamtschutzquote lag 2016 bei 62 Prozent, was belegt, dass die Asylbewerber gute Gründe für ihre Flucht und Chancen haben, dass ihnen in Deutschland Schutz gewährt wird.

Die Zahl der Flüchtlinge auf der Welt hat mit 65,3 Millionen eine traurige Rekordmarke erreicht. Die Zahl setzt sich so zusammen: 40,8 Millionen Binnenvertriebene, also Menschen, die vor Konflikten und Gewalt im eigenen Land auf der Flucht sind. Auch diese Zahl ist auf dem höchsten Stand seit Menschengedenken. Hinzu kommen 16,1 Millionen Flüchtlinge, die sich außerhalb ihres Landes befinden, und 3,2 Millionen Asylbewerber, deren Anerkennungsverfahren in den Aufnahmeländern noch läuft. Hinzu kommen 5,2 Millionen palästinensische Flüchtlinge, die nicht unter das Mandat von UNHCR fallen und die international fast in Vergessenheit geraten sind. Besonders besorgniserregend: Die Hälfte aller Flüchtlinge sind Kinder.

Die weltweiten Flüchtlingszahlen relativieren die Diskussion in Europa:

- Pakistan war lange Zeit das größte Aufnahmeland. Es wurde abgelöst von der Türkei mit rund 2,5 Millionen Flüchtlingen. In Pakistan sind es 1,51 Millionen, vor allem afghanische Flüchtlinge.
- Die ärmsten Länder, Regionen und Gemeinden tragen die Hauptlast des Weltflüchtlingsproblems. Neun von zehn Flüchtlingen sind in Entwicklungsländern. Der 2015 im Jemen ausgebrochene Bürgerkrieg hat 2,5 Millionen Menschen zur Flucht gezwungen, die nicht nach Europa gekommen sind. Alles in allem sind im Nahen Osten und in Nordafrika mehr Menschen auf der Flucht als irgendwo sonst auf der Welt: fast 20 Millionen!

Das Elend der syrischen Flüchtlinge in Zahlen:

- 6,6 Millionen sind Heimatvertriebene im eigenen Land. 4,9 Millionen flüchteten ins Ausland, vor allem in Nachbarländer. Alles in allem entspricht das etwa der Hälfte der Bevölkerung Syriens vor Ausbruch des Krieges, der 250 000 Todesopfer gefordert hat.
- 1,2 Millionen haben im Libanon Schutz gefunden, einem Land halb so groß wie Sachsen, das bis Ende 2014 insgesamt 7,5 Milliarden US-Dollar für die Bewältigung der «Flüchtlings-Krise» aufbringen musste. Die Flüchtlinge machen 25 Prozent der gesamten Bevölkerung aus.
- 622 000 Menschen haben sich nach Jordanien gerettet – Städte und Gemeinden im Libanon und Jordanien beherbergen mehr Flüchtlinge als ursprüngliche Einwohner.

Alles in allem sind 232 Millionen Migranten weltweit unterwegs, wobei die Flüchtlinge eingerechnet sind. Das entspricht rund 3 Prozent der Weltbevölkerung (7,1 Milliarden).

II. Geschichtliches

7. Hatte Goethe türkische Vorfahren? Dass Johann Wolfgang von Goethe türkische Vorfahren hatte, war bekannt. Dass diese Wurzeln jedoch nach Baden-Württemberg zurückreichen, weniger. Das hat jedenfalls der Brackenheimer Dekan Werner-Ulrich Deetjen herausgefunden. Laut dem promovierten Kirchenhistoriker gehen Goethes Vorfahren auf Sadok Selim zurück, der gegen Ende des 13. Jahrhunderts bei Kämpfen mit Kreuzfahrern im Heiligen Land in die Gefangenschaft des Deutschritterordens geriet. Er kehrte mit den Ordensrittern in deren Heimat nach Brackenheim bei Heilbronn zurück. Der ehemalige türkische Hauptmann passte sich rasch der neuen Umgebung an, ließ sich taufen und heiratete Rebekka Dobler aus Brackenheim. Seitenlinien dieser Familie lassen sich bis heute in Hessen und in Franken nachweisen. Sie haben – so Deetjen – zahlreiche Männer von Rang hervorgebracht, unter ihnen den Dichterfürsten Johann Wolfgang von Goethe. Von ihm stammt auch das heute noch immer aktuelle Zitat: «Das Land, das die Fremden nicht beschützt, geht bald unter.»

8. Wie erging es den deutschen Auswanderern in Amerika? Die Deutschen fanden nicht so leicht Heimat im «Land der unbegrenzten Möglichkeiten». Als in der Mitte des 18. Jahrhunderts ein Drittel der Bevölkerung von Pennsylvanien aus Deutschen bestand und noch viele Einwanderer unterwegs waren, sprach man von einem «deutschen Problem» in Amerika. Benjamin Franklin, der den Blitzableiter erfand und vor allem 1776 die amerikanische Unabhängigkeitserklärung unterzeichnete, schrieb: «Warum sollte Pennsylvania, das von Engländern gegründet wurde, eine Kolonie von Fremden werden, die in Kürze so zahlreich sein werden, dass sie uns germanisieren, anstatt dass wir sie anglisieren?» Ein Freund unterbreitete Franklin damals Vorschläge, um eine Überfremdung der englischen Kolonie zu vermeiden.

Franklin erwiderte: «Dein erster Vorschlag, englische Schulen unter den Deutschen zu etablieren, ist ausgezeichnet ... Falls sie die englische Schulbildung umsonst haben können, werden sie nicht für deutsche Schulen bezahlen, sosehr sie ihre Sprache lieben. Den sechsten Vorschlag, Mischehen zwischen den Angloamerikanern und den Deutschen mittels Geldspenden zu fördern, halte ich entweder für zu teuer oder ohne Aussicht auf Erfolg. Die deutschen Frauen sind im Allgemeinen so wenig anziehend für einen Engländer, dass es enorme Mitgift erfordern würde, Engländer anzuregen, sie zu heiraten. Der siebte Vorschlag, keine Deutschen mehr nach Pennsylvania zu schicken, ist ein guter Vorschlag. Diejenigen, die schon hier sind, werden dies unterstützen.»

So weit ein Gründungsvater der Vereinigten Staaten von Amerika. Rückblickend hatten die deutschen Auswanderer mit den gleichen Problemen und Schwierigkeiten zu kämpfen wie alle Einwanderer – auch die heutigen in Deutschland.

9. Wäre Deutsch beinahe zur Amtssprache in den USA geworden? Seit gut 200 Jahren hält sich hartnäckig eine Legende, wonach Deutsch um ein Haar zur Amtssprache in den USA geworden wäre. Ein entsprechendes Gesetz soll angeblich nur an einer Stimme gescheitert sein. Diese Abstimmung hat allerdings nie stattgefunden. Wahr ist, dass eine Gruppe deutscher Einwanderer aus Virginia im Januar 1794 forderte, alle Gesetzestexte auch in deutscher Sprache zu veröffentlichen. Der Antrag wurde vom Hauptausschuss des US-Repräsentantenhauses mit 42 zu 41 Stimmen abgelehnt. Ausgerechnet der deutschstämmige Frederick Augustus Conrad Muehlenberg hatte sich bei der Abstimmung enthalten. So entstand die «Muehlenberg-Legende».

10. Mit welchen Ländern hat Deutschland Anwerbeabkommen abgeschlossen? Anwerbeabkommen haben eine lange Tradition in Europa. Bereits 1919 traf Frankreich solche Vereinbarungen zur Anwerbung und Beschäftigung ausländischer Arbeitskräfte mit Polen und Italien. Deutschland unterzeichnete seinen ersten Anwerbevertrag mit Polen im Jahre 1927. Ihren Höhepunkt erfuhren die Anwerbeabkommen aber nach dem Zweiten Weltkrieg, auch wenn die Ausländerbeschäftigung eine lange Tradition in Deutschland hat und noch in den ersten Jahren nach dem Zweiten Weltkrieg von «Fremdarbeitern» die Rede war. Im Nachkriegsdeutschland wurden dringend Arbeitskräfte gesucht, was sich auf der Welt herumgesprochen hatte. So erreichten die Bundesrepublik zahlreiche Anfragen für Anwerbeabkommen aus aller Herren Länder, zum Beispiel aus Thailand, Bolivien und aus dem Sudan. Es wurde sogar darüber gesprochen, chinesische Flüchtlinge aus Hongkong für «häusliche Dienstleistungen» aufzunehmen – als Beitrag der Bundesregierung zum Weltflüchtlingsjahr.

Aus Taiwan sollten Absolventen von Berufs- und Fachschulen nach Deutschland geholt werden, um Kenntnisse an «modernen Maschinen zu erwerben». 250 hoch qualifizierte Ingenieure wollte man aus Indien holen. Die Reisekosten sollten je zur Hälfte von deutscher und von indischer Seite übernommen werden. Auf «iranische Jugendliche für eine Verwendung in der westdeutschen Industrie» zielte ein weiterer Vorschlag. Sogar aus Kanada sollten Arbeitslose in westdeutschen Industriebetrieben beschäftigt werden. «Thailändische Arbeiter mit technischen Kenntnissen zur Aufhebung des Arbeitskräftemangels in der Bundesrepublik und zur Förderung der beruflichen Weiterbildung» – auch das stand auf dem Vermerk «Anerbieten bzw. Anregungen zur Hereinnahme von Arbeitskräften aus außereuropäischen Ländern» vom 16. Mai 1962. Ungelernte venezolanische Arbeitslose sollten im Austausch mit deutschen Facharbeitern kommen. Aus der damaligen westindischen Föderation wollte man weibliche Arbeitskräfte aus Jamaika im Haushalt und im Gaststättengewerbe beschäftigen. Die Bundesrepublik lehnte die vielen Anfragen aus weit entfernten Ländern jedoch ab.

1960 wurden Anwerbeabkommen mit Spanien und Griechenland abgeschlossen, es folgten die Türkei (1961), Portugal (1964) und das damalige Jugoslawien (1968). Bereits 1963 traf die Bundesregierung entsprechende Vereinbarungen mit Marokko und 1965 mit Tunesien. Die Beschäftigung der türkischen Arbeitskräfte war längstens für ein Jahr vorgesehen, selbst die Beschäftigung der Italiener war zunächst befristet. Schon bald wurde diese Beschränkung jedoch aufgehoben, weil Arbeitgeber eingearbeitete Arbeitskräfte längerfristig behalten wollten und ein Arbeitskräftebedarf bestand. Die Anwerbeabkommen – nicht nur mit der Türkei – stellten einen entscheidenden Einschnitt in der deutschen Nachkriegsgeschichte dar, mit langfristigen Veränderungen, die bis zum heutigen Tage andauern.

11. Von wem stammt eigentlich das berühmte Zitat «Man hat Arbeitskräfte gerufen, und es kamen Menschen»? Das Zitat taucht im Laufe der Jahre in zahllosen Reden bis zum heutigen Tag immer wieder auf. So wird es unter anderem dem früheren Arbeitsminister Norbert Blüm zugeschrieben. Es stammt aber vom Schriftsteller Max Frisch, der schon bald (1965) auf einen «Denkfehler» der staatlichen

Anwerbepolitik aufmerksam machte und zu Papier brachte, was – wenn auch verkürzt – zum geflügelten Wort werden sollte: «Ein kleines Herrenvolk sieht sich in Gefahr: Man hat Arbeitskräfte gerufen, und es kommen Menschen. Sie fressen den Wohlstand nicht auf, im Gegenteil, sie sind für den Wohlstand unerlässlich.» Genau genommen handelt es sich dabei um einen Gedanken von Ernst Schnydrick vom Deutschen Caritasverband, der bereits 1961 sagte: «Wir wollten Arbeitskräfte importieren – und es kamen Menschen.»

12. Was wurde aus dem einmillionsten Gastarbeiter und seinem Moped? Mit Pauken und Trompeten wurde am 10. September 1964 Amando Rodrigues de Sá, ein Zimmermann aus dem kleinen nordportugiesischen Dorf Vale de Madeiros, am Kölner Hauptbahnhof als der einmillionste Gastarbeiter begrüßt. Das Bild von seiner Ankunft, unzählige Male seitdem verbreitet, hat sich in die Erinnerungskultur Deutschlands eingeprägt. Bei all dem Trubel bekam es der Jubilar damals mit der Angst zu tun und hat sich sogar versteckt. Als Rodrigues de Sá nach seiner Ankunft am Kölner Hauptbahnhof ausgerufen wurde, dachte er, die Polizei würde ihn aus irgendeinem Grund nach Portugal zurückschicken. Man musste ihn fast zum Empfangskomitee drängen und zu dem Moped, das er als Willkommensgeschenk überreicht bekam. Rodrigues stammte aus einer armen Bauernfamilie mit vielen Kindern. Mit seinen 38 Jahren gehörte er damals schon zu den älteren Gastarbeitern, die in der Regel jünger waren. Wie schon viele andere vor ihm auch kam er nach Deutschland, um Geld zu verdienen und das meiste davon an die Familie nach Hause zu schicken.

Amando Rodrigues reiste von Köln zu seiner Arbeitsstätte in Stuttgart-Degerloch weiter. Später arbeitete er u. a. in Blaubeuren, Sindelfingen und Mainz. 1970 suchte er während eines Heimaturlaubes einen Arzt auf. Er meinte, seine quälenden Magenschmerzen kämen von einem Unfall auf einer deutschen Baustelle. Der Arzt sagte, er solle in Portugal bleiben. Der einmillionste Gastarbeiter kündigte seine Stelle in Deutschland und blieb in seiner alten Heimat. Bei weiteren Untersuchungen wurde ein Magentumor entdeckt. Medikamente und Arztbesuche waren teuer, so dass sich die Familie die deutschen Rentenansprüche auszahlen ließ. Nach einer Operation wurde er zu Hause gepflegt und starb schließlich am 5. Juli 1979 im Alter von nur 53 Jahren an Magenkrebs.

Das Geschenk, das der Jubilar 1964 in Köln bekommen hatte, sein Moped der Marke Zündapp «Sport Combinette», steht heute in einer Dauerausstellung im Haus der Geschichte in Bonn.

13. Wie haben sich Kultur, Kunst und Literatur in Deutschland durch die Einwanderung verändert? Deutschland hat sich durch die Einwanderung schon lange kulturell gewandelt und wird sich weiter wandeln. Die Einwanderung hat längst die deutsche Sprache beeinflusst. Prof. Uwe Hinrichs von der Universität Leipzig hat seit vielen Jahren die anfangs schleichende, inzwischen rasante Veränderung der deutschen Sprache durch den Einfluss der Migranten untersucht. Längst ist Russisch mit rund drei Millionen Sprechern die nach Deutsch und noch vor Türkisch am zweithäufigsten gesprochene Sprache in Deutschland. Vor allem bei Jugendlichen hat sich die Alltagssprache verändert. Ausdrücke wie «Hast Du U-Bahn?» oder «Ich weiß, wo Dein Haus wohnt» sind entstanden.

Kunst und Kultur verbinden Menschen und schaffen Brücken zwischen Einheimischen und Zugewanderten. In der Kunst- und Kulturlandschaft lässt sich längst die kulturelle Vielfalt ablesen. Es wird sogar die These vertreten, dass es ohne Migration gar keine Kunst geben würde, weil Künstlerinnen und Künstler schon immer auf Reisen waren und auch heute noch Kunst durch die Vernetzung und das Zusammentreffen von Kulturen entstehe.

Nicht nur in den Medien, sondern auch in der Literatur und im Film sind MigrantInnen eine Bereicherung. So haben Autoren mit Migrationshintergrund mit ihrer interkulturellen Perspektive die deutsche Gegenwartsliteratur mitgeprägt: Dazu gehören zum Beispiel die deutsch-türkischen Schriftsteller Zafer Şenocak und Feridun Zaimoğlu, der Russe Wladimir Kaminer mit seinem Kultroman «Russendisko» oder der in Syrien geborene Autor Rafik Schami, in dessen Märchen sein arabischer Hintergrund einfließt. Ein Deutscher mit iranischen Wurzeln, der Schriftsteller und Orientalist Navid Kermani, hielt die Festrede bei der Feierstunde «65 Jahre Grundgesetz» am 23. Mai 2014 im Deutschen Bundestag. Kermani betonte in seiner Ansprache, wie erstaunlich es sei, dass ein Kind von Einwanderern, das noch dazu einer anderen Religion als der Mehrheitsreligion angehört, an die Verkündung des Grundgesetzes erinnern darf.

Zu einem selbstverständlichen Bestandteil der deutschen Kulturszene sind inzwischen auch Comedians und Filmemacher geworden, deren Vorfahren eingewandert sind. Die beiden türkischstämmigen Comedy-Stars Kaya Yanar («Was guckst du?») und Bülent Ceylan («Die Bülent Ceylan Show») erhielten beide den Deutschen Comedy-Preis als beste Komiker. Diese Unterhaltungskünstler spielen in ihren Sendungen selbstbewusst mit «ethnic jokes» und deutsch-türkischen Klischees. Als einer der wichtigsten Regisseure in Deutschland gilt der Hamburger Fatih Akın, ein Sohn türkischer Eltern, der 2004 für seinen Film «Gegen die Wand» auf der Berlinale den Goldenen Bären erhielt. Seine Drehbücher und Filme schildern das Leben der Kinder von Einwandererfamilien in Deutschland, entweder auf humorvolle Art wie in «Solino» (2002) und «Soul Kitchen» (2009) oder auf tragische Art wie in «Gegen die Wand» (2004) und «Auf der anderen Seite» (2007).

Erfolgreich läuft in den Kinos die neue Filmgattung der «Culture Clash Komödie» mit Filmen wie «Türkisch für Anfänger» oder «Kebab-Connection». Von dem türkischstämmigen Regisseur Bora Dağtekin stammt der erfolgreichste deutsche Film des Jahres 2013: «Fack Ju Göhte» mit dem tunesischstämmigen Schauspieler Elyas M'Barek in der Hauptrolle. Er war seinen Fans bereits aus den drei überaus erfolgreichen Staffeln der TV-Serie «Türkisch für Anfänger» bekannt, die von 2006 bis 2008 in der ARD lief.

Wie sehr sich Deutschland kulinarisch durch die Einwanderung verändert hat, zeigt folgende Geschichte: Ins Nachkriegsdeutschland wurden die ersten italienischen «Gastarbeiter» geholt, und schon bald zeigten sich die ersten Schwierigkeiten nicht nur bei der sprachlichen Verständigung, sondern auch beim Essen. Das Landesarbeitsamt in Stuttgart veröffentlichte deshalb eigens eine Pressemitteilung mit folgendem Text: «Ratschläge für die Zubereitung von Speisen nach italienischer Art: Die italienischen Arbeitskräfte bereiten ihre Speisen gerne selbst zu. Soweit aber Italiener vom Arbeitgeber verpflegt werden, sind folgende Ratschläge des Italienischen Konsulats in Stuttgart für die Zubereitung von Speisen für italienische Arbeitskräfte zu empfehlen: Der Italiener liebt im Allgemeinen *keine* flüssigen und dünnen Soßen, insbesondere keine Mehlsoßen. Zu Teigwaren, die nicht zu weich gekocht werden sollten, gibt man Tomatensoße. Der Italiener ist nicht gewohnt, Obstsäfte (Most) zu trinken: Zum Essen trinkt er mit Vorliebe Wein und Wasser, während des Tages – und abends auch Milch.»

Heute kaum zu glauben, aber wahr: Damals waren Spaghetti in Deutschland noch unbekannt. Inzwischen sind ganze Generationen damit aufgewachsen. Aber auch Mozzarella, Basilikum, Cappuccino, Auberginen oder Zucchini galt es damals noch zu entdecken. Inzwischen ist Spaghetti Bolognese laut einer Umfrage zum Lieblingsgericht der Deutschen geworden.

14. Auf welche Migrationsgeschichte blicken die Bürger der früheren DDR zurück? Angaben über die Zahlen der in der DDR lebenden Ausländer wurden zum ersten Mal 1989 veröffentlicht. Danach lebten nur rund 191 000 Ausländer in der DDR, die knapp 1,2 Prozent der Bevölkerung ausmachten. Über die Hälfte von ihnen war auf der Grundlage von Regierungsabkommen als Arbeitskräfte ins Land geholt worden. Der Rest kam über Studienverträge, Eheschließungen oder Außenhandelsabkommen. Die meisten Arbeitskräfte – etwa 60 000 – stammten aus Vietnam; aus Mosambik kamen rund 15 000, aus Kuba 8000, aus Polen etwa 6000 und aus Angola etwa 1000. Die sogenannten Vertragsarbeiter durften vier bis fünf Jahre in der DDR arbeiten. Sie wurden fast ausschließlich in der Textilindustrie, im Fahrzeugbau oder in der Chemiefaser- und Reifenproduktion eingesetzt. Wie in der Bundesrepublik auch führten die ausländischen Arbeitskräfte größtenteils wenig qualifizierte und unattraktive Tätigkeiten aus, die von Deutschen kaum geschätzt wurden. Bei den Vertragsarbeitern aus Vietnam wurden pauschal 12 Prozent des Lohnes als Beitrag für den Aufbau des Landes an die Sozialistische Republik (SR) Vietnam abgezogen. Für viele Vietnamesen war die Beschäftigung in der DDR aber trotzdem von Vorteil, denn sie konnten mit dem Lohn ihre Familien zu Hause versorgen. Die Vietnamesen standen sowohl unter Aufsicht der DDR-Kontrollorgane als auch der Vertreter der SR Vietnam. Untergebracht waren die «DDR-Gastarbeiter» fast ghettoartig in Wohnheimen – auf fünf Quadratmetern Wohnfläche pro Person.

Es war in der DDR ein absolutes Tabu in der Öffentlichkeit über das «Ausländerproblem» zu sprechen. Einzelne Entscheidungen, die Ausländer betrafen, gingen hinauf bis ins Politbüro. Die SED-Führung sah in jedem nicht genehmigten Kontakt mit Ausländern ein Sicherheitsrisiko für DDR-Bürger. Selbst freundschaftliche Beziehungen mit Angehörigen der Sowjetarmee und ihren Familien wurden über offizielle Anlässe hinaus sehr restriktiv behandelt. Auf der anderen Seite versuchte das Regime jahrelang, das Thema «Fremdenfeindlichkeit und Ausländerhass» als Propagandainstrument gegenüber der Bundesrepublik einzusetzen. Ausländerfeindliche Tendenzen im «kapitalistischen Westen» wurden als Verstoß gegen die Menschenrechte gebrandmarkt. In diesem Zusammenhang ist auch das Kommunalwahlrecht für Ausländer zu sehen, das die DDR 1989 einführte. Am 6. Mai 1990 durften zum ersten Mal Ausländer bei einer demokratischen Wahl in Deutschland wählen. In der Bundesrepublik wurde nach langen Diskussionen ein solches Kommunalwahlrecht letztendlich vom Bundesverfassungsgericht abgelehnt.

Die restriktiven Aufenthaltsbestimmungen der DDR und das Ausländergesetz vom 28. Juni 1979 waren alles andere als ausländerfreundlich. So wurden beispielsweise 1987 für die Arbeiterinnen aus Vietnam zwischen Ost-Berlin und Hanoi besondere Regelungen «über die Verfahrensweise bei Schwangerschaft» getroffen. In der entsprechenden Vereinbarung heißt es wörtlich: «Schwangerschaft und Mutterschaft verändern die persönliche Situation der betreffenden werktätigen Frau so grundlegend, dass die damit verbundenen Anforderungen der zeitweiligen Beschäftigung und Qualifizierung nicht realisierbar sind. Vietnamesische Frauen, die die Möglichkeit der Schwangerschaftsverhütung bzw. -unterbrechung nicht wahrnehmen, treten – nach ärztlich bescheinigter Reisetauglichkeit – zum festgesetzten Termin die vorzeitige Heimreise an. Im Falle unbegründeter Ausreiseverweigerung wird die Botschaft der Sozialistischen Republik Vietnam in der DDR gegenüber den zuständigen Organen der DDR unverzüglich die Einleitung erforderlicher Maßnahmen zur Sicherung der Ausreise beantragen. Die durch Ausreiseverweigerung verursachten Kosten trägt die vietnamesische Seite.» Viele Frauen wurden so mehr oder weniger zur Abtreibung gezwungen, wenn sie ihren Arbeitsplatz nicht verlieren wollten.

Verschiedene Umfragen aus dem Jahr 1990 machten ein erhebliches Maß an Fremdenfeindlichkeit auf dem Gebiet der früheren DDR deutlich. Die Ausländerbeauftragte der Ost-Berliner Regierung, Staatssekretärin Almuth Berger, berichtete davon, dass vor dem Tag der deutschen Einheit am 3. Oktober 1990 gezielt Jagd auf Ausländer gemacht wurde. Doch Programme gegen Fremdenfeindlichkeit und gegen die Aktivitäten von Neonazis ließen in Ostdeutschland lange auf sich warten – allerdings nicht nur dort.

Die DDR-Gastarbeiter wurden nach der Einheit – teilweise auch mit Rückkehrprämien - größtenteils nach Hause geschickt. Viele blieben trotzdem, gründeten eigene Existenzen wie einen vietnamesischen Imbiss, Textil- oder Blumenladen. Der Anteil der Selbstständigen ist in den neuen Bundesländern bei den Zugewanderten doppelt so hoch wie in den alten Ländern. Die vietnamesischen Einwanderer der zweiten Generation zeichnen sich durch gute Schulabschlüsse aus. Auch die jüdischen Kontingentflüchtlinge, die den neuen Ländern zugewiesen wurden, verfügen über ein hohes Bildungsniveau. Was die Bildungsabschlüsse der ausländischen Jugendlichen in Ostdeutschland angeht, so wird deutlich, dass diese erheblich höher liegen als bei den ausländischen Jugendlichen in den alten Ländern. Über 40 Prozent schließen die Allgemeine Schule mit dem Abitur ab.

Nach der Wende waren die ostdeutschen Bundesländer vor allem durch Abwanderung gekennzeichnet. Insgesamt zogen seit 1991 nach Angaben des Statistischen Bundesamtes rund 3,6 Millionen Menschen aus der früheren DDR weg und versuchten in Westdeutschland Arbeit zu finden. Dies macht die gewaltige innerdeutsche Wanderungsbewegung deutlich, auch wenn jene Zahl nichts darüber aussagt, wie viele Ostdeutsche endgültig im Westen geblieben sind. Die neue Zuwanderung - vor allem durch Zuweisung von Spätaussiedlern, Juden aus der früheren Sowjetunion sowie Asylbewerbern und Flüchtlingen - konnte diese Abwanderung nicht ausgleichen. Insgesamt haben nur 5 Prozent der Bevölkerung in Ostdeutschland einen Migrationshintergrund. Trotzdem ist die Fremdenfeindlichkeit hoch. Die neuen Länder weisen im Ländervergleich die meisten Straftaten mit rechtsextremistischem Hintergrund auf. Bei Kommunal- und Landtagswahlen erreichen rechtsextreme Parteien verhältnismäßig hohe Ergebnisse. Aufgrund der Herausforderung durch den demografischen Wandel und die Abwanderung zeichnet sich aber auch in den ostdeutschen Bundesländern ein Umdenken der politisch Verantwortlichen ab. Zuwanderung wird zunehmend als Gewinn für eine alternde und schrumpfende Gesellschaft gesehen.

III. Grundlagen

15. Was heißt Migration? Migration (lat. migratio) heißt «Wanderung». Die Menschheitsgeschichte ist eine Geschichte von Wanderungsbewegungen. Menschen haben sich immer wieder auf den Weg gemacht, um ihre Lebensbedingungen zu verbessern. Andere Ausdrücke für Migration sind «Immigration» oder «Emigration», beides aus dem Englischen übernommen. «Auswanderung, Einwanderung» oder «Zuwanderung» sind im Deutschen gebräuchlich. Migration hat sich aber als Oberbegriff durchgesetzt. «Zuwanderung» ist speziell in Deutschland entstanden, um den Begriff «Einwanderung» zu umschiffen, wobei sich das Wort in keine Sprache der Welt übersetzen lässt. Als Migration wird im Allgemeinen verstanden, wenn jemand seinen Lebensmittelpunkt in ein anderes Land verlagert. Die Vereinten Nationen definieren Migration als Aufenthalt in einem anderen als dem Herkunftsland von länger als einem Jahr. Manche Länder verwenden den Begriff «Einwanderung» schon nach sechs Monaten oder sogar noch früher, was die Vergleichbarkeit von Migration im internationalen Rahmen erschwert.

16. Was ist Integration? Integration (lat. integrare) bedeutet «wiederherstellen, herstellen eines Ganzen». Gemeint ist in diesem Zusammenhang die Zusammenführung des «Verschiedenen», wobei das Verschiedene als solches kenntlich bleibt. Es geht um Chancengleichheit in wichtigen Bereichen der Gesellschaft, um die Angleichung der Lebensverhältnisse für Menschen mit Migrationshintergrund an die Verhältnisse der gesamten Bevölkerung. Im Allgemeinen werden vier Bereiche bei der Integration von Minderheiten in eine Aufnahmegesellschaft unterschieden: eine sogenannte strukturelle Dimension, den Zugang zu Kernbereichen der Gesellschaft, vor allem zum Arbeitsmarkt und zum Bildungssystem; die kulturelle Integration, bei der es vor allem um das Erlernen der Sprache und die Übernahme von Verhaltensweisen und Normen des Aufnahmelandes geht; die soziale Integration – die Kontakte zwischen Einwanderern und Einheimischen, beispielsweise die Mitgliedschaft in Vereinen. Bei der Integration geht es aber auch um das «Gefühl» der Zugehörigkeit, um die Identifikation mit der Aufnahmegesellschaft bzw. der Herkunftsgesellschaft, wobei unklar ist, ob man sich nicht sogar in zwei Ländern zu Hause fühlen kann, in der neuen wie auch in der alten Heimat.

In der politischen Diskussion wird Integration oftmals als Assimilation missverstanden, das heißt als Aufgabe der eigenen kulturellen und sprachlichen Herkunft im Sinne einer vollständigen Anpassung an die deutsche Gesellschaft. Dabei wird in der Regel nicht festgelegt, an welche Normen und Werte sich die Einwanderer eigentlich genau anpassen sollen und was letztendlich das Vorbild eines angepassten Ausländers oder eines «integrierten Deutschen» ist. Integration stellt einen wechselseitigen Prozess zwischen Zuwanderern und Einheimischen dar, ist also keine «Einbahnstraße», bei der sich nur die Einwanderer verändern bzw. anpassen sollen. Eine Bring- und Holschuld besteht auf beiden Seiten. Inzwischen ist in Deutschland eine Diskussion um einen neuen Integrationsbegriff entstanden. In diesem Zusammenhang setzt sich der Rat für Migration für ein republikanisches Leitbild ein, an dem sich alle Bürger, auch die Einwanderer, orientieren können.

17. Warum wandern Menschen aus und verlassen ihre Heimat?
Kriege, Bürgerkriege, Menschenrechtsverletzungen, Flucht vor Terrorismus und Verfolgung, Armut – das sind wichtige Gründe, warum Menschen auswandern. Das entscheidende Motiv, die Risiken einer Auswanderung aufzunehmen, ist sicher der Wunsch, seine Lebensverhältnisse zu verbessern, was in der Heimat nicht möglich ist. Man spricht von Push- und Pull-Faktoren. Überbevölkerung, Hunger und Missernten oder andere Notlagen sind beispielsweise Push-Faktoren, die zur Auswanderung zwingen. Sicherheit vor politischer Verfolgung oder die Aussicht auf bessere Verdienstmöglichkeiten sind Pull-Faktoren, die Menschen anziehen. Die Grenze zwischen wirtschaftlichen, sozialen und politischen Gründen, seine Heimat verlassen zu müssen, ist in der Realität oft fließend. So wanderten im 19. Jahrhundert über 5,5 Millionen Deutsche aus wirtschaftlichen und politischen Gründen nach Amerika aus – etwa 20 Prozent kamen wieder zurück. Innerhalb weniger Jahre verließen beispielsweise 10 Prozent der Bevölkerung aus dem Großherzogtum Baden und sogar über 20 Prozent aus dem Königreich Württemberg aus wirtschaftlicher Not ihre Heimat. Wir würden sie heute als Armuts- oder Wirtschaftsflüchtlinge bezeichnen. Auf das heutige Deutschland umgerechnet wären das 16 Millionen, die in nur wenigen Jahren ihre Heimat aufgeben müssten.

Allgemein nehmen Wanderungsbewegungen zu, weil Familien,

Freunde und Nachbarn aus der alten Heimat nachziehen. Man spricht dabei von «Kettenmigration». Einwanderung im Rahmen des Familiennachzugs ist ein wesentlicher Teil der weltweiten Wanderungsbewegungen. Wenn eine Migrationsbewegung einmal entstanden ist, dann zieht sie fast automatisch weitere Einwanderer nach sich und ist – so zeigen die Erfahrungen – auch nicht mehr zu stoppen.

18. Wie wurde Deutschland zum Einwanderungsland? Historisch gesehen, haben wir eine lange Tradition in Bezug auf Einwanderung. So bestand im Jahre 1700 ein Drittel der Bevölkerung Berlins aus Glaubensflüchtlingen, aus Hugenotten, die vor der Verfolgung in Frankreich geflohen waren. Genau genommen ist Deutschland seit fast 150 Jahren ein Einwanderungsland. Mit dem wirtschaftlichen Aufschwung im 1871 gegründeten Kaiserreich setzte eine Trendwende ein: Aus einem Auswanderungsland – bis dahin mussten jährlich Hunderttausende aus bitterer Armut vor allem nach Amerika auswandern – wurde ein Zuwanderungsland. Durch den Arbeitskräftemangel – damals «Leutenot» genannt – stieg die Zahl der Ausländer in Deutschland bis in die 1910er Jahre auf 1,3 Millionen, was fast 2 Prozent der gesamten Bevölkerung entsprach. Damals machten Polen zwei Drittel der Ausländerbeschäftigung aus, und man sprach im Kaiserreich von einer «Polonisierung». Sogar der namhafte Soziologe Max Weber nahm das Wort von der «Verdrängung der Deutschen» in den Mund. So hat es nicht nur in Deutschland, eigentlich in allen Einwanderungsländern, auch in Amerika, immer beides gegeben: Aufgeschlossenheit und Toleranz gegenüber Zuwanderern und Fremdenfeindlichkeit und Ablehnung. Im Zweiten Weltkrieg stieg die Ausländerbeschäftigung so stark an, dass schließlich eine Rekordzahl von 7,8 Millionen ausländischer Zivilarbeiter und Kriegsgefangener in Deutschland arbeitete. Wenn man die etwa eine halbe Million KZ-Häftlinge hinzurechnet, machten sie rund 30 Prozent aller Beschäftigten aus.

Nach dem Zweiten Weltkrieg nahm die Bundesrepublik lange Zeit mehr Zuwanderer auf als die klassischen Einwanderungsländer USA und Kanada zusammen. Nach offizieller Lesart der Politik war Deutschland aber fast ein halbes Jahrhundert lang nach wie vor kein Einwanderungsland, obwohl im Artikel 73 des Grundgesetzes klar von «Einwanderung» die Rede ist und dieser Bereich der Kompetenz des Bundes zugeordnet wird. Allein von 1955 bis zum Anwerbestopp im Jahre 1973 kamen 14 Millionen Migranten nach Deutschland. Elf Millionen zogen in diesem Zeitraum wieder weg. Eigentlich wurde Deutschland in dieser frühen Phase schon zum Einwanderungsland. Die angeworbenen Arbeitsmigranten ließen sich dauerhaft nieder, holten ihre Familien nach oder gründeten Familien in Deutschland. Aussiedlern und Spätaussiedlern wurde die Zuwanderung gestattet, so dass rund 4,5 Millionen Menschen aus Südost- und Osteuropa einreisen durften.

Deutschland hat einen langen Weg zurückgelegt, bis es sich zu seiner Rolle als Einwanderungsland bekannte. So dauerte die erste Phase der Ausländerpolitik im Nachkriegsdeutschland, in der die Ausländerbeschäftigung als vorübergehende Erscheinung gesehen und davon ausgegangen wurde, dass die «Gastarbeiter» über kurz oder lang wieder heimkehren würden, immerhin von 1952 bis 1973. Ausländerpolitik war in diesen rund zwanzig Jahren in erster Linie deutsche Arbeitsmarktpolitik. Die Anwerbung erfolgte im Interesse der Wirtschaft, die einen wachsenden Bedarf an Arbeitskräften hatte. Schon damals wurde der wichtigste Eckpunkt der Ausländerpolitik festgelegt, der noch bis vor Kurzem galt: Die Bundesrepublik ist kein Einwanderungsland! Abgesehen vom Ausländerrecht und seinen Ausführungsbestimmungen existierte lange Zeit kein übergreifendes Konzept infrastruktureller, sozial- und bildungspolitischer Maßnahmen in der Ausländerpolitik. Das Ausländergesetz wurde als Fremden- und Ausländerpolizeirecht verstanden, mit einem vielfältigen Abwehrinstrumentarium einschließlich Abschiebung und Ausweisung.

1979 legte der erste Ausländerbeauftragte der Bundesregierung und frühere Ministerpräsident von Nordrhein-Westfalen, Heinz Kühn (SPD), ein bis heute richtungsweisendes Memorandum vor. Kühn kritisierte die bisherige Ausländerpolitik, die zu sehr von arbeitsmarktpolitischen Gesichtspunkten geprägt worden sei. Er forderte die Anerkennung der «faktischen Einwanderung» und beispielsweise ein Kommunalwahlrecht für Ausländer. Kühn wies damals schon auf den Geburtenrückgang und die Auswirkungen auf den Arbeitsmarkt hin. Es gebe keine «Gastarbeiter» mehr, sondern Einwanderer. 1980 blieb die damalige SPD/FDP-Bundesregierung mit ihren ausländerpolitischen Beschlüssen allerdings weit hinter den Forderungen ihres Ausländerbeauftragten zurück und lehnte seinen Vorschlag für ein Ausländerwahlrecht oder Einbürgerungserleichterungen für ausländische Jugendliche ab. Bund und Länder zementierten damals die These «Deutschland ist kein Einwanderungsland!»

«Rückkehrbereitschaft stärken» - das Motto der Ausländerpolitik setzte sich zu Beginn der 1980er Jahre durch. Nach dem Wechsel zur CDU/CSU/FDP-Koalition nahm die Ausländerpolitik bereits in den Koalitionsvereinbarungen 1982 einen breiten Raum ein. Dort hieß es: «Die Bundesrepublik Deutschland ist kein Einwanderungsland. Es sind daher alle humanitär vertretbaren Maßnahmen zu ergreifen, um den Zuzug von Ausländern zu unterbinden.» Es sollten noch viele weitere Jahre ins Land gehen, bis die Zeit der Selbsttäuschung zu Ende ging. Denn erst in einer 1999 veröffentlichten Broschüre der rot-grünen Bundesregierung zum neuen Staatsangehörigkeitsrecht wurde zum ersten Mal in der Geschichte der Bundesrepublik - eigentlich in der deutschen Geschichte überhaupt - regierungsamtlich festgestellt: «Deutschland ist schon längst zum Einwanderungsland geworden.»

Der Streit darüber, ob Deutschland nun ein Einwanderungsland ist oder nicht, hat sich auf jeden Fall erledigt. Mit 17,1 Millionen Personen mit Migrationshintergrund und einem Anteil an der Bevölkerung von 21 Prozent ist Deutschland heutzutage eines der wichtigsten und größten Einwanderungsländer auf der Welt.

19. Ist Deutschland ein Auswanderungsland? Deutschland war und ist ein Aus- und Einwanderungsland. Überbevölkerung, Armut und Missernten trieben die Menschen in die Auswanderung. Auch im Nachkriegsdeutschland wanderten Jahr für Jahr Menschen aus, im Durchschnitt etwa 100 000 jährlich, Deutsche und Nicht-Deutsche. In den letzten Jahren haben allerdings mehr Deutsche das Land verlassen als zurückkehrten. Zwischen 2009 und 2013 registrierte man rund 710 000 Fortzüge, 580 000 zogen wieder nach Deutschland zurück. Damit verliert Deutschland jährlich rund 25 000 Personen mit deutscher Staatsbürgerschaft. Die Motive für eine Aus- und Rückwanderungsentscheidung sind vielfältig. Am häufigsten wird neben beruflichen Gründen (rund 67 Prozent) der Wunsch geäußert, neue Erfahrungen zu machen (rund 72 Prozent). Über 41 Prozent der Befragten nennen Unzufriedenheit mit dem Leben in Deutschland als Beweggrund auszuwandern. Ein höheres Einkommen als in

Deutschland versprechen sich rund 47 Prozent. Tatsächlich erhöht sich bei den meisten Auswanderern das Einkommen. Allerdings gaben 43,5 Prozent an, dass sich die Auswanderung negativ auf ihren Freundes- und Bekanntenkreis ausgewirkt habe. Deutschland ist weltweit eines der wichtigsten Auswandererländer. Nach einer OECD-Studie vom Juni 2015 leben 3,4 Millionen in Deutschland geborene Menschen in einem anderen OECD-Land, was der Einwohnerzahl von Berlin entspricht. Damit ist Deutschland nicht nur das zweitgrößte Einwanderungsland innerhalb der OECD, sondern im Bereich der hoch industrialisierten Länder das drittwichtigste und weltweit das fünftwichtigste Herkunftsland von Auswanderern. Übrigens haben 15 Prozent der Deutschen nach dieser Untersuchung die Absicht auszuwandern, aber nur wenige setzen diesen Wunsch auch in die Tat um.

Eine Studie des Sachverständigenrats deutscher Stiftungen für Integration und Migration (SVR) vom März 2015 zeigt, dass Aus- und Rückwanderer deutlich jünger sind als die deutsche Wohnbevölkerung, viele kommen aus einem bildungsnahen Elternhaus und haben deutlich höhere Bildungsabschlüsse. Bei den Auswanderern wie auch bei den Rückwanderern ist der Anteil der Hochqualifizierten besonders hoch. Rund 41 Prozent der im Ausland lebenden Deutschen sagen, dass sie nach Deutschland zurückkehren möchten. Bei der Entscheidung für eine Rückkehr spielen ähnliche Motive eine Rolle wie bei der Auswanderung. Berufliche Gründe sind dabei mit über 56 Prozent wichtig. Partnerschaftsbezogene und familiäre Gründe werden aber am häufigsten genannt (rund 64 Prozent). Unzufriedenheit mit dem Leben im Ausland geben etwa 40 Prozent als Motiv für die Rückkehr an. Damit ist der Wert fast genauso hoch wie der Wert der Unzufriedenheit mit dem Leben in Deutschland. Nach der Untersuchung gibt es keine Anzeichen für einen dauerhaften Wegzug Hochqualifizierter aus Deutschland. Ihre Abwanderung hat eher einen temporären Charakter. Die Verfasser der Studie werben dafür, Auswanderung nicht einseitig als Verlust, sondern als Chance wahrzunehmen. International Mobile kehren mit neuen Erfahrungen, Fähigkeiten und Netzwerken zurück – eine Chance, dem demografischen Wandel und dem damit verbundenen Fachkräftemangel besser zu begegnen. Als sehr mobil erweisen sich nach dieser Befragung deutsche Staatsangehörige mit Migrationshintergrund, die einen überdurchschnittlich hohen Anteil der Aus- und Rückwanderer stellen. Ein Viertel der Befragten hat einen direkten oder indirekten Migrationshintergrund. Sie wandern aber nicht unbedingt in das eigene Herkunftsland bzw. das der Eltern aus, sondern sind im Allgemeinen mobiler.

20. Was wäre Deutschland ohne Ausländer? Deutschland hätte schlagartig über acht Millionen Menschen weniger, wenn es keine Ausländer im Lande geben würde. Falls alle mit Migrationshintergrund das Land verlassen würden, fehlten 17,1 Millionen Einwohner. Man müsste plötzlich auf 50 Milliarden Euro an Steuereinnahmen im Jahr verzichten. Viele Branchen wie in der Gastronomie oder in der Automobilwirtschaft würden zusammenbrechen, das Bruttoinlandsprodukt um bis zu 8 Prozent sinken. Arbeitsmigranten waren und sind unentbehrlich für Deutschland.

So hat das Rheinisch-Westfälische Institut für Wirtschaftsforschung in Essen festgestellt, dass die Zuwanderung in der Vergangenheit in wirtschaftlicher und gerade auch in arbeitsmarktpolitischer Hinsicht positiv zu bewerten ist und einen erheblichen Gewinn für die deutsche Volkswirtschaft darstellt. Ohne ausländische Beschäftigte wären ganze Wirtschaftbereiche nicht mehr funktionsfähig. So sind fast 50 Prozent aller in Krankenhäusern Beschäftigten, also Ärzte, Pflegekräfte und Hilfspersonal, Ausländer.

Längst hat sich eine Migrantenökonomie entwickelt, und das ist mehr als die Dönerbude oder die Pizzeria um die Ecke. Das Institut für Mittelstandsforschung (ifm) in Mannheim hat dazu eine Studie vorgelegt. Sie räumt mit einigen Vorurteilen auf: In Migranten-Unternehmen entsteht eine wachsende Zahl von Arbeits- und Ausbildungsplätzen. Menschen mit Migrationshintergrund gründen überdurchschnittlich häufig Unternehmen, nicht nur im Gastgewerbe oder im Handel, sondern zunehmend in modernen Branchen. Die Studie zeigt, dass die Migrantenökonomie ein besonders dynamischer Teil der Wirtschaft im Südwesten ist.

Bundesweit hat die Zahl der Migranten, die den Schritt in die Selbstständigkeit gewagt haben, im Jahre 2011 um 15 Prozent zugenommen. Es waren 184 000 Menschen mit Migrationshintergrund, die in diesem Zeitraum ein Unternehmen aufgemacht haben. «Sie geben wichtige Impulse für unsere Volkswirtschaft», wie eine Untersuchung der KfW-Bankengruppe feststellt. Viele Ausländer ohne anerkannten Abschluss hätten nicht in vergleichbarem Maße wie

Deutsche von der guten Lage am Arbeitsmarkt profitiert. «Sie lassen sich aber nicht entmutigen, sondern nehmen ihr Schicksal selbst in die Hand und wagen den Schritt in die Selbstständigkeit», so die Studie.

Die Zuwanderung nach Deutschland hat in den vergangenen zehn Jahren einen wichtigen Beitrag zur Fachkräftesicherung geleistet, wie eine Untersuchung des Instituts der deutschen Wirtschaft Köln belegt. Außerdem tragen Einwanderer zum wirtschaftlichen Wohlstand in Deutschland bei. Die Migranten haben den deutschen Arbeitsmarkt bereichert und ihm – zu unterschiedlichen Zeiten in unterschiedlicher Weise – neue Dynamik gebracht. Selbstständige Unternehmer ausländischer Herkunft schufen in Deutschland eine Million Arbeitsplätze. Auf schlechtere Beschäftigungssituationen haben Ausländer in letzter Zeit stärker als Deutsche mit Selbstständigkeit reagiert.

21. Wie schneidet Deutschland im internationalen Vergleich ab? Nach einer aktuellen Umfrage hat die Welt ein überraschend gutes Bild von Deutschland. So ist nach einer Untersuchung der britischen Rundfunkgesellschaft BBC Deutschland das beliebteste Land der Welt. 59 Prozent der über 26 000 Befragten in 25 Ländern bewerteten nach dieser Befragung den Einfluss Deutschlands in der Welt als insgesamt positiv.

Das positive Bild strahlt offensichtlich auf Deutschland als Migrationsziel aus. So ist Deutschland als Einwanderungsland seit vielen Jahren attraktiv und kann sich beim Thema Einwanderung und Asyl durchaus sehen lassen, insbesondere was die Eingliederung der ausländischen Wohnbevölkerung angeht. Das bestätigt auch das Jahresgutachten des Sachverständigenrats deutscher Stiftungen für Integration und Migration (SVR), das 2015 veröffentlicht wurde. Danach schneidet Deutschland im internationalen Vergleich mit ausgewählten EU-Staaten sowie klassischen Einwanderungsländern wie Kanada und den USA besser ab, als es der öffentliche Diskurs erwarten lässt. So hat Deutschland bei der Integrationspolitik und beim Zugang zum Arbeitsmarkt inzwischen sogar eine Vorreiterrolle übernommen. Das zeigen die Ergebnisse des «Migration Policy Index MIPEX 2015». Die Studie vergleicht alle zwei Jahre 31 Länder Europas und Nordamerikas in der Integrationspolitik. Nach dieser Untersuchung ist Deutschland zum ersten Mal in die Top 10 der Länder aufgestiegen. Weit hinten liegt die Bundesrepublik jedoch nach diesen Daten u. a. in der Antidiskriminierungspolitik.

In Deutschland ist es in den letzten Jahren gelungen, Einwanderer immer besser in den Arbeitsmarkt zu integrieren. Bei den Kindern im Ausland geborener Eltern besteht dagegen weiter Nachholbedarf. Zu diesem Ergebnis kam eine internationale Studie der OECD und der Europäischen Kommission im Juli 2015. Deutschland hat also als Einwanderungsland durchaus Erfolge vorzuweisen, muss sich aber international und auch nach innen noch viel stärker als Einwanderungsland definieren und darstellen. Handlungsbedarf besteht in der Tat nicht erst jetzt, sondern seit etwa 15 Jahren - seit der Wende zum Einwanderungsland - darin, die Bevölkerung bei diesem Kurswechsel mitzunehmen. Die Politik ist in Sachen Integration vorausgeprescht, ohne entsprechende «Aufklärungsarbeit» zu leisten, und wundert sich jetzt über Verwerfungen wie PEGIDA oder steigende Fremdenfeindlichkeit in Deutschland.

22. Wie sieht die Migrationspolitik der anderen europäischen Länder aus? Viele europäische Länder haben wie Deutschland «Gastarbeiter» angeworben und wurden über kurz oder lang zu Einwanderungsländern. Frankreich und Großbritannien haben aufgrund der Zuwanderung aus den ehemaligen Kolonien eine andere Einwanderungsgeschichte als Deutschland. Frankreich hat im Gegensatz zu Deutschland das Prinzip verfolgt, dass Kinder von Einwanderern, die im Land geboren wurden, automatisch die französische Staatsbürgerschaft erhalten. Dass die Staatsbürgerschaft nicht die Integrationsprobleme löst, zeigte sich an den sozialen Brennpunkten in den Vororten französischer Großstädte im Jahre 2005 mit gewalttätigen Auseinandersetzungen. Mit ähnlichen Schwierigkeiten hatte Großbritannien zu kämpfen. Im Vergleich dazu ist es in Deutschland bisher friedlich zugegangen. Die Niederlande gingen wie Deutschland lange Zeit davon aus, dass die ausländischen Arbeitskräfte eines Tages wieder in ihr Herkunftsland heimkehren würden. Schweden hat seinen «Gastarbeitern» schon in den 1970er Jahren kostenlose Sprachkurse angeboten. Das hat sich auf den Bildungserfolg der Kinder ausgewirkt und ist ein Grund dafür, dass das Land im internationalen Vergleich sehr gut abschneidet, was die Integration der Einwandererfamilien angeht. Österreich hat 2011 in Anlehnung an seine Nationalflagge eine «Rot-Weiß-Karte «eingeführt, um Mitarbeitern von international tätigen Großunternehmen die Niederlassung in der Alpenrepublik zu ermöglichen. Für Deutschland hat die Bertelsmann Stiftung so etwas Ähnliches, eine «Schwarz-Rot-Gold-Karte», empfohlen, um ausländische Fachkräfte aktiv anzuwerben. So gibt es in der Migrationspolitik in Europa viele Parallelen, aber auch große Unterschiede, was die Anwerbung von Arbeitsmigranten und die daraus resultierende Entwicklung angeht. Alle europäischen Länder sind aber wie Deutschland inzwischen zu Einwanderungsländern geworden.

23. Was ist zirkuläre bzw. temporäre Migration? Die Idee, ausländische Arbeitskräfte nur zeitweise zu beschäftigen und sie gegen neue «auszutauschen», ist nicht neu. Bereits in den 1970er Jahren spielte dieser Gedanke in der Ausländerpolitik eine wichtige Rolle. Oft wurde dabei auf die Schweiz verwiesen, die Saisonarbeitskräfte traditionell für einige Monate im Tourismus beschäftigte. Politisch auf die Agenda setzte diese Idee Baden-Württembergs Ministerpräsident Hans Filbinger (CDU), indem er 1973 sein Rotationsprinzip verkündete: «... das beste System mit den Gastarbeitern besteht darin – und zwar im beiderseitigen Interesse –, dass nach einiger Zeit, vielleicht nach drei Jahren, die Gastarbeiter wieder nach Hause zurückkehren zu ihren Familien oder, sofern sie die Familien dabei haben, diese mit nach Hause nehmen und dass sie dann ersetzt werden durch neue und junge Gastarbeiter, die dann zu uns kommen. Wir nennen dieses System ein rollierendes System ...».

Die Ausländerpolitik unter dem Motto «Freiwillige Rotation» und «Rückkehrprinzip» stieß auf starke Kritik und ließ sich so nicht verwirklichen. Wiederbelebt wurde diese Idee in der Global Commission, die vom früheren UN-Generalsekretär Kofi Annan eingesetzt worden war und die in ihrem Bericht 2005 sorgfältig geplante, zeitlich befristete Migrationsprogramme in Erwägung gezogen hatte, um den wirtschaftlichen Erfordernissen sowohl der Herkunfts- als auch der Zielländer zu begegnen. Es entstand das Schlagwort von der «zirkulären Migration». In diesem Zusammenhang sorgte im Oktober 2006 ein Strategiepapier für Aufmerksamkeit, das die damaligen Innenminister Nikolas Sarkozy und Wolfgang Schäuble ihren Amtskollegen bei einem informellen Treffen der Innenminister der sechs größten EU-Staaten vorlegten. Mit dieser «deutsch-französischen Initiative für eine neue europäische Migrationspolitik» wurde die «zirkuläre Migration» in erster Linie als Konzept zur Steuerung der legalen Migration und Eindämmung der irregulären Zuwanderung aus Drittstaaten vorgestellt. Bei der Weltkommission für Internationale Migration dagegen war dies Teil einer Gesamtstrategie in der Migrationspolitik, die mit Entwicklungspolitik verbunden werden sollte und nicht mit dem Rotationsprinzip gleichzusetzen ist. Die Kritik an der «zirkulären Migration» ähnelt den Einwürfen, die gegen das Rotationsprinzip Jahre zuvor ins Feld geführt worden waren. Es würden sich die Fehler der alten Gastarbeiterpolitik wiederholen. Die «zirkuläre Migration» sei nichts anderes als neuer Wein in alten Schläuchen und eben doch ein verkapptes Rotationsprinzip. Auch bei einer vorübergehenden Einwanderung seien Integrationsmaßnahmen notwendig. Man müsse aus der Geschichte der Gastarbeitereinwanderung lernen und nicht die gleichen Fehler machen wie früher.

In den letzten Jahren hat das Konzept der befristeten Migration und deren Sonderfall zirkulärer (wiederholter) Wanderungen eine gewisse Neubewertung - z. B. auch in der wissenschaftlichen Betrachtung von Steffen Angenendt von der Stiftung Wissenschaft und Politik - erfahren. Bei diesen Formen von Wanderungsbewegungen sei der Geldtransfer der Migrantinnen und Migranten in die Heimat besonders groß. Außerdem könne kein dauerhafter «Braindrain» - der Verlust von qualifizierten Arbeitskräften entstehen. Die befristete Migration könne sogar «Triple-Win-Effekte» erzielen, d. h. positive Auswirkungen in dreierlei Hinsicht haben - für die Herkunftsländer, die Aufnahmeländer und die Migrantinnen und Migranten selbst. Diese Meinung wird seit einiger Zeit unter anderem von der Europäischen Kommission vertreten. Einzelne Regierungen haben bereits Programme zur Ausweitung von temporärer und zirkulärer Migration entwickelt. Dabei geht es aber oft in erster Linie um innen- und sicherheitspolitische Ziele. Verbunden mit entwicklungspolitischen Maßnahmen könnten solche Programme jedoch durchaus sinnvoll sein und Probleme, die aufgrund der demografischen Entwicklung entstanden sind, beispielsweise in der Altenpflege oder im Hotel- und Gaststättengewerbe, beseitigen helfen. Für die Entsendeländer kann neben den Geldüberweisungen auch der «Know-how-Transfer» einen entwicklungspolitischen Beitrag leisten.

24. Welche Rolle spielen Integrationsgipfel und der Nationale Integrationsplan? Die Integrationsgipfel und der Nationale Integrationsplan (NIP) sind Meilensteine in der Migrationspolitik. Seit 2006 finden im Bundeskanzleramt Konferenzen statt, bei denen Vertreter unter anderem aus Politik, Gewerkschaften, Arbeitgeberverbänden, Sportverbänden und Migrantenverbänden Probleme der Zuwanderung diskutieren und Lösungsvorschläge vorlegen. Daraus wurde der Nationale Integrationsplan (NIP) entwickelt, der 2007 auf Bundesebene den Stand der Integration beleuchtete und Absichtserklärungen sowie Selbstverpflichtungen formulierte. Darin wollten z. B. die Länder «innerhalb der kommenden fünf Jahre die Schulabbrecherquote unter Jugendlichen mit Migrationshintergrund deutlich senken und eine Angleichung an den Gesamtdurchschnitt der Schülerinnen und Schüler erreichen». Ein zu hoch gestecktes Ziel, das sich erwartungsgemäß bis zum Jahre 2012 nicht verwirklichen ließ. Mit dem Nationalen Integrationsplan sollen außerdem die Integrationskurse verbessert und eine frühe Sprachförderung auf den Weg gebracht werden. Im Jahr 2008 wurde ein erster Fortschrittsbericht zum NIP vorgelegt. Auf der Grundlage des NIP wurde ein Aktionsplan erstellt, der auf dem 4. Integrationsgipfel am 3. November 2010 behandelt wurde. Der Aktionsplan enthält über 400 Selbstverpflichtungen staatlicher und zivilgesellschaftlicher Einrichtungen. Außerdem ist ein sogenanntes Monitoring geplant, durch das die Integrationsfortschritte überprüft werden.

Insgesamt fanden bis zum Jahre 2016 neun solcher Integrationsgipfel statt. Hinzu kamen seit 2007 drei Jugend-Integrationsgipfel im Kanzleramt. Die Ergebnisse der zahlreichen Arbeitsgruppen, Empfehlungen, Absichtserklärungen und Selbstverpflichtungen aus den Gipfeln und Plänen sind insgesamt komplex und fast verwirrend. Zahlreiche Überschneidungen und Wiederholungen machen es schwer festzustellen, was bereits alles in Angriff genommen und gar schon erreicht wurde. Die Deutsche Islamkonferenz (DIK) war fast schon ein Konkurrenzunternehmen zu den Integrationsgipfeln. So wurden beispielsweise jeweils in einer Arbeitsgruppe die Rolle der Medien beleuchtet und identische Ergebnisse festgehalten sowie ein entsprechender Forderungskatalog aufgestellt. Trotzdem waren die zahlreichen Veranstaltungen nicht nur eine «Show» im Hinblick auf Medien und Öffentlichkeit, sondern auch ein starkes Signal für Integration in Deutschland. Der Versuch, möglichst viele gesellschaftlich relevante Gruppen an einen Tisch zu bringen und vor allem auch die Migranten einzubinden, ist zumindest in Ansätzen gelungen.

25. Wie wichtig sind Migrantenorganisationen? Schon zu Beginn der Ausländerbeschäftigung spielten Migrantenorganisationen eine wichtige Rolle als Interessenvertretung ihrer Landsleute. Es entstanden Elternvereine, sogenannte Arbeitervereine, Kultur- und Sportverbände, aber auch religiöse Organisationen. Oft standen die Ausländervereine im Widerspruch zu den Regierungen ihrer Herkunftsländer wie die «Griechischen Gemeinden», die sich als Opposition zur Militärdiktatur verstanden, die von 1967 bis 1974 in Griechenland herrschte. Bundesweit sind viele von ihnen noch heute aktiv und kümmern sich um die Erhaltung der griechischen Sprache und Kultur. Die spanischen Elternvereine entstanden ebenfalls als Opposition zur Franco-Diktatur, die kroatischen Kulturvereine als Gegenpol zum kommunistischen Jugoslawien auf deutschem Boden. Die Organisation der Italiener kümmerte sich frühzeitig um die Kinder der Einwanderer, die in der Schule oft schlecht abschnitten.

Die klassischen Ausländervereine haben mit der Zeit an Bedeutung verloren. Trotzdem zählt man heute noch über 10 000 bis 20 000 solcher Vereine. Mit der Zunahme von Einbürgerungen und der Zuwanderung von Aussiedlern bestehen viele Migrantenvereine auch aus deutschen Staatsbürgern, wie die «Türkische Gemeinde», die besonders in der Öffentlichkeit präsent ist. Mit der neuen Integrationspolitik wurden Migrantenvereine als wichtige Partner erkannt und beispielsweise zu den Integrationsgipfeln im Kanzleramt eingeladen. Insgesamt nutzen Politik und Verwaltung inzwischen das zuvor oftmals brach liegende Potential der Migrantenverbände in der Integrationspolitik. In den letzten Jahren werden die Migrantenvereine und die «Diasporagemeinden» verstärkt als entwicklungspolitische Akteure entdeckt. Ihre Rücküberweisungen könnten mit zum Aufbau der Herkunftsländer beitragen und die Migrantenorganisationen selbst eine Brückenfunktion zwischen der alten und der neuen Heimat übernehmen.

26. Welche Aufgaben hat das Bundesamt für Migration und Flüchtlinge (BAMF)? Mit dem Inkrafttreten des Zuwanderungsgesetzes im Jahre 2005 erhielt das Bundesamt für Migration und Flüchtlinge zusätzliche Aufgaben. Bis dahin hieß es Bundesamt für die Anerkennung ausländischer Flüchtlinge. Mit der neuen Funktion wurden dem Amt die Aufgabe Integration (Integrationskurse, Integrationsprogramme, Integrationsberichte) übertragen. Das Nürnberger Amt ist dem Bundesinnenministerium zugeordnet und nimmt u. a. Aufgaben in den Bereichen Rückkehrförderung, Migrationsberatung für erwachsene Migranten oder jüdische Zuwanderer wahr. Das Bundesamt betreibt eigene Forschungen im Migrationsbereich. Im November 2016 erreichte der Personalbestand einen Spitzenwert – einschließlich zeitweiliger Unterstützungskräfte von der Post oder der Bundeswehr – von 9800. Innerhalb von zwei Jahren wurden 7000 neue Mitarbeiterinnen und Mitarbeiter integriert, wie der Bundesinnenminister im Januar 2017 betonte. Zum Jahresbeginn 2017 verfügte das BAMF über etwa 9000 Mitarbeiterinnen und Mitarbeiter. Zur Bewältigung des Antragsstaus wurde das Personal damit innerhalb der letzten beiden Jahren vervierfacht.

Das BAMF ist für das Asylverfahren zuständig. Sogenannte Entscheider in den Außenstellen prüfen die Anträge und entscheiden darüber, ob Flüchtlinge anerkannt werden. Allein was die finanzielle und personelle Ausstattung angeht, nimmt das Amt als Kompetenzzentrum für Migration und Integration eine zentrale Rolle in Deutschland ein. Der Präsident des Bundesamtes, Manfred Schmidt, trat im September 2015 von seinem Amt zurück. Beobachter bewerteten dies als eine Art «Bauernopfer» in einer allein durch personelle Engpässe zu Beginn der «Flüchtlingskrise» überforderten Behörde. Hans-Jürgen Weise, Chef der Bundesagentur für Arbeit, übernahm die Leitung des BAMFs. Am 12. Januar 2017 verabschiedete der Bundesinnenminister Amtschef Weise und ernannte Frau Jutta Cordt, die ebenfalls aus der Bundesagentur für Arbeit kommt, zu seiner Nachfolgerin. Der Minister lobte Weise für seine Arbeit und wies darauf hin, dass dieser als Beauftragter des Bundesministeriums des Innern bis Ende 2017 weiterhin als Berater zur Verfügung stehen werde. Zu seinem Auftrag gehört, so das Bundesinnenministerium wörtlich, «ebenen- und behörden-übergreifende Lösungsansätze bei der Umsetzung von Asylverfahren, für das Thema Rückkehr, zur Verbesserung der Datenqualität im Asylbereich sowie zur Verstärkung der Zusammenarbeit bei der Integration im engen Dialog mit den Beteiligten der unterschiedlichen föderalen Ebenen zu entwickeln und ihre Umsetzung anzustoßen.» Der Bundesinnenminister verstärkt damit seinen Machtbereich in der Flüchtlingspolitik (siehe Frage 29).

Flüchtlingskoordinator der Bundesregierung war bisher eigentlich der Chef des Bundeskanzleramtes, Peter Altmaier (CDU). Im Bundeskanzleramt angesiedelt ist aber auch die Beauftragte der Bundesregierung für Migration, Flüchtlinge und Integration. Es bleibt abzuwarten, wie sich diese Kompetenzvielfalt auswirken wird.

27. Was ist die Deutsche Islamkonferenz? Die Integration der über drei Millionen Muslime in Deutschland bleibt die wichtigste Herausforderung für die Migrationspolitik. Bundesinnenminister Wolfgang Schäuble (CDU) rief deshalb im Herbst 2005 die Deutsche Islamkonferenz ins Leben. Vertreter muslimischer Dachverbände, von Bund und Ländern sowie Einzelpersonen trafen sich zum schwierigen Dialog, der längst überfällig war. Ein Koordinierungsrat der Muslime in Deutschland (KRM) wurde gebildet und schon bald dafür kritisiert, er repräsentiere nicht die Muslime insgesamt. Es zeigte sich, dass die Muslime eben kein einheitlicher Block sind und dass es bei ihnen beispielsweise auch Atheisten gibt.

Die Deutsche Islamkonferenz verabschiedete verschiedene Vorschläge. Dazu gehören die Einführung von islamischem Religionsunterricht als ordentlichem Lehrfach, die Annahme von Empfehlungen zum Bau und Betrieb von Moscheen in Deutschland sowie zu islamischen Bestattungen, Empfehlungen zur Schaffung islamisch-theologischer Lehreinrichtungen an deutschen Universitäten sowie Empfehlungen für eine verantwortungsvolle, vorurteilsfreie und differenzierte Berichterstattung über Muslime und den Islam. Auch wenn es innerhalb der Islamkonferenz und innerhalb der eingeladenen Repräsentanten der islamischen Verbände immer wieder zu Spannungen und Problemen kam, so hat die DIK doch den viel beschworenen Dialog auf Augenhöhe zwischen staatlichen Stellen und den Muslimen vorangebracht. Das Experiment dauert an. Allerdings – so eine Umfrage aus dem Jahre 2010 – kennt nur ein kleiner Teil der Muslime (11 Prozent) überhaupt die Deutsche Islamkonferenz.

28. Wie sieht die Integrationspolitik der Bundesländer aus? Den Bundesländern kommt eine wichtige Funktion in der Migrationspolitik zu, liegen doch Bereiche wie die Schulpolitik in ihrer Kompetenz. Die Ausführung für Aufenthalts-, Flüchtlings- und Einbürgerungsfragen liegt bei den Ländern, auch wenn die Gesetzgebung dazu beim Bund verankert ist. Über den Bundesrat nehmen die Länder Einfluss auf die Migrations- und Flüchtlingspolitik. Wiederholt kam es in diesem Zusammenhang zu einer Politisierung der Länderkammer. Ein Höhepunkt war der 22. März 2002, als Brandenburgs Ministerpräsident Manfred Stolpe (SPD) für das Zuwanderungsgesetz stimmte, sein Innenminister Jörg Schönbohm (CDU) aber dagegen votierte. In der Folge wurde das gespaltene Abstimmungsverhalten des Landes Brandenburg zur Stolperfalle für das Zuwanderungsgesetz, weil es deswegen vom Bundesverfassungsgericht kassiert wurde. Im Jahre 2014 stellte Baden-Württemberg mit seiner grün-roten Landesregierung das Zünglein an der Waage in der Asylpolitik bei der Abstimmung im Bundesrat dar. Ministerpräsident Kretschmann, selbst von seiner eigenen Partei Bündnis 90/Die Grünen heftig kritisiert, stimmte schließlich dem umstrittenen Asylkompromiss zu, womit Verbesserungen erreicht, aber gleichzeitig weitere Länder zu sicheren Herkunftsstaaten erklärt wurden.

Früher, in den 1970er und 1980er Jahren, galten die Stadtstaaten Hamburg und Bremen als liberal, was Aufenthaltsbestimmungen und Ausländerpolitik angeht. Länder wie Baden-Württemberg und Bayern verhielten sich eher restriktiv, beispielsweise beim Familiennachzug. In beiden Ländern gab es lange Zeit sogenannte Nationalklassen, bei denen die Ausländerkinder in der Muttersprache unterrichtet wurden und damit die Rückkehrmöglichkeit in das Land der Eltern aufrechterhalten werden sollte.

Inzwischen steuern aber alle Bundesländer einen integrationspolitischen Kurs, auch wenn die Ausgestaltung und die Kompetenzen in diesem Bereich unterschiedlich bleiben. Baden-Württemberg hatte bis 2016 als einziges Bundesland ein eigenständiges Integrationsministerium, andere Länder haben die Integration verschiedenen anderen Bereichen zugeordnet.

Die Integrationsministerkonferenz legte 2013 einen Bericht zum Stand der Integration in den Bundesländern vor. Die Untersuchung basiert auf 40 Indikatoren, die den Integrationsprozess bundesweit messbar machen wollen. Dazu gehören Sprachkenntnisse, Alter, Bildung, Gesundheit oder Teilhabe am öffentlichen Leben. Nach dem Bericht sind in fast allen Bereichen Fortschritte zu erkennen. So stieg die Zahl der Menschen mit Migrationshintergrund, die eine Hochschulreife haben. Dieser Anteil liegt mit 25,3 Prozent sogar etwas höher als bei den Menschen ohne Migrationshintergrund (25,1 Prozent). Beim Anteil der Akademiker gibt es kaum Unterschiede: Im Jahr 2011 hatten 10,6 Prozent der Bevölkerung mit Migrationshintergrund und 10,7 Prozent ohne Migrationshintergrund einen Hochschulabschluss. Dies führt der Bericht vor allem auf die neue Einwanderung aus Osteuropa zurück, die sich in den neuen Bundesländern niedergeschlagen hat. In Thüringen erzielten Menschen mit Migrationshintergrund die besten Ergebnisse bei Sprachprüfungen, außerdem gab es dort die höchste Anzahl von Gymnasiasten und Studienabsolventen. Auf dem Arbeitsmarkt bestehen nach dem Bericht immer noch Defizite - in allen Bundesländern liegt der Anteil von Arbeitslosen unter Menschen mit Migrationshintergrund um rund 10 Prozent höher als beim Rest der Bevölkerung.

29. Was sind Integrationsbeauftragte? Um die Integration der Ausländer zu verbessern, setzte im Jahr 1978 die damalige Bundesregierung einen ersten Ausländerbeauftragten - genauer: «Beauftragten zur Förderung der Integration der ausländischen Arbeitnehmer und ihrer Familienangehörigen» - ein. Er sollte sich ressortübergreifend mit der Lage der ausländischen Bevölkerung befassen und Vorschläge zur Bewältigung der Probleme vorlegen. Heinz Kühn (SPD), der frühere Ministerpräsident von Nordrhein-Westfalen, wurde zum ersten Ausländerbeauftragten der Bundesregierung ernannt. Nachfolgerin von Kühn wurde 1980 Liselotte Funcke (FDP). In ihrer mehr als zehnjährigen Amtszeit setzte sie Akzente unter anderem bei den Themen Kunst und Literatur der Einwanderer, der besseren Verständigung der Einheimischen und Migranten sowie bei der besseren politischen Teilhabe der Migranten. In harten politischen Auseinandersetzungen mit dem damaligen Bundesinnenminister Friedrich Zimmermann (CSU) verhinderte sie, dass das Nachzugsalter für Kinder von 16 auf sechs Jahre herabgesetzt wurde. Liselotte Funcke fand mit ihren Vorschlägen kein Gehör beim früheren Bundeskanzler Helmut Kohl (CDU) und trat schließlich im Juni 1991 aus Protest zurück. In ihrem Schreiben stellte sie fest: «Die ausländische Arbeitnehmerbevölkerung sieht sich einer wachsenden Abwehr in der deutschen Bevölkerung und sogar tätlichen Angriffen ausgesetzt, ohne dass von politischer Seite ihre Anwesenheit begründet und ihre erwiesenen Leistungen gewertet werden. Ermutigungen zur Integration sind kaum erkennbar, ebenso wenig wirksame Maßnahmen und ausreichender Schutz gegen fremdenfeindliche Jugendbanden. Die deutsche Bevölkerung ist zunehmend verunsichert angesichts einer ständigen ungeregelten Zuwanderung, für deren Bewältigung sie kein politisches Konzept erkennen kann. Die sich daraus ergebenden Ängste schlagen sich – wie aus meinem Briefeingang hervorgeht – nicht selten in mehr oder weniger heftigen Beschuldigungen gegen die Ausländer nieder und belasten damit die Stimmung auf beiden Seiten. Die Gefahr einer Eskalation ist nicht von der Hand zu weisen.» Es sei «zu befürchten, dass die zunehmende Beunruhigung in der deutschen und die Enttäuschungen in der ausländischen Bevölkerung zu Entwicklungen führen, die immer schwerer beherrschbar werden. Die wachsende Fremdenfeindlichkeit in den fünf neuen Bundesländern ist ein Alarmsignal.» Auch dieser «Brandbrief» blieb ohne Auswirkungen.

Die FDP-Politikerin Cornelia Schmalz-Jacobsen übernahm das Amt, das jetzt «Beauftragte der Bundesregierung für die Belange der Ausländer» hieß. 1997 erfolgte eine Aufwertung des Amtes, indem Stellung und Aufgaben im Ausländergesetz geregelt wurden und es dann als «Beauftragte der Bundesregierung für Ausländerfragen» bezeichnet wurde. Alle zwei Jahre wurde dem Deutschen Bundestag ein Bericht über die Lage der Ausländer in Deutschland vorgelegt. Frau Schmalz-Jacobsen unterbreitete bereits 1993 einen Gesetzentwurf zur Reform des Staatsangehörigkeitsrechts. Ihr folgte von 1998 bis 2005 Marieluise Beck von Bündnis 90/Die Grünen. Unter anderem führte sie eine große Werbekampagne zur Einbürgerung durch und beeinflusste maßgebend die Zuwanderungsgesetzgebung. Zum Ende ihrer Amtszeit legte die Politikerin ein Memorandum über die Integrationspolitik als Gesellschaftspolitik in einer Einwanderungsgesellschaft vor.

Im Jahre 2005 setzte die Bundesregierung Maria Böhmer (CDU) als Integrationsbeauftragte ein – das Amt bekam den Namen «Beauftragte der Bundesregierung für Migration, Flüchtlinge und Integration» und wurde mit dem Rang einer Staatsministerin im Bundeskanzleramt verortet, während die früheren Beauftragten den verschiedenen Ressorts wie dem Bundesarbeitsministerium zugeordnet waren. Schwerpunkt ihrer Arbeit war unter anderem die Entwicklung des Nationalen Integrationsplans. Während die Vorgänger sich als «Anwälte» der Migranten verstanden, nahm Maria Böhmer weniger diese Funktion wahr, was auch daher rührt, dass sie in die Regierungsarbeit eingebunden war. Überraschend wurde nach der Bundestagswahl 2013 Aydan Özoğuz (SPD) als Integrationsbeauftragte der Bundesregierung – wiederum verankert im Bundeskanzleramt – eingesetzt. Die Tatsache, dass die Bundeskanzlerin das Thema Integration zur Chefsache machte und die Funktion der Beauftragten im Rang einer Ministerin im Kanzleramt ansiedelte, darf aber nicht darüber hinwegtäuschen, dass die Macht in der Migrationspolitik traditionell beim Bundesinnenminister liegt. Alle Bundesinnenminister haben eigentlich eine ordnungspolitische, eher von Abwehr als von Integration geprägte Linie in der Ausländerpolitik vertreten. Der Bundesinnenminister verfügt über Personal und Geld, von dem die Bundesbeauftragte nur träumen kann. Ihm ist das Bundesamt für Migration und Flüchtlinge unterstellt, er herrscht über die Bestimmungen im Zuwanderungsgesetz und in der Asylpolitik.

Trotzdem setzten alle Integrationsbeauftragten wichtige Akzente in der Integrationspolitik und waren mit ihren Ideen und Konzepten ihrer Zeit weit voraus. Auch Teile der Medien übernahmen dabei eine gewisse Vorreiterrolle. So installierten der Westdeutsche Rundfunk (WDR) und der Süddeutsche Rundfunk (SDR) bzw. sein Nachfolgesender, der Südwestdeutsche Rundfunk (SWR), schon frühzeitig Integrationsbeauftragte.

Heutzutage haben viele Verbände bis hin zu lokalen Vereinen und selbst die Feuerwehr landauf, landab Integrationsbeauftragte. Die kommunalen Beauftragten haben eine Ombudsmann-Funktion wahrgenommen und sich für die Rechte und Probleme der Migranten oftmals auch in Einzelfällen eingesetzt. Eine der ersten Ausländerbeauftragten auf Landesebene waren Barbara John (Berlin) und Gabriele Erpenbeck (Niedersachsen), Almuth Berger, die Ausländerbeauftragte der letzten DDR-Regierung und spätere Integrationsbeauftragte des Landes Brandenburg, kämpfte gegen Fremdenfeindlichkeit und Rassismus in den ostdeutschen Bundesländern. Wolfgang Richter, Ausländerbeauftragter der Stadt Rostock, war bei den rassistischen Ausschreitungen im August 1992 mit Flüchtlingen im brennenden Asylbewerberheim eingeschlossen. Für sein mutiges Verhalten erhielt er das Bundesverdienstkreuz.

30. Wie beteiligen sich Migranten am politischen Geschehen in Deutschland? Bei den Wahlen zum Bundestag oder zum Landtag sind nur Deutsche ab 18 Jahren wahlberechtigt und wählbar. Viele Zuwanderer, die nicht die deutsche Staatsangehörigkeit haben, sind davon ausgeschlossen. Auf kommunaler Ebene und bei den Europawahlen besitzen durch die Unionsbürgerschaft auch Staatsangehörige anderer EU-Mitgliedstaaten ein aktives und passives Wahlrecht. Der Eintrag von Unionsbürgern in die Wählerverzeichnisse auf kommunaler Ebene erfolgt automatisch. Unionsbürger, die in Deutschland an der Europawahl teilnehmen möchten, müssen sich einmalig registrieren lassen. Voraussetzung dafür ist, dass man aus dem Wählerverzeichnis im Herkunftsland ausgetragen wurde. Dadurch soll verhindert werden, dass in zwei Ländern eine Stimme abgegeben wird. Nach Auffassung des Parteienforschers Andreas M. Wüst erscheint die Begrenzung des Wahlrechts auf Staatsbürger und EU-Bürger im internationalen Vergleich eher restriktiv. Viele Länder ermöglichen es Bürgern ohne die Staatsangehörigkeit des jeweiligen Landes, zumindest an den Kommunalwahlen teilzunehmen. In Europa sind dies u. a. sämtliche skandinavischen Länder und die Niederlande. Schweden räumte schon 1975 Ausländern, die sich seit mindestens drei Jahren im Land aufhalten, sowohl auf regionaler als auch auf lokaler Ebene das aktive und passive Wahlrecht ein. Bereits 1990 scheiterten Versuche, ein kommunales Ausländerwahlrecht in Deutschland einzuführen, am Bundesverfassungsgericht. Auf nationaler Ebene ist ein allgemeines Wahlrecht sehr selten. Nur in Chile, Neuseeland, Uruguay und Malawi gibt es – so der Migrationsexperte Wüst – solche Regelungen.

Insgesamt beteiligen sich Menschen mit Migrationshintergrund seltener an Wahlen als Menschen ohne Migrationshintergrund. Das liegt zum einen daran, dass die Wahlbeteiligung an die Staatsbürgerschaft bzw. die Unionsbürgerschaft geknüpft ist. Auch die Beteiligung der Unionsbürger an den Europawahlen in Deutschland ist sehr gering und lag 2004 bei 7 Prozent. An den Kommunalwahlen beteiligen sich auch weniger als ein Drittel der Unionsbürger. Bei Wahlen zu Integrationsbeiräten, denen aber wenig Bedeutung zukommt, ist die Beteiligung noch geringer. Die politische Beteiligung nimmt in den jüngeren Generationen und mit einem höheren Grad der Integration zu. Wähler mit Migrationshintergrund wählen eher Parteien der politischen Linken als Parteien, die rechts von der Mitte stehen. Türken neigen eher dazu, SPD zu wählen. Die Spätaussiedler galten lange Zeit als treue CDU-Wähler. So wurde schon gesagt, Helmut Kohl habe seine letzte Wahl mit den Stimmen der Spätaussiedler, die er aus Russland herausgeholt habe, gewonnen. Gerhard Schröder dagegen sei 2002 noch einmal mit den Stimmen der eingebürgerten Türken und Türkinnen an der Macht geblieben. Im Laufe der Zeit gleicht sich das Wahlverhalten der Eingewanderten dem der einheimischen Bevölkerung an. So gelten die Spätaussiedler nicht mehr unbedingt als klares Wählerpotential der Unionsparteien.

Je nach Bundesland und Region machen Einwanderer und ihre Nachkommen bis zu 10 Prozent der Wahlberechtigten aus. Ein Wählerpotential, das die politischen Parteien in Deutschland erkannt haben und gezielt zum Teil auch in deren Muttersprache ansprechen. Im Vergleich zum Bevölkerungsanteil - 20,5 Prozent - sind Menschen mit Migrationshintergrund im Bundestag, in den Landtagen und in den Kommunalparlamenten deutlich unterrepräsentiert. Nach Angaben des Mediendienstes Integration sitzen im Bundestag 37 Abgeordnete mit Migrationshintergrund. Von den 631 Abgeordneten stammen damit 5,9 Prozent aus Einwandererfamilien. Gemessen an ihren Plätzen im Parlament verzeichnen die Linksfraktion mit 12,5 Prozent und Bündnis 90/Die Grünen mit 11,1 Prozent den höchsten Anteil von Abgeordneten mit Migrationshintergrund. Die SPD hat zwar, was die Zahlen angeht, mit 13 Politikern den höchsten Wert, liegt aber mit 6,7 Prozent Anteil in der Fraktion im Mittelfeld. Das Schlusslicht bilden die Unionsparteien mit 3,1 Prozent bei der CDU und 1,8 Prozent bei der bayerischen CSU. In den Landtagen hat die Zahl der Abgeordneten mit Migrationshintergrund in den letzten Jahren deutlich zugenommen. Im Jahre 2010 hat es unter den 1825 Landespolitikern 46 mit Migrationshintergrund gegeben. Das entspricht aber nur 2,5 Prozent der Abgeordneten. Auch in den kommunalen Parlamenten sind Einwanderer immer noch schwach vertreten, auch wenn ihr Anteil in den letzten zehn Jahren von 2,5 auf 4 Prozent gestiegen ist. Dies liegt immer noch weit unter dem Durchschnitt in der Bevölkerung, zumal in Großstädten der Migrationsanteil teilweise bis zu 40 Prozent ausmacht.

Insgesamt wird die Wählerschaft mit Migrationshintergrund in Deutschland künftig eine stärkere Bedeutung erlangen und für Parteien immer interessanter werden. Die Eingebürgerten haben Wählerstimmen zu bieten, die angesichts knapper Wahlergebnisse durchaus das Zünglein an der Waage spielen können. Bereits bei den Landtagswahlen in Nordrhein-Westfalen im Mai 2000 standen beispielsweise rund 180 000 Stimmen von «Deutsch-Türken», wie sie genannt werden, auf dem Spiel.

IV. Gruppen von Einwanderern

31. Was sind Gastarbeiter? Im Nachkriegsdeutschland wurden «Gastarbeiter» angeworben, weil Arbeitskräfte fehlten. Die Wortschöpfung «Gastarbeiter» war jedoch von Anfang an falsch, denn Gäste lässt man bekannterweise nicht arbeiten, und diese gehen nach einiger Zeit wieder nach Hause. Das traf für unsere «Gastarbeiter» aber nicht zu. Sie blieben auf Dauer in Deutschland. Im Zeitraum von 1955 bis 1973 kamen 14 Millionen Arbeitsmigranten nach Deutschland. Elf Millionen kehrten aber in diesem Zeitraum wieder zurück.

Später nannte man die «Gastarbeiter» «Ausländische Mitbürger» oder «Ausländische Einwohner», bis man sich endlich dazu durchringen konnte, den Begriff der Wirklichkeit anzupassen und sie als «Einwanderer» zu bezeichnen. Die «Gastarbeiter» haben mit zum «Wirtschaftswunder» beigetragen und Deutschland wieder aufgebaut. 1973 wurde in einer Wirtschaftskrise der Anwerbestopp verhängt. Diese Maßnahme erreichte aber geradezu das Gegenteil: Die ausländischen Arbeitskräfte blieben und holten teilweise ihre Familien nach. Endgültig wurde aus dem Provisorium eine dauerhafte Einwanderung. Heutzutage spricht man schon lange nicht mehr von «Gastarbeitern», sondern von Arbeitsmigranten, Menschen, die nach Deutschland kommen, weil wir sie als Arbeitskräfte brauchen.

32. Was sind Flüchtlinge und Asylbewerber? Flüchtlinge sind Menschen, die vor Kriegen fliehen oder ihre Heimat aus anderen Notlagen heraus verlassen müssen und in einem anderen Land Schutz und Zuflucht suchen. Die Genfer Flüchtlingskonvention (GFK) – siehe Frage Nr. 56 – legt den Begriff des Flüchtlings näher fest. Asylbewerber sind Menschen, die in Deutschland einen Antrag auf Gewährung eines Asylstatus stellen.

Als die Zahl der Asylanträge Anfang der 1990er Jahre auf fast eine halbe Million angestiegen war, wurden die Stellen beim Bundesamt verdoppelt. Dadurch wurde der Stau verhältnismäßig rasch abgebaut, weniger durch die Änderung der Asylpolitik, die erst mit einiger Verzögerung griff. So wurden in einem Jahr 140 Prozent mehr Entscheidungen gefällt als im Jahr zuvor. Nachdem die Zahlen zurückgegangen waren, wurde das Personal wieder abgebaut bzw. anderen Aufgaben zugeführt. Als die Zahl der Anträge ab 2012 wieder stark anstieg, waren nicht mehr genügend Sachbearbeiter vorhanden, was 2015 zu einer Überforderung von Behörden und Kommunen führen musste. Die «Flüchtlingskrise» war somit teilweise selbst verschuldet. Die Lehre für die Zukunft: Es muss eine entsprechende Anzahl von Entscheidern auf Dauer da sein, weil die Zahlen aller Voraussicht nach auf hohem Niveau bleiben werden. Zumindest sollte gewährleistet sein, dass bei steigenden Zahlen «Reserven» im Stellenplan aktiviert werden können. Eine vorausschauende Flüchtlingspolitik ist dringend notwendig, nicht nur was die Stellen, sondern auch was die Unterbringungsmöglichkeiten angeht.

33. Sind die Flüchtlinge, die nach dem Zweiten Weltkrieg in Deutschland Schutz fanden, keine Migranten? So wie der Begriff Migrationshintergrund festgelegt ist, zählen die Heimatvertriebenen nicht dazu. Zwei Gruppen werden dabei nicht erfasst: erstens die nach dem Zweiten Weltkrieg zu Displaced Persons (DPs) gemachten ehemaligen NS-Zwangsarbeiter, von denen etwa 160 000 als «Heimatlose Ausländer» – wie es dann im Amtsdeutsch hieß – hier blieben.

Zweitens die 12,5 Millionen deutschen Vertriebenen, die nach dem Zweiten Weltkrieg aufgenommen wurden. Nähme man diese beiden Gruppen in die Statistik auf, würde sich die Zahl der «Menschen mit Migrationshintergrund» mehr als verdoppeln, also fast die Hälfte der Bevölkerung ausmachen. Darüber hinaus sind seit der Gründung der Bundesrepublik 4,5 Millionen Aussiedler, seit 1993 amtlich «Spätaussiedler» genannt, vor allem aus der Sowjetunion und deren Nachfolgestaaten zugewandert.

Es hält sich die Legende, Heimatvertriebene und Flüchtlinge seien rasch integriert worden. In Wirklichkeit waren sie keineswegs gleich willkommen, vielmehr Anfeindungen und Vorurteilen ausgesetzt. Ein Kommentar der Rhein-Neckar-Zeitung vom 13. April 1949 bringt das zum Ausdruck: «Die Flüchtlinge sind grundsätzlich schmutzig. Sie sind grundsätzlich primitiv, ja sind sogar grundsätzlich unehrlich. Dass sie faul sind, versteht sich am Rande und dass sie lieber einen braven Einheimischen betrügen, als ihm eine Arbeit abzunehmen. Ganz abgesehen davon, dass sie das streitsüchtigste Volk sind, das in unseren Gassen und Gässchen einherläuft. Und einen Dank für das, was man ihnen tut, kennen sie nicht. Das ist es, was man in 90 von 100 Unterhaltungen über Flüchtlinge zu hören bekommt.»

Der «Mythos der schnellen Integration» der Heimatvertriebenen ist auf jeden Fall längst widerlegt. Vielmehr war Deutschland für viele Flüchtlinge eine «Kalte Heimat», wie eine Untersuchung überschrieben ist. Auch die Heimatvertriebenen haben ihre Zeit gebraucht, um sich zu integrieren. Deutschland könnte auf diesen Erfahrungen aufbauen, denn die Flüchtlinge von heute sind ebenso Heimatvertriebene. Aus der eigenen Migrationsgeschichte wurde aber leider im Nachkriegsdeutschland nur wenig gelernt.

34. Sind Italiener «Deutsche»? Die Beschäftigung italienischer Arbeitskräfte in Deutschland hat eine lange Vorgeschichte. So kamen die Italiener beispielsweise im 19. Jahrhundert als gesuchte Spezialisten zum Eisenbahnbau über die Alpen in deutsche Gefilde. 1938 schloss das nationalsozialistische Deutschland ein Wanderungsabkommen mit dem faschistischen Regime Italiens ab. Bis zu einer halben Million italienischer Arbeitskräfte wurden aufgrund dieses Vertrages auf Baustellen, Fabriken oder in die Bergwerke nach Deutschland geholt. Die Italiener sind die Pioniere der «Gastarbeiterbeschäftigung» nach dem Zweiten Weltkrieg in Deutschland. Sie kamen schon ins Land, bevor das Anwerbeabkommen mit Italien abgeschlossen wurde. Die ersten Versuche, oberitalienische Landarbeiter auf die Bauernhöfe zu holen, fanden bereits 1952 in Südbaden statt. Wegen der Landflucht herrschte auf den Höfen Arbeitskräftemangel. Karl Lutterbeck vom Bauernverband Württemberg-Baden machte sich deshalb auf die Suche nach italienischen Arbeitskräften. Er schildert die Auslese so: «Da saßen wir an einem Tisch, so wie bei einer Musterungskommission, und die defilierten dann also an uns vorbei. Und dann haben wir sie uns nach der Größe, nach der Stärke, nach Körperbau angeguckt. Manchmal haben wir uns auch die Hände zeigen lassen, ob sie auch möglichst große Hände und feste Schwielen an den Fingern haben. Daraus meinten wir zu sehen, dass er also das Arbeiten gewöhnt ist. Ab und zu guckte man einem dieser Italiener in den Mund, um festzustellen, ob auch seine Zähne einigermaßen in Ordnung sind!» So wurden die Landarbeiter ausgewählt und kamen 1955 nach Stuttgart, wo ihre Bauern die allerersten «Gastarbeiter» am Bahnhof in Empfang nahmen.

Die Italiener stellten bis 1970 die größte Gruppe von Arbeitsmigranten und prägten nachhaltig das Bild vom «Gastarbeiter». Der touristisch eingefärbte Blick auf das Land der Italiener kam hinzu. Deutschland wurde nach dem Zweiten Weltkrieg wieder weltoffener, als es Italien als Reiseland entdeckte und «Bella Italia» zum geflügelten Wort wurde. Die Italiensehnsucht schlug sich auch im Schlager nieder, in Liedern wie «Zwei kleine Italiener» oder «Wenn bei Capri die rote Sonne ...». Allein 1958 reisten vier Millionen Deutsche nach Italien. Über Generationen hinweg machten sich Touristen aus Deutschland auf nach Italien, auf die Campingplätze an der Adria, in die Hotels und Pensionen in der Toskana oder in Kalabrien. So ist für viele das Land, «wo die Zitronen blühen», fast zur zweiten Heimat geworden. Aber: Klischees, Stereotype und auch Vorurteile aus den frühen Gastarbeiter- und Italienjahren schwingen noch bis heute mit, wenn es um Italiener in Deutschland und Deutsche in Italien geht. So schlug den Italienern der ersten Stunde in Deutschland keineswegs nur Sympathie entgegen. Im Gegenteil: «Spaghetti-Fresser» war ein Schimpfwort, das lange Zeit hängen blieb.

Inzwischen gelten die Italiener als bestens integriert. In Pizzerien und im Urlaub in Italien fühlen sich viele Deutsche schon wie zu Hause. Das «Deutsch-Italienisch», das viele Italiener in Deutschland sprechen, wird als geradezu sympathisch empfunden. Hinter den Kulissen sieht es in den italienischen Familien jedoch ganz anders aus. Die italienischen «Pionier-Gastarbeiter», die jetzt in Rente gehen, sprechen schlecht Deutsch und wissen oft nicht, wo sie ihren Lebensabend verbringen sollen. Freunde, Bekannte und Familienangehörige in Italien gibt es oft nicht mehr. In Deutschland haben sie oft auch nicht Fuß gefasst. Von den jungen Italienerinnen und Italienern der zweiten und dritten Generation hört man oft: «In Italien sagen sie ‹Die Deutschen kommen.› In Deutschland sind wir ‹die Italiener›! Was sind wir eigentlich – wo ist unsere Heimat?» Viele leben zwischen zwei Welten.

35. Sind Türken integrationsunwillig? Heutzutage leben rund 1,5 Millionen Menschen mit türkischer Staatsangehörigkeit in Deutschland. Hinzu kommen die Eingebürgerten, so dass es insgesamt drei bis vier Millionen Personen – eine Statistik über Eingebürgerte wird nicht geführt – mit türkischen Wurzeln in Deutschland geben dürfte. Türkischstämmig war die erste und bisher einzige Integrationsministerin in Deutschland, Bilkay Öney, in Baden-Württemberg. Die erste Ministerin mit türkischen Wurzeln sitzt jetzt am Kabinettstisch in Berlin: Aydan Özoğuz, die Beauftragte der Bundesregierung für Migration, Flüchtlinge und Integration. Seit den Landtagswahlen in Baden-Württemberg 2016 ist Muhterem Aras (Bündnis 90/Die Grünen) die erste Landtagspräsidentin mit türkischen Wurzeln.

Eine solche Entwicklung hätte sich wohl kaum jemand träumen lassen, als das Anwerbeabkommen mit der Türkei unterzeichnet wurde. Nicht nur Stereotype und Vorurteile prägten damals das Bild von den Türken und ihrem Land, wie Untersuchungen beispielsweise von Karin Hunn über die Geschichte türkischer Gastarbeiter zeigen. Die Türken kamen mit einem fast schon idealisierten Bild von deutschem Fleiß und deutscher Gründlichkeit an Rhein und Ruhr. In Deutschland herrschte eine teilweise aufgeschlossene und tolerante Haltung gegenüber den türkischen Muslimen, als das Anwerbeabkommen abgeschlossen wurde. Alles in allem muss jedoch rückblickend festgestellt werden, dass wir mit Türken und anderen Migranten jahrzehntelang - wenn auch ohne große Konflikte - nebeneinanderher gelebt haben, die früheren Gastarbeiter in einer Rückkehrillusion, Deutschland mit der Lebenslüge «wir sind kein Einwanderungsland».

Das (Aus-)Bildungsniveau der über die Anwerbekommissionen angeworbenen türkischen Arbeitsmigranten war übrigens keineswegs so niedrig, wie oft angenommen wird. Die Qualifikation der türkischen Auswanderer lag über dem Durchschnitt in der Türkei. Karin Hunn spricht sogar von einer «Auswandererelite». In den folgenden Jahren kamen aber mehr Menschen mit niedriger Bildung und Ausbildung aus der Türkei nach Deutschland. Eine soziale Unterschichtung bildete sich heraus, die sich bis heute negativ auf die Bildungsabschlüsse junger Türkinnen und Türken auswirkt.

Auch die Türken haben ihren «Gastarbeiter-Jubilar»: Am 27. November 1969 erwartete den 24-jährigen Türken Ismail Bahadır in München ein festlicher Empfang als der millionste ausländische Arbeitnehmer, der von den Dienststellen der Bundesanstalt für Arbeit in Südeuropa, in der Türkei und Tunesien vermittelt wurde. Zum Empfangskomitee gehörte der Präsident der Bundesanstalt für Arbeit, Josef Stingl, der dem überraschten türkischen Gastarbeiter einen Fernsehapparat überreichte. Stingl bezeichnete die Arbeit der ausländischen Arbeitskräfte in der Bundesrepublik als «nicht messbaren Gewinn».

Nach einer gewissen «Gastarbeitereuphorie» setzte aber schon bald eine Auseinandersetzung um die Vor- und Nachteile der Ausländerbeschäftigung ein, vor allem deshalb, weil immer mehr ausländische Arbeitnehmer ihre Familien nachholten und erkennbar wurde, dass die Ausländerbeschäftigung eben kein vorübergehendes Phänomen bleiben sollte. Diese Debatte schlug sich nach der sogenannten Ölkrise im Anwerbestopp für ausländische Arbeitnehmer nieder, der am 23. November 1973 von der Bundesrepublik verhängt wurde. Auch andere europäische Staaten stoppten zu diesem Zeitpunkt die Anwerbung ausländischer Arbeiter aus dem Mittelmeerraum. Alles in allem kamen bis zum Anwerbestopp rund 867 000 Türken nach Deutschland. Zurückgekehrt sind in diesem Zeitraum rund 240 000 Personen. Über eine Million Ausreisewillige standen zeitweise auf den Listen der Anwerbekommission in der Türkei, die mit bis zu sieben Jahren Wartezeit rechnen mussten. Die Migration nach Deutschland entlastete den Arbeitsmarkt in der Türkei, brachte vor allem Devisen, die innerhalb weniger Jahre zu einer der wichtigsten Einnahmequellen für die Türkei wurden. 1964 überwiesen die Auslandstürken acht Millionen Dollar in ihre Heimat. Im Jahre 1973 waren es schon rund 1,2 Milliarden Dollar, wodurch das Außenhandelsdefizit im selben Jahr zu 153 Prozent gedeckt werden konnte.

Nach dem Anwerbestopp von 1973 holten viele türkische Arbeitnehmer ihre Familien nach. Mit dem Militärputsch 1980 und aufgrund des Kurdenkonflikts kamen auch immer mehr Asylbewerber nach Deutschland. Das sogenannte Ausländerthema in der Bundesrepublik wurde immer mehr zu einem «Türkenproblem» gemacht. So stellten die im Februar 1980 von der Berliner CDU geäußerten Befürchtungen, dass sich die Berliner im Falle einer weiteren Zunahme türkischer Migranten nicht mehr mit ihrer Stadt identifizieren könnten, damals keineswegs die Ausnahme dar. Immer häufiger war – so Karin Hunn – nun vom «deutschen Volk» die Rede, das durch die Einwanderung «fremder Völker» in seinem Charakter oder sogar in seiner Existenz bedroht werde. Das bayerische Innenministerium meinte beispielsweise 1972, dass durch den dauerhaften Verbleib von Ausländern «massive Umweltschutzinteressen» in Deutschland berührt würden. Der Ausschuss für Arbeitsmarktfragen des Verwaltungsrats der Bundesanstalt für Arbeit begründete seine Vorbehalte gegenüber dem Anstieg der Ausländerbeschäftigung ebenfalls damit, dass die Schaffung von «Lebensraum für die hier verbleibenden ausländischen Arbeitnehmer» bedeuten würde, den «Lebensraum der übrigen in der Bundesrepublik lebenden Menschen zu begrenzen».

Rückkehrprämien für Türken und andere ausländerpolitische Maßnahmen verstärkten eher die ablehnende Haltung der deutschen Bevölkerung gegenüber den türkischen Einwanderern und führten dazu, dass sich türkische Familien teilweise abkapselten. Auch die türkische Regierung muss sich vorhalten lassen, sich jahrzehntelang viel zu wenig um ihre Landsleute im Ausland gekümmert zu haben.

Immer wieder haben Intellektuelle und Politiker in der Bundesrepublik im Laufe der Zeit – ob gewollt oder ungewollt, spielt eigentlich keine Rolle – «Türkenfeindlichkeit» geschürt, was sich mit zahlreichen Zitaten belegen lässt. Auch die Absicht des Altkanzlers Helmut Kohl (CDU) aus dem Jahre 1982, die erst vor Kurzem bekannt wurde, die Hälfte der in der Bundesrepublik lebenden Türken zurück in ihr Herkunftsland zu schicken, erwies sich als Illusion. Es zeigte sich, dass Deutschland längst zum Einwanderungsland geworden war und dass sich das Rad der Geschichte nicht mehr zurückdrehen ließ. Anfang der 1990er Jahre kam es zu Ausschreitungen auch gegen Türken in Deutschland, beispielsweise in Mölln 1992 und Solingen 1993, wo fünf Personen bei einem Brandanschlag ums Leben kamen. Türken in Deutschland kritisierten, dass Bundeskanzler Kohl den Trauerfeiern fernblieb. Bundeskanzlerin Angela Merkel beteiligte sich dagegen im Februar 2012 in Berlin an der Trauerfeier für die von der NSU ermordeten Personen, unter denen viele Migranten aus der Türkei waren.

Untersuchungen der CDU-nahen Konrad-Adenauer-Stiftung belegten schon vor Jahren, dass die Türken in Deutschland viel besser integriert sind als gemeinhin angenommen. Ein überraschend hoher Anteil – nämlich fast die Hälfte – fühlt sich mit Deutschland ziemlich stark oder stark verbunden. Etwa die Hälfte der hier lebenden Türken wäre sogar bereit, Deutschland bei einem militärischen Angriff durch ein islamistisches Land zu verteidigen. Dieser Wert liegt über dem in den neuen Bundesländern unter Deutschen ermittelten Wert (42 Prozent). Erstaunlich ist auch, dass die Gesellschaftsordnung in Deutschland bei den hier lebenden Türken eine deutlich höhere Akzeptanz als bei der deutschen Bevölkerung hat. Nur 8 Prozent halten sie für ungerecht. Bei der deutschen Bevölkerung ist es fast die Hälfte. Auch mit der Demokratie in Deutschland sind die hier lebenden Türken zufriedener als die Deutschen. Zwar hat sich schon über die Hälfte von ihnen mehr oder weniger diskriminiert gefühlt. Aber solche Erfahrungen werden nicht auf das Gesellschaftssystem in Deutschland übertragen. Zu staatlichen und gesellschaftlichen Institutionen haben die Türken in Deutschland ein relativ hohes Vertrauen. Der Säkularisierungsgrad unter ihnen ist erstaunlich hoch. Nur für etwa die Hälfte spielt Religion eine wichtige Rolle. Der weitaus größte Teil (77 Prozent) bekennt sich zu einem toleranten Islam und erkennt das Christentum als eine gleichwertige Religion an. Auffällig ist, dass bei den Türken in Deutschland deutsche Medien mehr Vertrauen genießen als türkische. Längst werden deutsche Medien etwa genauso viel genutzt wie türkische, was dem Bild des «Mediengettos» widerspricht.

Es ließen sich weitere Untersuchungen, die einen Integrationserfolg bescheinigen, aufzählen, sie werden aber offensichtlich in der Öffentlichkeit kaum zur Kenntnis genommen. Beispiele gescheiterter Integration kommen schon eher in die Schlagzeilen. Neueste Forschungsergebnisse des Zentrums für Türkeistudien und Integrationsforschung (ZFTI) bestätigen, dass das Zusammenleben seit 1999 nicht schlechter geworden ist, sondern sich langsam, aber stetig intensiviert hat, was an den wachsenden interethnischen Kontakten abzulesen ist. Unter Integration wird oft verstanden, dass sich Ausländer einbürgern lassen. Bei den Migranten aus der Türkei hat bereits jeder Dritte die deutsche Staatsbürgerschaft angenommen, was für Integrationswilligkeit spricht. Die Einbürgerungsquote bei der türkischen Minderheit liegt deutlich höher als deren Anteil an der ausländischen Gesamtbevölkerung Deutschlands. Immer wieder haben sich im Laufe der Jahre die politischen Ereignisse in der Türkei auf die türkischstämmigen Einwanderer in Deutschland ausgewirkt, beispielsweise der Kurdenkonflikt, der Putschversuch vom 15. Juli 2016 oder die Armenienresolution des Deutschen Bundestages.

36. Sind Griechen und Spanier die vergessenen Ausländer? Der Arbeitsmarkt in Italien, mit dem Deutschland bereits 1955 das erste Anwerbeabkommen abgeschlossen hatte, war «leer gefegt». Arbeitskräfte wurden aber im Nachkriegsdeutschland weiterhin dringend gesucht. Bundesarbeitsminister Theodor Blank schloss deshalb gleichzeitig Abkommen nach dem deutsch-italienischen Vorbild mit Griechenland und Spanien ab (deutsch-spanischer Anwerbevertrag vom 29.3.1960; deutsch-griechischer vom 30.3.1960). Zur Ausländerbeschäftigung – so Arbeitsminister Blank – gebe es keine Alternative, weil trotz fortschreitender Rationalisierung und Mechanisierung der Produktionsverfahren in der Bundesrepublik weiterhin ein steigender Kräftebedarf zu erwarten sei. Auf der anderen Seite verfüge der deutsche Arbeitsmarkt über keine Reserven mehr, die Zahl der Sowjetzonenflüchtlinge gehe zurück, und das Arbeitskräftepotential werde weiter schrumpfen wegen der veränderten Altersstruktur, der verbesserten Altersversorgung und der vermehrten Einberufungen zum Wehrdienst.

Spanier und Griechen litten unter schlechten wirtschaftlichen und politischen Rahmenbedingungen im eigenen Land. Ihre Regierungen waren sehr daran interessiert, die hohe Arbeitslosigkeit zumindest teilweise durch Auswanderung zu beseitigen. Schätzungsweise eine Million Griechen arbeiteten so zumindest zeitweise in Deutschland, was einem Zehntel der Bevölkerung entspricht. Zeitzeugen wie Hans-Jörg Eckhardt vom Landesarbeitsamt Baden-Württemberg erinnert sich noch gut an die Anwerbezeit: «Es war für Baden-Württemberg aus Sicht der Wirtschaft lebensnotwendig, dass eben ‹Gastarbeiter› gekommen sind. Ich war selbst in den Jahren davor einmal bei unserer Verbindungsstelle in Griechenland, habe selbst ‹Gastarbeiter› für Baden-Württemberg mit angeworben, und damals kamen Fernschreiben unserer deutschen Firmen – auch aus dem ‹Ländle› –, in denen es dann ganz einfach hieß: ‹Bitte sofort fünf Stück Hilfsarbeiter›.» Im «Vermittlungsauftrag» stand dann auch einfach manchmal: «Ein Stück ‹Transportarbeiter› oder ein Stück ‹Lagerarbeiter›». Eine andere Firma habe geschrieben: «Wir bitten nachstehende Personen ... umgehend in Marsch zu setzen.»

Die Auswanderung war für Griechenland und die anderen Herkunftsländer der ausländischen Arbeitskräfte ein zweischneidiges Schwert. Die Migration linderte in der Tat die Arbeitslosigkeit und verschaffte durch die Überweisungen der Landsleute aus dem Ausland harte Devisen. Auf der anderen Seite brachte die massenhafte Auswanderung Länder wie Griechenland in eine schwierige Lage, wie ein Sonderberater des griechischen Arbeitsministeriums in einem ausführlichen Bericht mit dem Titel «Die griechischen Arbeiter in Deutschland und ihre Probleme» bereits 1966 feststellte: «In den Dörfern fehlen die Arbeitskräfte, um landwirtschaftliche Maschinen zu bedienen und die Oliven zu ernten. Wegen des Mangels an Fachkräften entstehen auch in den verschiedenen Industriebetrieben Probleme. Noch komplizierter ist die Situation auf dem Bausektor. Es ist sehr schwierig Arbeitskräfte zu finden ... Bei Bauarbeiten auf dem

Lande war früher das Angebot an Arbeitskräften aus den benachbarten Ortschaften groß, ja sogar überschüssig. Heute fehlen die jungen und kräftigen Menschen, die etwas leisten können. Die Dörfer sind inzwischen zu Altersheimen geworden.»

Der kritische Beobachter resümierte allerdings nach seiner Deutschlandreise, dass eine «Eindämmung des Auswanderungsstromes» unmöglich sei, unter anderem «weil die Gesetze der Wirtschaft keine Einschränkungen kennen und auch von Polizeimaßnahmen nicht beeinflusst werden können». Schließlich stellte der Sonderberater noch lakonisch fest: «Außerdem neigt der Grieche aus verschiedenen Gründen immer dazu auszuwandern.»

Die Griechen wie auch manche anderen «Gastarbeiter» mussten ihre Heimat nicht nur aus wirtschaftlicher Not, sondern auch aus politischen Gründen verlassen. In Griechenland herrschte von 1967 bis 1974 eine Militärdiktatur. Spanien fand erst 1975 zu demokratischen Verhältnissen, nachdem der Diktator Franco gestorben war. Allein in den Jahren von 1960 bis 1969 wanderten 1,5 Millionen Spanier aus, viele davon nach Deutschland, wo man sie dringend als Arbeitskräfte brauchte.

Heute leben rund 340 000 Menschen mit griechischem Pass in Deutschland. Hinzu kommen diejenigen mit griechischem Migrationshintergrund und deutschem Pass. Beide Gruppen werden zusammen auf bis zu 400 000 geschätzt. In Baden-Württemberg befindet sich mit über 40 000 Personen die größte griechische Gemeinschaft in Europa außerhalb Griechenlands. Bis vor Kurzem ging die Zahl der Griechen in Deutschland ständig zurück. Seit dem Ausbruch der Krise in Griechenland hat ihre Zahl jedoch wieder zugenommen. Auch die Zahl der Eingebürgerten wächst in den letzten Jahren. Früher wurde den Griechen nachgesagt, dass sie mit dem Erwerb der deutschen Staatsbürgerschaft eher zurückhaltend seien, obwohl sie als EU-Bürger beide Pässe haben können. Griechische Migrantenkinder sind relativ erfolgreich in der Schule, auch wenn sie nicht so gut abschneiden wie die deutschen Klassenkameraden. 19 Prozent verfügen über Abitur oder Fachhochschulreife. Dieser Wert ist höher als bei den Italienern (12 Prozent) und bei der Gruppe aus dem ehemaligen Jugoslawien (14 Prozent) oder bei den Türken (10 Prozent). Über 80 Prozent der griechischen Migranten sind erwerbstätig, was den höchsten Wert unter den Migranten insgesamt darstellt.

Auch bei den spanischen Kindern sind Bildungserfolge zu verzeichnen. So sind sie am häufigsten von allen ausländischen Kindern an den Universitäten anzutreffen. Dies liegt vor allem an den spanischen Elternvereinen, die sich im Laufe der Jahrzehnte sehr aktiv für die Interessen ihrer Kinder auch gegenüber den deutschen Schulen und Kultusbehörden eingesetzt haben. 1973 wurde der «Bund Spanischer Elternvereine in der Bundesrepublik Deutschland e. V.» gegründet. In den 1970er Jahren gab es über 100 spanische Elternvereine. Viele spanische Gastarbeiter kamen ohne offizielle Erlaubnis ihres Heimatlandes nach Deutschland. Man schätzt, dass bis zu 30 Prozent aller nach Deutschland eingereisten Spanier – heute würde man sagen – «illegal» kamen. Die höchste Zahl der Spanier wurde 1973 mit 286 000 verzeichnet. Zwischenzeitlich sank ihre Zahl auf rund 105 000. Ähnlich wie bei den Griechen steigt sie aber seit der Wirtschaftskrise wieder an. So wanderten in den Krisenjahren 2011 und 2012 jeweils etwa 114 000 Personen aus. Im Jahre 2015 stieg diese Zahl auf 155 000, obwohl Spanien eine wirtschaftliche Erholung verzeichnet.

Insgesamt haben rund 2,2 Millionen Spanier ihr Land verlassen und arbeiten im Ausland. Das sind fast 5 Prozent der Bevölkerung. Spanien ist längst, wie auch Griechenland, ein Aus- und Einwanderungsland. Die Zahl der Ausländer in Spanien stieg von 1975 von rund 200 000 um fast das Neunzehnfache auf 5,8 Millionen im Jahr 2011 an. Spanien mit seinen Außengrenzen in der Europäischen Union wird seit Jahren mit dem Problem der Bootsflüchtlinge aus Afrika konfrontiert. Unter den Ausländern in Spanien befinden sich viele Deutsche, diese rund 200 000 Personen übertreffen die Zahl der in Deutschland lebenden Spanier. Griechenland ist in den letzten Jahren sehr stark von Einwanderung betroffen worden. Über die Grenzen zur Türkei sind viele Zuwanderer irregulär ins Land gelangt. Die Schätzungen gehen so weit, dass sich bis zu eine Million Migranten im Land aufhalten.

37. Gibt es überhaupt noch Portugiesen in Deutschland? Mit rund 115 000 Personen nehmen die Portugiesen nur den 13. Rang unter den in Deutschland lebenden ausländischen Bevölkerungsgruppen ein. Vor allem Portugiesen werden in Deutschland kaum noch wahrgenommen und gelten als angepasst und gut integriert. Mit dem einmillionsten Gastarbeiter stellen sie den prominentesten

Migranten. Das Anwerbeabkommen wurde am 17. März 1964 unterzeichnet. Portugal ist ein klassisches Auswanderungsland. Die Rücküberweisungen waren eine wichtige Einnahmequelle für Portugal und machten in manchen Jahren bis zu 10 Prozent des portugiesischen Bruttoinlandsprodukts aus, wurden aber vor allem in den Kauf von privaten Häusern investiert. Andere Portugiesen verließen ihre Heimat aus politischen Gründen. Damals herrschte in Portugal eine Militärdiktatur. Der Militärdienst wurde in den 1960er Jahren auf vier Jahre ausgedehnt, und viele junge Leute mussten in den portugiesischen Kolonien kämpfen. Alles in allem wanderten bis zum Anwerbestopp von 1973 rund 1,4 Millionen aus, um in anderen Ländern zu arbeiten. Vor allem die wirtschaftlichen Verhältnisse, eine rückständige Landwirtschaft und eine fehlende Industrie waren für viele Portugiesen Gründe dafür, die Heimat zu verlassen. Die wachsende Zahl von illegalen Auswanderern in den 1960er Jahren veranlasste die portugiesische Regierung dazu, Anwerbeabkommen mit mehreren europäischen Staaten abzuschließen. Zwischen 1964 bis 1973 kamen 169 000 Portugiesen in die Bundesrepublik, bis 1963 kehrten 53 000 wieder in ihre Heimat zurück. Mit 122 000 erreichte die Zahl der Portugiesen ihren Höchststand im Jahre 1974. Danach gingen sie kontinuierlich auf 77 000 im Jahre 1985 zurück. Nach dem Beitritt Portugals zur Europäischen Gemeinschaft, vor allem als 1992 den Arbeitnehmern die volle Freizügigkeit auf dem europäischen Arbeitsmarkt gewährt wurde, stieg die Zahl der Portugiesen wieder an. Portugiesische Leiharbeiterfirmen halfen beim «Aufbau Ost» mit. Schätzungsweise bis zu 22 000 Portugiesen arbeiteten auf den Baustellen in den neuen Bundesländern. Mit der Wirtschaftskrise ab 2008 stieg die Zahl der Portugiesen, die in Deutschland Arbeit suchen, erneut an. Auch Portugal ist allerdings inzwischen vom klassischen Aus- zum Einwanderungsland geworden. Nach dem Zusammenbruch der Kolonien kehrten rund eine halbe Million Portugiesen aus Afrika zurück. Schwarzafrikanische Flüchtlinge aus den ehemaligen portugiesischen Kolonien kamen hinzu.

38. Was ist aus den Migranten aus dem ehemaligen Jugoslawien geworden? Das Anwerbeabkommen mit der damaligen «Sozialistisch Föderativen Republik Jugoslawien» kam erst 1968 zustande, unter anderem deshalb, weil die jugoslawische Seite den Grundsatz aufgeben musste, dass Bürger eines sozialistischen Landes nicht in einem kapitalistischen Land arbeiten durften. Der jugoslawische Arbeitsmarkt geriet gerade deshalb in das Blickfeld deutscher Arbeitgeber, weil wegen des geregelten Berufsausbildungssystems mit Facharbeitern gerechnet wurde. Das Bundesarbeitsblatt stellte 1969 fest: «Der deutschen Wirtschaft fehlten in besonders starkem Maße Fachkräfte und weibliche Arbeitnehmer; diese konnten in Jugoslawien in beachtlichem Umfang gewonnen werden. Viele Jugoslawen, vor allem die Bewohner der nördlichen Landesteile, haben, historisch bedingt, Kenntnisse der deutschen Sprache. Dadurch wird ihre betriebliche und allgemeine Eingewöhnung erheblich erleichtert, so dass die Betriebe gern auf jugoslawische Arbeiter zurückgreifen.» Die Zahl der jugoslawischen Arbeitskräfte stieg nach dem Anwerbeabkommen sprunghaft an. Unter den Beschäftigten stellten sie 1970/71 sogar die stärkste Ausländergruppe.

Mit einem Sonderzug jugoslawischer Arbeitnehmer traf am 5. August 1970 der 500 000. Gastarbeiter in Baden-Württemberg ein. Dem 31-jährigen Zvonimir Kanjir aus Kroatien wurde in Stuttgart ein wahrhaft «großer Bahnhof» bereitet. Als Geschenk bekam er ein Kofferradio überreicht. Mit Sekt und Blumen begrüßten der Präsident der Bundesanstalt für Arbeit, Josef Stingl, und Arbeitsminister Dr. Fritz Pirkl im Jahre 1972 die 19-jährige Vera Rimski als – wie es damals hieß – «zweimillionsten Gastarbeiter», der von der Bundesanstalt für Arbeit angeworben wurde. Stingl schenkte ihr ein tragbares Fernsehgerät. Die Jugoslawen in der Bundesrepublik galten meist als unauffällig, bescheiden und gut integriert. Befragungen widersprechen diesem Klischee und machen deutlich, dass die Arbeitskräfte und ihre Familien aus dem früheren Jugoslawien mit ähnlichen Problemen wie Arbeitslosigkeit oder Ausländerfeindlichkeit konfrontiert waren. Rückkehrpolitik und Diskussionen um «Belastungsgrenzen» beherrschten die Schlagzeilen in den 1970er Jahren. So warnte beispielsweise 1974 der Wehrexperte der CSU, der Bundestagsabgeordnete Franz Handlos, davor, dass die jugoslawischen Arbeitnehmer in der Bundesrepublik bei einer ernsthaften Krise in ihrer Heimat zu einem Sicherheitsrisiko für die Verteidigung der Bundesrepublik werden könnten. Obwohl Jugoslawien in blutigen Kriegen zerfiel, ist dieses Schreckgespenst jedoch nicht Wirklichkeit geworden, auch wenn sich der Nationalitätenstreit hierzulande auswirkte mit Spannungen zwischen Serben und Kroaten.

Besonders die Kroatischen Katholischen Missionen spielten im

Laufe der Jahre eine wichtige Rolle. Gottesdienste in kroatischer Sprache gehören im Alltagsleben zur Selbstverständlichkeit. Regen Zulauf hatten aber auch die zahlreichen jugoslawischen Clubs, die oft eng mit den Konsulaten zusammenarbeiteten und mit den Kirchen konkurrierten, was die Einflussnahme auf die Migranten anging. Ein wichtiges Auswanderungsmotiv vor allem bei den Kroaten war die Unzufriedenheit mit der politischen Situation im eigenen Lande. Das alte Jugoslawien zerfiel seit 1991 in die heute souveränen Staaten Slowenien, Kroatien, Bosnien-Herzegowina, Mazedonien und Montenegro sowie Serbien. Die Bevölkerung aus Ex-Jugoslawien in Deutschland ist durch ethnische Vielfalt gekennzeichnet. In der Folge des Krieges zwischen Kroatien und Serbien suchten viele Flüchtlinge Schutz in Deutschland. Allein in Stuttgart lebten zeitweise mehr Bürgerkriegsflüchtlinge vor allem aus Kroatien und Bosnien als in ganz Großbritannien. Die meisten wurden nach dem Ende der Kriegshandlungen wieder zurückgeschickt, manche konnten in Deutschland bleiben oder wanderten in die USA oder Kanada weiter. Heute leben schätzungsweise rund 900 000 Menschen mit einem Pass aus einem der Nachfolgestaaten des früheren Jugoslawien in Deutschland. Wahrscheinlich noch einmal so viele haben sich einbürgern lassen, so dass man fast von zwei Millionen «jugoslawischen Einwanderern» in Deutschland sprechen kann. Die Einbürgerungstendenz hält vor allem bei Kroaten an. 2014 sind die Fälle aus Kroatien um 2180 angestiegen, was einer Steigerung von fast 127 Prozent entspricht. Kroatien ist seit dem 1. Juli 2013 Mitglied in der EU. Die Bundesregierung hat entschieden, dass kroatische Arbeitnehmerinnen und Arbeitnehmer ab dem 1. Juli 2015 bereits ohne Einschränkung in Deutschland arbeiten durften. Außerdem dürfen kroatische Firmen jetzt ihre Arbeitnehmer nach Deutschland entsenden. Nach EU-Recht wäre eine weitere Übergangsregelung für kroatische Arbeitskräfte möglich gewesen. Nach Einschätzung der Bundesregierung sind die Kroatinnen und Kroaten in Deutschland «gut integriert und arbeiten vor allem dort, wo immer mehr Arbeitskräfte fehlen: im Verarbeitenden- und im Baugewerbe, im Gesundheits- und Sozialwesen».

39. Welche Rolle spielt die polnische Minderheit in Deutschland? Polen sind nach den Türken die zweitgrößte Migrantengruppe in Deutschland. Bei der Zuwanderungsstatistik liegt Polen wiederholt auf Platz eins. Mit 191 000 war Polen 2014 wieder das Hauptherkunftsland in der Statistik. Viele Polen bleiben jedoch nicht auf Dauer, sondern halten sich als Werkvertrags- oder Saisonarbeitnehmer nur vorübergehend in Deutschland auf. Über die Hälfte sind als (Spät-)Aussiedler zugewandert, denn Polen war lange Zeit das wichtigste Herkunftsland dieser Zuwanderungsgruppe aus Osteuropa. Die Polen erhielten 2011 die vollen Freizügigkeitsrechte als Unionsbürger. Befürchtungen vor einem «Ansturm» aus Polen haben sich inzwischen gelegt. Als Haushaltshilfen und private Altenpflegerinnen sind Polinnen in Deutschland besonders gefragt. Polnische Einwanderer haben innerhalb der fünf größten Zuwanderergruppen am meisten Kontakt zu Einheimischen, sind am besten gebildet und verfügen über das höchste Erwerbseinkommen.

Polen spielen in der Integrationsdiskussion eigentlich keine Rolle. Sie gelten als gut integriert und unauffällig. Die im Ausland lebenden polnischen Migranten, die «Polonia», wie sie genannt werden, sind in unterschiedlichen Dachverbänden und Vereinen organisiert. Die meisten Menschen mit polnischem Migrationshintergrund leben in Nordrhein-Westfalen, gefolgt von Baden-Württemberg und Bayern. Die polnische Einwanderung hat eine Tradition, die bis in die zweite Hälfte des 19. Jahrhunderts zurückreicht. Polnische Arbeiter – «Ruhrpolen» – waren vor allem im Kohlebergbau beschäftigt. Vor dem Ersten Weltkrieg stellten Polen rund ein Drittel aller Bergarbeiter im Ruhrgebiet. In dieser Zeit lebten dort bis zu 400 000 Polen. Die polnische Minderheit im Deutschen Reich wird auf bis zu zwei Millionen geschätzt. Noch heute erinnern viele Familiennamen an diese Zeit.

40. Wie steht es um die jüdische Gemeinde? Die jüdische Gemeinde in Deutschland umfasst rund 100 000 Personen, vor allem durch die Zuwanderung aus der Russischen Föderation und der Ukraine. Juden und ihre Angehörigen aus dem Gebiet der ehemaligen Sowjetunion wurden seit 1991 als Kontingentflüchtlinge in Deutschland aufgenommen. Kontingentflüchtlinge sind Flüchtlinge, die in Deutschland im Rahmen humanitärer Hilfsaktionen aufgenommen und nach einem festgelegten Schlüssel – Kontingenten – auf die Bundesländer verteilt werden.

Begonnen hatte die Aufnahme jüdischer Zuwanderer bereits 1990. Damals sicherte die letzte demokratisch gewählte Regierung der

DDR Juden aus der Sowjetunion, die mit Touristenvisa einreisten, ein ständiges Aufenthaltsrecht zu. Das Aufnahmeverfahren galt bis zum Inkrafttreten des Zuwanderungsgesetzes 2005. Alle Personen waren zuwanderungsberechtigt, die selbst jüdisch waren oder von mindestens einem jüdischen Elternteil abstammten, sowie deren Ehepartner und Kinder. Als Nachweis der jüdischen Abstammung musste der sowjetische Pass vorgelegt werden, in dem die Nationalität eingetragen war. Die jüdischen Kontingentflüchtlinge erhielten Integrationsmaßnahmen, wie Sprachkurse oder Unterstützung im Beruf. Deutschland wurde nach Israel und den USA zum drittwichtigsten Einwanderungsland aus der ehemaligen Sowjetunion, wo 1989 rund drei Millionen Juden lebten. Über die Hälfte von ihnen wanderte wegen der schlechten wirtschaftlichen Lage und des zunehmenden Antisemitismus aus. Diese Kontingentflüchtlinge zeichnen sich vor allem durch ihren hohen Bildungsgrad und das hohe Einreisealter aus. Rund 70 Prozent der Eingewanderten sind Akademiker. Beides erwies sich oftmals als Integrationshemmnis und führte zur Arbeitslosigkeit. Schwierig gestaltet sich auch häufig die Integration in die jüdischen Gemeinden mit Problemen zwischen alteingesessenen und neuen Zuwanderern, was beispielsweise Sprachprobleme und Kenntnisse der jüdischen Religion betrifft. Die zweite Generation der jüdischen Einwanderer zeichnet sich jedoch durch hohe Bildungserfolge aus. So erreichen die Kinder und Enkel, die in Deutschland zur Schule gehen, zumeist das Abitur.

Noch 1990 hatte die jüdische Gemeinde in Deutschland rund 30 000 Mitglieder. 2003 waren es bereits 105 000. Die Innenminister der Länder begrenzten im Rahmen des Zuwanderungsgesetzes den Zuzug jüdischer Kontingentflüchtlinge. Seit 2005 müssen die jüdischen Zuwanderer unter anderem neben ihrer Abstammung auch Grundkenntnisse der deutschen Sprache nachweisen. Seit dieser Verschärfung der Aufnahmebedingungen kommen kaum noch jüdische Kontingentflüchtlinge nach Deutschland. Im Jahr 2013 waren es nur noch 246 Juden, die aus der Sowjetunion nach Deutschland einreisten.

Die jüdische Gemeinde klagt vor allem in den letzten Jahren verstärkt über Antisemitismus in Deutschland. «Nicht erst seit den brutalen Terroranschlägen von Paris und Kopenhagen stellt der Antisemitismus von radikalen islamistischen Gruppen eine Bedrohung dar, sowohl für die jüdische Gemeinschaft wie für die gesamte Gesellschaft und unsere demokratischen Werte», so Dr. Josef Schuster, Präsident des Zentralrats der Juden in Deutschland. Leider gebe es einzelne Bezirke in deutschen Städten, in denen das Tragen einer Kippa, der traditionellen jüdischen Kopfbedeckung, oder einer Halskette mit Davidstern als Provokation empfunden werde und Grund für Angriffe sein könne. Der Vorsitzende des Zentralrats der Muslime in Deutschland, Aiman Mazyek, äußerte Verständnis für die Sorgen von Juden im Land. Er warnte aber auch gleichzeitig davor, soziale Spannungen in deutschen Großstädten zu «islamisieren». Mazyek weiter: «Richtig verstandener Islam sieht Antisemitismus und alle weiteren Formen des Rassismus als eine schwere Sünde an.» Prof. Dr. Andreas Zick, Leiter des Instituts für interdisziplinäre Konflikt- und Gewaltforschung an der Universität Bielefeld, machte in diesem Zusammenhang deutlich, dass es keine gravierenden Unterschiede zwischen den antisemitischen Vorurteilen von Menschen mit und ohne Migrationshintergrund gebe.

41. Was sind «Zigeuner» bzw. Sinti und Roma? «Wenn Sie Roma noch als ‹Zigeuner› bezeichnen, sollten Sie damit aufhören. Bei diesem Begriff denkt man an Bettler, Wahrsager und Diebe. Er bringt aber die reiche ethnische und kulturelle Identität der Roma nicht zum Ausdruck, die sich seit dem zweiten Jahrhundert ausgehend von der indischen Region Punjab verbreitet hat.» Mit dieser Mahnung erinnerte das US-Außenministerium am Internationalen Tag der Roma am 8. April 2015 an die zwölf Millionen Roma auf der Welt. Der Zentralrat Deutscher Sinti und Roma sieht «Zigeuner» wegen der ideologischen Belastung im deutschen Sprachgebrauch als Schimpfwort, während es die Sinti Allianz Deutschland als neutrale Bezeichnung für alle ziganischen Volksgruppen sieht und auch als Selbstbezeichnung verwendet. Das Wort «Zigeuner» ist eine Fremdbezeichnung, die wahrscheinlich dem Ungarischen («cigány») entlehnt ist und in ähnlicher Form in den meisten europäischen Sprachen vorkommt. Ein weiterer Name, der in einigen Sprachen auftritt, wird von der Bezeichnung für «Ägypter» hergeleitet (z. B. engl. «gipsy»). Roma, Sinti und Jenische sind die hauptsächlichen Bevölkerungsgruppen, die im deutschen Sprachraum als «Zigeuner» bezeichnet wurden und teilweise auch noch werden. Heutzutage hat sich der Begriff «Roma» für verschiedene ethnische Gruppen durchgesetzt und schließt auch die Sinti mit ein, die sich aber als eigenständige Gruppe verstehen.

Auf dem ersten Weltkongress der Roma-Nationalbewegung 1971 in London einigte man sich auf das Wort «Roma».

Um die Wende vom 14. zum 15. Jahrhundert sind sie über Nordafrika und den Balkan nach Europa eingewandert. Zeitgenossen deuteten sie als Pilger, die zur Erinnerung an die Flucht der Heiligen Familie nach Ägypten oder – so eine andere Begründung – zur Buße für eine zeitweise Abkehr vom Christentum umherziehen mussten. Für die Umherziehenden war diese Deutung von Vorteil, denn die christliche Bevölkerung war damit verpflichtet, die «Pilger» mit Nahrung und Obdach zu versehen. Auf dem nach Worms einberufenen Reichstag von 1495, der einen «Ewigen Landfrieden» proklamierte, wurden sie zusammen mit Spielleuten und Bettlern als Personengruppe zusammengefasst, die es wegen ihrer Kleidung und «anderer unziemlicher Kostlichkeit» zurechtzuweisen gelte. Spätere Reichstage klagten sie als Zauberer, Hexen, Gauner und Pestbringer an. Sie wurden für vogelfrei erklärt und erhielten Durchzugsverbot. Zwischen dem 15. und dem 18. Jahrhundert erfolgte so der Wandel des Zigeunerbildes vom «fremden Pilger» zum «zusammengelaufenen Gesindel». Die Machtansprüche der modernen Territorialfürsten, denen sich die Umherziehenden zu entziehen schienen, aber auch die Erziehungsmaßnahmen der Kirchen, die ihnen «Müßiggang» vorwarfen und ihre Verfolgung religiös überhöhten und legitimierten, verstärkten diese Stereotype.

Während des NS-Unrechtsregimes und seines Rassenwahns wurden «Zigeuner» als «rassisch minderwertig» verfolgt und ermordet, schätzungsweise eine halbe Million Sinti und Roma kam dabei ums Leben. Das Romanes-Wort «Porajmos» («das Verschlingen») steht für den NS-Völkermord an den ziganischen Volksgruppen.

Nach 1945 setzte sich rassistisches Denken in staatlichen Einrichtungen wie Polizei, Justiz und Gesundheitswesen fort. Eine «Wiedergutmachung» für die Verfolgung von Sinti und Roma durch die Nationalsozialisten wurde immer wieder verhindert. Der Bundesgerichtshof (BGH) wies 1956 die Ansprüche einer Überlebenden ab, indem ihre Deportation als «Umsiedlung» gewertet wurde, die keine nationalsozialistische Gewaltmaßnahmen im Sinne des Bundesentschädigungsgesetzes darstelle. In der Urteilsbegründung heißt es: «Die Zigeuner neigen, wie die Erfahrung zeigt, zu Kriminalität, besonders zu Diebstählen und Betrügereien. Es fehlen ihnen vielfach die sittlichen Antriebe zur Achtung vor fremdem Eigentum, weil ihnen wie primitiven Urmenschen ein ungehemmter Okkupationstrieb eigen ist.» Die von den Nazis betriebene Ausgrenzungs- und Umsiedlungspolitik der «Zigeuner» sei nicht «rassisch» motiviert gewesen, sondern eine damals «übliche polizeiliche Präventivmaßnahme» zur «Bekämpfung der Zigeunerplage». Bei einem Besuch des Dokumentationszentrums der Sinti und Roma in Heidelberg im März 2015 sagte die BGH-Präsidentin Bettina Limpberg, man könne sich für diese Rechtsprechung nur schämen.

Viele Sinti und Roma wurden in den 1950er und 1960er Jahren ausgebürgert oder ihnen die deutsche Staatsbürgerschaft, die ihnen von den Nazis entzogen worden war, nicht zurückgegeben. In Bayern schränkten die Kriminalpolizei und vor allem die sogenannte Landfahrerordnung wesentliche Grundrechte der Sinti und Roma ein. Aus einer Bürgerrechtsbewegung dieser Gruppe heraus gründete sich 1982 der Zentralrat Deutscher Sinti und Roma mit Sitz in Heidelberg. Im gleichen Jahr erkannte Bundeskanzler Helmut Schmidt den NS-Völkermord an den Sinti und Roma in Deutschland zum ersten Mal offiziell an.

Genaue Zahlen über die in Europa und in Deutschland lebenden Roma und Sinti gibt es nicht. Die Bundesregierung spricht von 60 000 deutschen Sinti und 10 000 deutschen Roma. In Europa wird die Zahl der Roma auf acht bis zwölf Millionen geschätzt. Je nachdem, wie die Schätzung ausfällt, wäre sie damit die größte ethnische Minderheit in Europa. In Baden-Württemberg und Schleswig-Holstein werden Sinti und Roma als nationale Minderheiten anerkannt, die bei der Bewahrung ihrer Kultur, Sprache und Kultur unterstützt werden sollen.

Der Zentralrat Deutscher Sinti und Roma fordert in diesem Zusammenhang unter anderem, Vertreter von Sinti und Roma in die Rundfunk- und Fernsehräte der öffentlich-rechtlichen Rundfunkanstalten aufzunehmen. Das ist bisher nur im Südwestrundfunk (SWR) der Fall. In allen Ländern Europas gelten die Sinti und Roma nach Meinungsumfragen als die unbeliebteste Minderheit. Antiziganismus – Vorurteile, negative Stereotype gegenüber Sinti und Roma – sind immer noch weit verbreitet. Mit der Osterweiterung der Europäischen Union wurden rund fünf Millionen Roma neue EU-Bürger. Roma aus Rumänien oder Bulgarien wanderten in der Folge auch nach Deutschland ein, von denen eine Minderheit in Großstädten zu Problemfällen wurde. Ängste von einer «Armutszuwanderung» und «Sozialtourismus» beherrschten die Stimmung in Deutschland. Obwohl Städte wie Mannheim oder Duisburg immer noch finanziell mit der schulischen oder sozialen Versorgung der Roma-Kinder belastet sind, wurde es still um diese Befürchtungen. Noch Anfang 2014 hatte die CSU beispielsweise vor einem fortgesetzten Missbrauch der europäischen Freizügigkeitsrechte durch Armutszuwanderung gewarnt, die die Kommunen an die Grenzen der finanziellen Leistungsfähigkeit bringe. Die Europäische Kommission veröffentlichte 2011 eine Erklärung unter dem Motto «EU-Rahmen für nationale Strategien zur Integration der Roma bis 2020». Zwischenberichte offenbarten eine unzureichende Integration von Roma in Europa. Auch die «Dekade der Roma-Integration» von 2005 bis 2015, an der sich elf Länder in Europa beteiligten, zeigt, dass noch viele Probleme ungelöst sind. Mit der Unterzeichnung der entsprechenden Erklärung hatten sich die Staaten verpflichtet, die Diskriminierung der Roma zügig abzubauen.

42. Was sind (Spät-)Aussiedler? (Spät-)Aussiedler sind Deutschstämmige aus Mittel- und Osteuropa sowie aus den Nachfolgestaaten der ehemaligen Sowjetunion. Nach dem Fall des Eisernen Vorhangs und dem Untergang des kommunistischen Ostblocks erreichte der Zustrom der Aussiedler nach Deutschland im Jahre 1990 einen Höhepunkt von 397 000. Sie bekamen automatisch die deutsche Staatsangehörigkeit, weil sie Deutsche im Sinne des Art. 116 des Grundgesetzes sind. Insgesamt rund 4,5 Millionen Personen kamen zwischen 1950 und 2013 als Spätaussiedler nach Deutschland, deren Zahl vor allem durch die Nachweispflicht deutscher Sprachkenntnisse drastisch reduziert wurde. Wegen des hohen Zuzugs – zwischen 1991 und 2006 waren es rund 1,9 Millionen – entstanden Probleme in den Schulen, auf dem Arbeitsmarkt oder im Wohnumfeld, und eine negative Wahrnehmung dieser Zuwanderer breitete sich aus, ähnlich wie früher bei der türkischen Einwanderung oder bei den Asylbewerbern. Inzwischen gelten die sogenannten Russlanddeutschen als gut integriert, es ist still um sie geworden. Erst 2016 gerieten sie wieder in die Schlagzeilen, als Tausende von ihnen – beeinflusst durch antiwestliche russische Propaganda und Falschmeldungen – deutschlandweit gegen die Aufnahme von Flüchtlingen demonstrierten. Bei den Landtagswahlen in Baden-Württemberg im gleichen Jahr stimmte offensichtlich eine nicht unerhebliche Anzahl von Russlanddeutschen für die AfD (Alternative für Deutschland).

V. Mittelmeerflüchtlinge

43. Was ist FRONTEX? Die Europäische Agentur für die operative Zusammenarbeit an den Außengrenzen der Mitgliedstaaten der Europäischen Union (FRONTEX) dient dem Schutz der Außengrenzen der EU. Sie hat ihren Sitz in Warschau und besteht seit 2004. Von den EU-Mitgliedstaaten mit Personal und Finanzen versorgt, bildet FRONTEX unter anderem Grenzschutzbeamte aus, unterstützt bei Abschiebungen oder koordiniert Soforteinsatz-Teams, um beispielsweise Einsatzkräfte an der griechisch-türkischen Grenze zu unterstützen. Vor allem hilft sie lokalen Grenzbehörden beim Aufspüren von Flüchtlingen im Mittelmeer, an den Ostgrenzen der EU oder an der Atlantikküste. FRONTEX wird kritisiert, weil durch ihren Einsatz Flüchtlinge immer gefährlichere Ausweichrouten wählen, um nach Europa zu gelangen. Außerdem – so der Vorwurf – würden unpopuläre Maßnahmen wie «Abschottung der Grenzen» ausgelagert. Die EU-Staaten würden sich so ihrer Verantwortung entziehen. Die erste große Seenotrettungsoperation im Mittelmeer «Mare Nostrum» startete im Oktober 2013. Dabei rettete die italienische Marine schätzungsweise 150 000 Flüchtlinge. An der Seenotrettung sind auch in erheblichem Umfang Handelsschiffe beteiligt. Das Rettungsprogramm wurde jedoch aus finanziellen Gründen – kritische Beobachter sagen auch zur Abschreckung von Flüchtlingen – eingestellt. Die Internationale Organisation für Migration (IOM) weist in ihrer Analyse zum Migrationsgeschehen im Mittelmeer darauf hin, dass nicht Mare Nostrum im Sinne eines «Pull-Faktors» für die steigenden Flüchtlingszahlen verantwortlich gemacht werden könne. Vielmehr sei die Zahl der Flüchtlinge, die von der libyschen Küste aufgebrochen sind, nach dem Ende der Operation weiter angestiegen. Eine Anzahl von «Push-Faktoren», wie die Konflikte im Irak und Syrien oder verschärfte Unterdrückungsmaßnahmen in Eritrea, hätten zur Intensivierung der Migrationsbewegungen geführt. Im November 2014 löste «Triton», die FRONTEX unterliegt und in erster Linie für den Grenzschutz zuständig ist und nicht für die Rettung auf hoher See, diese Seenotrettungsoperation ab.

Seit Oktober 2016 läuft FRONTEX als «Europäischer Grenz- und Küstenschutz», besitzt mehr Kompetenzen und Personal: 1500 Grenzschützer aus EU-Ländern sollen kurzfristig eingesetzt werden. Deutschland will 225 Mitarbeiter der Bundespolizei und Polizisten aus den Bundesländern bereitstellen. Der neue europäische Grenz- und Küstenschutz soll sich stärker an Abschiebungen beteiligen und außerdem in Drittstaaten, beispielsweise in Nordafrika, Grenzen mitkontrollieren. Der Etat von FRONTEX wurde in den letzten Jahren aufgestockt, von rund 100 Millionen Euro im Jahr 2014 auf über 254 Millionen Euro für das Jahr 2016.

44. Warum versuchen so viele Menschen, über das Mittelmeer Europa zu erreichen? Um auf legalem Weg nach Europa einzureisen, brauchen Flüchtlinge ein Visum. In Krisengebieten bestehen dafür kaum Chancen. Die Botschaften und Konsulate sind oft geschlossen. Außerdem ist das Visum an strenge Bedingungen geknüpft, beispielsweise an den Nachweis von ausreichenden finanziellen Mitteln. Die Agentur der Europäischen Union für Menschenrechte hat die Zahl der Schengen-Visa verglichen, die in Syrien vor und nach Beginn des Krieges ausgestellt wurden. Im Jahre 2010 waren es noch 35 000 Schengen-Visa, 2013 dagegen fast gar keine. So bleibt den Flüchtlingen keine andere Wahl, als sich ohne Papiere und unter Lebensgefahr auf den Weg zu machen. Es gibt praktisch keine legalen Zufluchtswege oder Möglichkeiten, als Arbeitsmigrant nach Europa zu kommen. Man spricht schon länger von einer «Festung Europa», wobei der Ausdruck schon deshalb problematisch ist, weil er von den Nazis im Zweiten Weltkrieg geprägt wurde, um das von ihnen besetzte Europa zu bezeichnen.

45. Auf welchen Routen kommen Flüchtlinge nach Europa? Während sich die Kameras und das öffentliche Interesse auf die sogenannte Balkanroute richteten, blieb die zentrale Mittelmeerroute – von Nordafrika vor allem nach Italien und Griechenland – der wichtigste Weg für Menschen, die keine legale Einreisemöglichkeit haben, um nach Europa zu kommen. Von den 276 000 Migranten, die 2014 illegal nach Europa einreisten, kamen 80 Prozent auf dem Seeweg. Etwa 80 Prozent aller Flüchtlinge, die 2014 über das Mittelmeer nach Italien gelangten, starteten ihre gefährliche Reise in Libyen, oft in überfüllten und untauglichen Booten. Die zentrale Mittelmeerroute über Libyen wurde vor allem deshalb genutzt, weil das Land nach dem militärischen Eingreifen des Westens praktisch zerfallen und die Küste offen ist. Dort besteht eine Art Zwei-Klassen-Gesellschaft von Flüchtlingen. Syrer kommen teilweise noch per Flugzeug zunächst nach Ägypten und von dort aus über einen relativ kurzen Landweg nach Libyen. Schwarzafrikaner dagegen haben eine lange Reise hinter sich. Oftmals haben ganze Dorfgemeinschaften zusammengelegt, um die Auswanderung und die Schlepperbanden zu bezahlen. Eine Überfahrt von Marokko kostet nach einer Untersuchung der Internationalen Organisation für Migration 1300 Euro, von Libyen nach Italien nur 500 Euro. Syrer, die der Mittelschicht angehören, zahlen bis zu 2000 Euro für einen Platz in einem Boot nach Europa. In Libyen – einem Hauptstützpunkt der Schleuser – hat sich die Zahl der Binnenvertriebenen von September 2014 bis Juni 2015 fast verdoppelt – auf 434 000 Personen.

Die Lage der Flüchtlinge insgesamt, darunter viele Arbeitsmigranten aus Afrika, für die Libyen lange Zeit ein attraktives Aufnahmeland war, ist äußerst prekär. Sie sind Willkür ausgeliefert, werden eingesperrt und ausgebeutet. Die Migrationspfade können sich z. B. nach der Jahreszeit und den Witterungsverhältnissen im Mittelmeer oder durch die Entdeckung scheinbar leichterer, nicht so gefährlicher Routen über Land ändern. So überquerten im Juni 2015 täglich 1000 Flüchtlinge die Grenze von Griechenland nach Mazedonien, einige Wochen zuvor waren es noch 200 am Tag. Von dieser Route wurden zunehmend gewaltsame Zwischenfälle und Misshandlungen durch Schmuggler und kriminelle Netzwerke berichtet, was wieder zu anderen Ausweichwegen führen kann. Im Laufe des Jahres 2015 ereigneten sich dramatische Szenen auf der Balkanroute über Ungarn nach Österreich und Deutschland. Ungarn versuchte die Flüchtlinge mit Tränengas und mit dem Einsatz von Schlagstöcken zu stoppen. Deutschland dagegen ließ in einer Ausnahmesituation die Flüchtlinge ins Land, über Grenzen, die bereits offen waren. 2016 erreichten 363 348 Migranten und Flüchtlinge vor allem Griechenland und Italien über das Mittelmeer. Im Jahr zuvor waren es weit mehr: 883 393. Bereits im November 2016 ging das laufende Jahr als das tödlichste in die Geschichte ein, seit die Todesopfer auf der Mittelmeerroute erfasst wurden. Im Laufe des Jahres ertranken 5079 Frauen, Männer und Kinder bei dem Versuch, das Mittelmeer zu überqueren. Obwohl der Oktober aufgrund des Wetters als besonders gefährlich gilt, erreichte die Zahl der Mittelmeerflüchtlinge eine Rekordmarke. Offensichtlich war das mit darauf zurückzuführen, dass Schlepper den Menschen erzählten, die Küstenwache in Libyen würde dafür trainiert, Rettungsaktionen auszuführen und die Bootsflüchtlinge dann nach Libyen zurückzubringen, was einen Ansturm auf die Boote ausgelöst hatte. Seit der Schiffstragödie vor Lampedusa 2013, bei der 368 Opfer zu beklagen waren, sterben täglich durchschnittlich 10 Menschen im Mittelmeer, wobei von einer Dunkelziffer auszugehen ist.

46. Woher kommen die Mittelmeerflüchtlinge? Im Jahr 2014 wurden rund 220 000 Flüchtlinge an den Seeaußengrenzen von Europa registriert. Fast die Hälfte von ihnen floh aus Syrien (67 000 Menschen) und Eritrea (34 000). Die drittgrößte Gruppe bestand mit 12 Prozent aus Flüchtlingen afrikanischer Länder südlich der Sahara. 6 Prozent (13 000) der Mittelmeerflüchtlinge stammten im Jahr 2014 aus Afghanistan. Die meisten Menschen, denen die Flucht über das Mittelmeer nach Europa gelingt, haben gute Chancen, hier Schutz zu erlangen. Unter den Bootsflüchtlingen sind aber auch viele Menschen, vor allem Schwarzafrikaner, die auf der vermeintlichen Wohlstandsinsel Europa bessere Lebenschancen, vor allem Arbeit, suchen. In den Schiffen sitzen heutzutage Arbeitsmigranten und Flüchtlinge. Es handelt sich um eine «gemischte Migration», wie die Fachleute sagen. Fluchtursachen gibt es gerade in den Sub-Sahara-Ländern genug, auch wenn sie bei uns oft übersehen werden. In diesen Staaten leben mehr als 853 Millionen Menschen. Zahlreiche Konflikte z.B. in der Zentralafrikanischen Republik, dem Südsudan, in Somalia, Nigeria oder der Demokratischen Republik Kongo haben immense Fluchtbewegungen ausgelöst, die sich nicht unwesentlich von denen im Nahen Osten unterscheiden. Alles in allem verzeichnet UNHCR in den Ländern südlich der Sahara – das sind 49 der 54 afrikanischen Staaten – 3,7 Millionen Flüchtlinge und 11,4 Millionen Binnenvertriebene. Seit dem Ausbruch der Unruhen sind bereits über zwei Millionen Südsudanesen in Nachbarländer geflohen oder in ihrem Heimatland auf der Flucht. 90 Prozent der Neuankömmlinge in den Nachbarländern wie Uganda oder Kenia, die selbst größte Probleme haben, sind Frauen und Kinder.

47. In welche Länder wollen die Mittelmeerflüchtlinge? Nach dem Abschlussbericht der EU-Grenzschutzoperation «Mos Maiorum» haben mehr als die Hälfte der Flüchtlinge, die irregulär nach Europa kommen, keine genaue Vorstellungen darüber, in welches Land sie wollen. Von denjenigen, die wussten, wo sie hinwollten, nannte rund ein Drittel Deutschland als Zielland. Für die meisten Flüchtlinge, die es bis an die Grenzen der EU schaffen, geht es offensichtlich in erster Linie darum, lebensbedrohlichen Situationen zu entkommen. Die Entscheidung, in welches Land sie reisen, treffen sie meistens erst nach der Ankunft in Europa.

Nicht alle Migranten wollen nach Europa, so eine Studie der Internationalen Organisation für Migration (IOM). Vorher haben viele einen langen Weg hinter sich gebracht, oft über den genauso gefährlichen Treck durch die Sahara. Sie suchen zunächst Schutz in der eigenen Region. Wenn es dort auch nicht mehr sicher ist, wandern sie weiter, oftmals Jahre später, kommen dann vielleicht in den Ländern am Nordufer des Mittelmeers an, um sich Schleppern auszuliefern, mit der Aussicht, vielleicht nach Europa zu gelangen. Besonders problematisch ist die Lage der Frauen. Nach dem IOM-Bericht verlangen Schlepper von ihnen meist weniger Geld, dafür aber oft sexuelle Gefälligkeiten. Frauen in Niger, Algerien oder Marokko würden zur Prostitution gezwungen. Über die Hälfte der Frauen, die Marokko erreiche, seien alleinerziehende Mütter. Laut der Studie wurden die meisten Frauen unterwegs schwanger, wahrscheinlich im Zusammenhang mit einem Missbrauch. Im Herbst 2016 hat IOM Arbeitsmigranten, die sich vor allem aus wirtschaftlichen Gründen auf den Weg gemacht haben, in Libyen befragt. Das Ergebnis: Die meisten wollen gar nicht nach Europa, für 56 Prozent ist Libyen das Hauptzielland. Italien folgt mit 17 Prozent, dann Deutschland mit 7 und Frankreich mit 5 Prozent. Während die Arbeitsmigranten aus Ägypten, dem Tschad und dem Sudan in Libyen bleiben wollen, möchten das von denjenigen, die aus Nigeria kommen, nur 16 Prozent. Nach Italien wollen 43 Prozent der Nigerianer weiter, 12 Prozent nach Deutschland und die restlichen 29 Prozent möchten sich auf den Weg in verschiedene andere Länder machen.

48. Versagt Europa in der Flüchtlingspolitik? Als im Oktober 2013 vor der süditalienischen Insel Lampedusa 368 Flüchtlinge ums Leben kamen, versprachen EU-Parlamentspräsident Martin Schulz und andere Vertreter der EU ein Umdenken in der Flüchtlingspolitik. Bei der Gedenkveranstaltung ein Jahr später wurde dieses Versprechen bekräftigt. Papst Franziskus redete den Politikern im Europaparlament im November 2014 ins Gewissen, indem er sagte: «Man darf nicht hinnehmen, dass das Mittelmeer zu einem Massenfriedhof wird!» Leider blieb auch dieser Appell ohne Wirkung. Im Gegenteil: Die italienische Seenotrettungsmission «Mare Nostrum» wurde eingestellt und durch die FRONTEX-Operation «Triton» ersetzt, die aber im Wesentlichen dem Grenzschutz in den italienischen Gewässern dient. An einem einzigen Tag ertranken im April 2015 fast 800 Flüchtlinge im Mittelmeer. Ein Jahr später begann die italienische Marine mit der Bergung des Wracks mit mehreren hundert Leichen an Bord. Fast zeitgleich ertranken wieder 400 Flüchtlinge mit ihrem Boot. Die Kirchen und Wohlfahrtsverbände forderten angesichts der Flüchtlingstragödie Konsequenzen in der europäischen Flüchtlingspolitik und sprachen sich gegen «noch mehr Betroffenheitslyrik» aus.

Der Papst richtete im April 2016 bei einem Besuch auf der griechischen Insel Lesbos erneut eine Hilfsbotschaft an die EU: «Europa steht heute eine der schlimmsten humanitären Krisen seit dem Ende des Zweiten Weltkriegs gegenüber.» In einer Geste nahm er drei muslimische Familien nach Rom mit. In den letzten Jahren jagte ein europäischer Flüchtlingsgipfel den nächsten. Dabei herausgekommen ist herzlich wenig. Nach langem Hin und Her einigten sich die zuständigen europäischen Minister im September 2015 darauf, 160 000 Flüchtlinge aus Italien und Griechenland nach einem Quoten-Prinzip in den nächsten zwei Jahren auf die Mitgliedstaaten zu verteilen, wofür sich Deutschland stark gemacht hatte. Ungarn, Tschechien, die Slowakei und Rumänien waren dabei überstimmt worden. Die Einigung kam vor allem deshalb zustande, weil sich Polen dafür aussprach. Nach dem kurz darauf erfolgten Regierungswechsel in Warschau wäre dies wohl nicht mehr möglich gewesen. EU-Parlamentspräsident Martin Schulz sagte im Dezember 2015, ein solches Auseinanderdriften der Mitgliedstaaten wie 2015 habe er noch nie erlebt. Schulz wörtlich: «Ich kann mich in meiner politischen Karriere nicht an so ein schwieriges und schlimmes Jahr erinnern. Ich kann nur hoffen, dass es besser wird.»

Das Trauerspiel ging aber in den nächsten Akt, denn kaum beschlossen, klagten die Slowakei und Ungarn vor dem Europäischen Gerichtshof gegen die Umverteilung der Flüchtlinge, weil sie gegen den EU-Vertrag verstoße und keine «zwangsweise Ansiedlung» von Flüchtlingen in denjenigen EU-Staaten erlaubt sei, die das ablehnten. Offensichtlich befürchten einzelne Mitgliedstaaten, vor allem in Osteuropa, man wolle ihnen eine «multikulturelle Gesellschaft» aufzwingen. Die ungarische Regierung veranstaltete am 2. Oktober 2016 ein Referendum. Obwohl die nötige Beteiligungsquote der Stimmberechtigten nicht erreicht wurde und das Referendum damit gescheitert war, wertete die Regierung es als Zustimmung für ihre Flüchtlingspolitik. Unterdessen wurde klar, dass bis Anfang Oktober 2016 alle EU-Staaten die ihnen zugewiesene Anzahl von Flüchtlingen bei Weitem nicht erreicht hatten. Polen und Ungarn hatten sich überhaupt nicht beteiligt, was niemanden verwunderte.

Die «Flüchtlingskrise» ist keine «Krise der Flüchtlinge», sondern der europäischen Flüchtlings- und Migrationspolitik. Staaten wie Italien, Griechenland oder Spanien waren schon seit vielen Jahren überfordert angesichts hoher Flüchtlingszahlen und wirtschaftlicher Probleme, die den Aufbau von Strukturen zur Bewältigung der großen Anzahl von Flüchtlingen erschwerten. Ihre Hilferufe nach europäischer Solidarität blieben erfolglos. Die Mittelmeerländer mussten sich sogar vorwerfen lassen, sie könnten die EU-Außengrenzen nicht schützen und würden sich nicht an das Dublin-Abkommen halten, wonach der Staat, in den die Flüchtlinge zuerst einreisen, für das Asylverfahren zuständig ist. Sie würden die Flüchtlinge einfach «durchwinken.» Deutschland und andere europäische Länder haben angesichts des Dramas im Mittelmeer lange Zeit weggeschaut.

Anstatt die europäische Flüchtlings- und Migrationspolitik zu reformieren, beschloss die EU ein fragwürdiges Abkommen mit der Türkei, das am 4. April 2016 umgesetzt wurde. Für jeden Flüchtling, der aus Griechenland wieder in die Türkei zurückgeschickt wird, soll ein Flüchtling, der sich noch in der Türkei befindet, in die EU aufgenommen werden. Gerade einmal 72 000 syrische Flüchtlinge sollen so aus der Türkei in die EU umgesiedelt werden. Der Türkei wurden dafür insgesamt 6 Milliarden Euro zugesagt und eine Visafreiheit für Reisen in die EU in Aussicht gestellt. Zeitungskommentatoren sprachen von einem «Flüchtlingskarussell» oder sogar von einem «schmutzigen Deal». Das Flüchtlingshilfswerk PRO ASYL legte ein Rechtsgutachten vor, das das Abkommen für rechtswidrig erklärte. Im Rahmen dieses Abkommens wurden bis September 2016 kaum Flüchtlinge in die Türkei zurückgeschickt: gerade einmal 578, darunter 51 Syrer. Immer noch sehr niedrig war auch die Zahl der Syrer, die direkt aus der Türkei in die EU-Staaten umgesiedelt wurden: 1614. Allerdings hatte die Vereinbarung offensichtlich eine abschreckende Wirkung auf die Flüchtlinge, denen auch die sogenannte Balkanroute versperrt war. So gingen die Zahlen stark zurück, auch weil die Türkei ihre Grenzen dicht machte. Ähnlich wie mit der Türkei will die EU Abkommen mit afrikanischen Staaten abschließen, die durch finanzielle Anreize dazu gebracht werden sollen, ihre Küsten zu kontrollieren und zu verhindern, dass sich Flüchtlinge auf den Weg nach Europa machen.

Europa hat sich mit dem Türkei-Abkommen in ein Abhängigkeitsverhältnis zu dem autoritär regierenden Präsidenten Erdoğan begeben. Als das Europaparlament im November 2016 forderte, die EU-Beitrittsverhandlungen mit der Türkei vorläufig einzufrieren und das mit «unverhältnismäßigen Repressionen» seit dem gescheiterten Militärputsch im Juli begründete, drohte Erdoğan mit der Grenzöffnung für Flüchtlinge. Der türkische Ministerpräsident Binali Yildirim wurde sogar noch deutlicher: «Wenn Flüchtlinge durchkommen, werden sie Europa überfluten und übernehmen. Die Türkei verhindert dies.»

Es muss jetzt darum gehen, das Asylverfahren und die Anerkennung von Flüchtlingen in Europa zu vereinheitlichen. Zurzeit könnte man für die betroffenen Flüchtlinge von einer Art von «Asyllotterie» in Europa sprechen. Die Schutzquote – die Gewährung eines legalen Aufenthalts – schwankte von rund 65 Prozent in Italien bis zu unter 10 Prozent in Ungarn. Bei Irakern lag die Schutzquote im Durchschnitt in der EU bei rund 54 Prozent, in Italien bzw. Österreich aber bei 92 bzw. 75 Prozent, in Dänemark bzw. Griechenland dagegen bei 10 bzw. 2,9 Prozent. Eine gemeinsame europäische Migrations- und Flüchtlingspolitik, die seit Langem versprochen wird, besteht immer noch nicht. Zwar wurde auf europäischer Ebene 2013 ein umfassendes Paket von Verordnungen und Richtlinien verabschiedet und dadurch die Grundlage für ein Gemeinsames Europäisches Asylsystem (GEAS) ins Leben gerufen. Bei diesem System geht es um den Grenzschutz, die Seenotrettung, die Erstaufnahme oder die Unterbringung der Flüchtlinge. In der Praxis ist man aber von einer einheitlichen Umsetzung dieser Richtlinien und Standards noch weit entfernt. Ein Trauerspiel europäischer Flüchtlingspolitik sind die sogenannten Push-back-Aktionen, bei denen die griechische und italienische Marine Schiffe abgedrängt oder zurückgeschleppt hat. Inzwischen hat das EU-Parlament 2014 strengere Regeln für den Umgang mit Flüchtlingsbooten verabschiedet. Nach einem Urteil des Europäischen Gerichtshofs (EuGH) ist es jetzt verboten, sie bewusst abzudrängen oder eine Umkehr zu erzwingen. Fischer, die Flüchtlinge aus Seenot retten, müssen nicht mehr mit Strafverfolgung rechnen.

Das Flüchtlingsdrama im Mittelmeer und auf dem Balkan zeigt, dass auch alle Abschreckungsmaßnahmen die Menschen nicht aufhalten. Europa wird auf Dauer mit dem «Weltflüchtlingsproblem» leben müssen, für das es keine kurzfristige Lösung gibt. Das heißt aber nicht, dass man nichts tun kann. Im Gegenteil, verstärkte Anstrengungen in der Außen- und Entwicklungspolitik sowie in der Migrations- und Flüchtlingspolitik sind dringend notwendig. Allerdings werden solche koordinierten Maßnahmen seit Jahren angekündigt, ohne dass sich viel geändert hat. Die Bekämpfung der Schlepperbanden stellt nicht nur die EU offensichtlich vor die gleichen Probleme wie die Herausforderung durch den internationalen Drogenhandel, dem auch nicht beizukommen ist. Sich auf den Einsatz gegen Schlepper zu konzentrieren würde aber eine Verkürzung des Problems darstellen, wobei auch nicht vergessen werden sollte, dass durch die Abschottung Europas die kriminellen Schlepperbanden erst so richtig Auftrieb erhalten haben.

Die Forderung, die Grenzen für alle Flüchtlinge zu öffnen, ist natürlich keine Lösung des Problems. Dadurch würden die Aufnahmekapazitäten selbst der reichen Industrieländer erschöpft. Die Bevölkerung würde eine solche Idee auch nicht mittragen. Mehr Flüchtlinge als jetzt könnte Europa sicher aufnehmen, ohne die Hilfsbereitschaft der Wählerschaft zu überfordern. Fluchtursachen beseitigen – das ist ein wichtiger Ansatzpunkt, um die Flüchtlingszahlen zu verringern. Aber auch das wird seit vielen Jahren versprochen, ohne das Übel an der Wurzel zu packen. Entwicklungszusammenarbeit kann einen wichtigen Beitrag dazu leisten, dass Menschen nicht ihre Heimat verlassen müssen. Die reichen Länder haben sich vor über 40 Jahren verpflichtet, 0,7 Prozent des Bruttoinlandsproduktes für Entwicklungshilfe auszugeben. Davon sind viele aber noch meilenweit entfernt. Deutschland erreichte im Jahr 2015 schätzungsweise 0,41 Prozent, wobei bei dieser Quote auch Leistungen der Länder und Kommunen eingerechnet werden, beispielsweise die von den Ländern aufgebrachten Studienplatzkosten für Studierende aus Entwicklungsländern. Inzwischen kommt Deutschland auf 0,52 Prozent, vor allem, weil die Kosten für die Unterbringung von

Flüchtlingen eingerechnet werden, was aber mit dem eigentlichen Zweck der Entwicklungshilfe und der Armutsbekämpfung vor Ort nichts zu tun hat. Die Entwicklungshilfe erscheint noch bescheidener, wenn man bedenkt, dass die «Gastarbeiter», die Arbeitsmigranten, von denen die Hälfte Frauen sind, im Jahr 435 Milliarden US-Dollar nach Hause überweisen und damit ganze Länder unterstützen. Das ist drei Mal so viel, wie weltweit an Entwicklungshilfe gezahlt wird. Es wäre auf jeden Fall sinnvoller, einen Teil der Milliarden von Euro, die jetzt in Europa für Asylverfahren und die Unterbringung von Flüchtlingen ausgegeben werden, für die Beseitigung von Fluchtursachen vor Ort zu investieren. Wie schwer es ist, Kriege und Bürgerkriege als Ursache für Flucht einzudämmen, zeigt sich allerdings am Beispiel Syriens. Kriege, Bürgerkriege, Menschenrechtsverletzungen, aber auch Waffenexporte gehören zu den Fluchtursachen. Die soziale Ungerechtigkeit auf der Welt gehört dazu: Oxfam, eine internationale Nothilfe- und Entwicklungsorganisation, zeigt in ihrem Bericht vom November 2016, dass sie «auf schwindelerregendem Niveau» ist. Ein Prozent der Weltbevölkerung besitzt danach mehr Vermögen als die übrigen 99 Prozent zusammen. Im Kampf gegen den Hunger auf der Welt wurden zwar Fortschritte erzielt, aber 795 Millionen Menschen sind immer noch unterernährt. Fluchtursachen haben auch historische Wurzeln wie die willkürlichen Grenzziehungen der europäischen Kolonialmächte im Nahen Osten und in Nordafrika oder die Militäreinsätze des Westens in Libyen oder im Irak. Parallel zu den Anstrengungen der Industriestaaten müssen aber auch die Entwicklungsländer Anstrengungen unternehmen, um die Fluchtursachen zu beseitigen. Dazu gehört die Korruptionsbekämpfung ebenso wie die unbedingte Einhaltung und Förderung der Menschenrechte im eigenen Land und eine «gute Regierungsführung». Zur Bekämpfung der Fluchtursachen gehört ebenso eine gerechtere europäische Handelspolitik, worauf Heribert Prantl in seinem Plädoyer für eine menschliche Flüchtlingspolitik hinweist: «Solange europäische Butter in Marokko billiger ist als die einheimische, solange französisches Geflügel im Niger weniger kostet als das dortige, solange schwimmende Fischfabriken vor den Küsten Afrikas alles wegfangen, was zappelt – solange muss man sich über den Exodus aus Afrika nicht wundern. Die EU-Subventionspolitik ist eine Politik, die Fluchtursachen schafft.» Insgesamt müsste nicht nur das UN-Flüchtlingshilfswerk UNHCR mit mehr Geld und Personal ausgestattet werden. UNHCR leidet unter chronischen personellen und finanziellen Problemen. Das liegt daran, dass das Flüchtlingshilfswerk nur 2 Prozent seiner Gelder aus dem UN-Budget erhält. Der Rest – mehr als eine Milliarde Dollar im Jahr – muss freiwillig von Geberländern aufgebracht werden. Bei einer großen Konferenz zu Migration und Flucht bei den Vereinten Nationen in New York im September 2016 blieb vieles zwar im Bereich von Absichtserklärungen, jedoch wurden auch konkrete finanzielle Anstrengungen in den nächsten Jahren durch die internationale Völkergemeinschaft in Aussicht gestellt. UNHCR selbst hat im Dezember 2016 umfangreiche Vorschläge für eine weitreichende Reform des weltweiten Engagements Europas zugunsten von Flüchtlingen, einschließlich des europäischen Asylsystems, vorgelegt. Dazu gehören eine strategische und gezielte Unterstützung Europas für die Herkunfts-, Asyl- und Transitländer von Flüchtlingen, eine Notfallplanung im Hinblick auf die Ankunft einer großen Zahl von Migranten und Flüchtlingen sowie ein effizienteres und besser organisiertes Asylsystem. Die internationale Völkergemeinschaft sollte auch die Rolle der Vereinten Nationen in diesem Zusammenhang neu definieren und mehr Kompetenzen an die UN abgeben, damit Hilfsaktionen nicht zu spät kommen. In den Flüchtlingslagern rund um Syrien mussten beispielsweise die Nahrungsmittelrationen gekürzt werden, weil nicht mehr genügend finanzielle Hilfsmittel zur Verfügung standen. Angesichts dieser Misere und ohne Aussicht auf ein Ende des Krieges in ihrer Heimat verwundert es nicht, dass sich so viele Flüchtlinge auf den Weg nach Europa gemacht haben. Insgesamt könnte Deutschland in der Flüchtlingspolitik in Europa weiter eine Vorreiterrolle und Vorbildfunktion übernehmen. Für die EU, die den Friedensnobelpreis erhalten hat, ist die «Mittelmeer-Flüchtlingskrise» eine Bewährungsprobe ihrer Glaubwürdigkeit.

VI. Flüchtlinge: Recht und Aufenthalt

49. Wie verläuft das Asylverfahren? Das deutsche Asylrecht ist insofern einzigartig in der Welt, als es in der Verfassung als Grundrecht verankert ist, gleichbedeutend wie z. B. das Grundrecht auf Meinungsfreiheit. Es wurde 1949 als Lehre der NS-Vergangenheit auf der Basis einer ausführlichen Debatte eingeführt – zu einem Zeitpunkt, als Deutschland mit massiven Flüchtlingszahlen konfrontiert war und ein Zentrum des Weltflüchtlingsproblems darstellte. Das Grundrecht auf Asyl als einklagbaren Rechtsanspruch in der Verfassung festzuschreiben war also keine kurzfristige, quasi unüberlegte Entscheidung, wie später – gerade bei der Debatte über die Grundgesetzänderung Anfang der 1990er Jahre – behauptet wurde. Der Vorsitzende des Parlamentarischen Rats, der SPD-Politiker Carlo Schmid, war sich bei den Beratungen über das deutsche Grundgesetz mit seinem Kollegen Hermann von Mangoldt (CDU) vollkommen darin einig, dass eine Einschränkung des Asylrechts praktisch mit seiner Abschaffung gleichzusetzen wäre.

Im Jahre 1992 stieg die Zahl der Asylbewerber in Deutschland auf rund 440 000. Nach langen politischen Auseinandersetzungen wurde deshalb im sogenannten Asylkompromiss das Grundgesetz geändert, was eine gravierende Änderung des Grundrechts auf Asyl mit sich brachte. In Artikel 16 a, Absatz 1 Grundgesetz heißt es zwar weiterhin: «Politisch Verfolgte genießen Asylrecht.» Absatz 2 schränkt jedoch den Schutzbereich des Grundgesetzes ganz erheblich ein. Auf Absatz 1 kann sich nicht mehr berufen, wer aus einem Mitgliedstaat der Europäischen Gemeinschaft oder aus einem anderen Drittstaat einreist, in dem die Genfer Flüchtlingskonvention sowie die Europäische Menschenrechtskonvention gelten. Wer aus einem sogenannten sicheren Herkunftsstaat stammt, erhält ebenfalls kein Asyl mehr. Die meisten Flüchtlinge kommen mit Hilfe von Schleppern «illegal» nach Deutschland. Flüchtlinge werden geradezu dazu gezwungen, ihren Fluchtweg zu verschleiern. Denn wer es auf dem Landweg nach Deutschland schaffen will, durchquert zwangsläufig einen sicheren Drittstaat.

Wenn ein Flüchtling Deutschland erreicht, meldet er sich bei den Behörden, oder die Polizei, die ihn aufgegriffen hat, überstellt ihn den Behörden. Zunächst werden die Flüchtlinge in Landeserstaufnahmestellen der Bundesländer untergebracht, an die die Außenstellen des Bundesamtes für Migration und Flüchtlinge (BAMF) angeschlossen sind. Dort findet eine Anhörung statt, und die Asylbewerber stellen ihren Antrag. Die Fingerabdrücke der Bewerber werden mit europäischen Datenbanken abgeglichen, um zu verhindern, dass mehrere Anträge in verschiedenen Ländern gestellt werden. Wenn der Flüchtling bereits in einem anderen EU-Land einen Antrag gestellt hat, kann er dorthin «rücküberstellt» werden. Sogenannte Entscheider des BAMF beurteilen nach einer Anhörung, ob Asyl gewährt oder der Antragsteller in sein Heimatland ausgewiesen wird. Während des Asylverfahrens erhalten Flüchtlinge eine Aufenthaltsgestattung, die sie berechtigt in Deutschland zu leben und unter bestimmten Bedingungen zu arbeiten. Die Aufenthaltsgestattung ist räumlich auf den Bezirk beschränkt, in dem sich die zuständige Aufnahmeeinrichtung befindet, es besteht eine sogenannte Residenzpflicht. Die durchschnittliche Verfahrensdauer lag 2014 bei 7,1 Monaten. Im April 2015 war sie auf fünf Monate gesunken. Allerdings dauerte ein Verfahren bei den verschiedenen Nationalitäten unterschiedlich lang – bei Afghanen betrug sie 2014 durchschnittlich 16,5, bei Pakistanis sogar 17,6 Monate. Für das dritte Quartal 2016 nannte der Präsident des Bundesamtes für Migration und Flüchtlinge (BAMF), Frank-Jürgen Weise, eine Bearbeitungszeit für Asylanträge von 2,1 Monaten. Dabei wird kritisiert, dass in diesem Zusammenhang nicht die Zeit zwischen Einreise und Antragsstellung berücksichtigt wird. Asylbewerber mussten von Januar bis Juli 2016 durchschnittlich 5,1 Monate nach der Einreise warten, bis sie einen Antrag stellen konnten, wobei diese Daten nicht belastbar sind, wie die Bundesregierung bei der Beantwortung einer Bundestagsanfrage hinzufügte. Im Januar 2017 sagte der scheidende Präsident Weise, es dauere jetzt nur noch einen halben Monat, bis ein Asylbewerber seinen Antrag stellen könne. Die Bearbeitungsdauer sei auf zwei Monate verkürzt worden. Schutz wird vor allem durch die Genfer Flüchtlingskonvention und andere europäische Abkommen gewährt. Artikel 16 a des Grundgesetzes spielt dabei fast keine Rolle mehr: 2016 wurden 256 136 Personen nach der Genfer Konvention als Flüchtlinge anerkannt. Darunter waren nur 0,3 Prozent, die als Asylberechtigte nach Artikel 16 des Grundgesetzes akzeptiert wurden.

Nach Griechenland wurden Flüchtlinge nicht zurückgeschickt, weil verschiedene Gerichte, vor allem der Europäische Gerichtshof, dies verbieten, da dort kein richtiges Asylverfahren gewährleistet ist.

Auch nach Italien wurden Asylbewerber schon aus ähnlichen Gründen nicht zurückgeschickt. Die Asylbewerber werden – so das BAMF – nach bis zu sechs Wochen, spätestens jedoch nach drei Monaten in «Einrichtungen der vorläufigen Unterbringung» gebracht. Diese Aufgaben haben die meisten Bundesländer den Städten und Landkreisen übertragen, die unterbringungspflichtig sind. Die Unterbringung erfolgt sowohl in Gemeinschaftsunterkünften als auch in Einzelwohnungen. Nach einer Aufnahmequote werden die Asylbewerber auf die Bundesländer verteilt. Die Bundesländer sind auch für die Geld- und Sachleistungen zur Existenzsicherung zuständig. Bis vor Kurzem durften Asylbewerber neun Monate lang nicht arbeiten. Außerdem erfolgte eine sogenannte Vorrangprüfung, wonach erst geprüft wurde, ob kein Deutscher oder EU-Bürger für die Stelle in Frage kam. Inzwischen ist die Wartezeit auf drei Monate verkürzt worden, und die «Vorrangprüfung» entfällt nach einer Aufenthaltsdauer von 15 Monaten. Nach einer positiven Entscheidung erhält ein Asylbewerber eine Aufenthaltserlaubnis und kann arbeiten, ohne dass dazu eine Zustimmung der Arbeitsagentur notwendig ist.

Im Eilverfahren beschloss der Bundestag 2015 das Asylverfahrensbeschleunigungsgesetz, das am Tag darauf den Bundesrat passierte und wenige Tage später in Kraft trat. Mit einem Paket verschiedener Maßnahmen soll die «Flüchtlingskrise» bewältigt und offensichtlich einer beunruhigten Wählerschaft gezeigt werden, dass die Politik handlungsfähig ist. So sollen Abschiebungen jetzt ohne vorherige Ankündigung erfolgen, um ein Abtauchen der Flüchtlinge zu verhindern. In Erstaufnahmeeinrichtungen sollen künftig wieder vorrangig Sachleistungen statt Bargeld ausgegeben werden, was verfassungsrechtliche Bedenken hervorruft (siehe Frage Nr. 57). Das Sachleistungsprinzip ist mit einem hohen Verwaltungsaufwand verbunden. Künftig sollen Asylbewerber sechs statt drei Monate in der Erstaufnahmeeinrichtung verbleiben, womit sich das Arbeitsverbot, das gerade gelockert wurde, wieder verlängert.

Gegen eine längere Unterbringung in Sammellagern, wie sie jetzt beschlossen wurde, sprechen viele Gründe: Widerstände einzelner Kommunen sowie der Wohnbevölkerung führen zu großen Schwierigkeiten bei der Standortbestimmung. «Ausländer unterschiedlicher Nationalität, Kultur und Religion werden zwangsläufig auf engem Raum untergebracht. Dies kann sowohl zu erheblichen Schwierigkeiten innerhalb des Wohnheims als auch zu

Störungen im Zusammenleben mit der deutschen Bevölkerung führen.» Diese kritischen Anmerkungen stammen nicht etwa von der «Flüchtlingslobby» dieser Tage, sondern von einer CDU-Landesregierung aus dem Jahre 1978! An ihrer Gültigkeit haben sie nichts verloren.

Das Bündel von asylpolitischen Maßnahmen ist vom «Abschreckungsgedanken» geleitet. Die Auswirkungen dürften so gravierend und verschärfend sein wie die Grundgesetzänderung von 1993, die aber nicht den gewünschten Erfolg - eine dauerhafte Senkung der Asylbewerberzahlen - gebracht hat. Vielmehr haben die letzten Jahre gezeigt, dass sich die Flüchtlinge allein durch verwaltungstechnische Maßnahmen und politische «Stopp-Signale» nicht aufhalten lassen. Während der «Flüchtlingskrise» wurden die Bestimmungen oft fast im Wochenrhythmus geändert. Einmal wurde der Familiennachzug aus Syrien erlaubt, dann wieder eingeschränkt, so dass man an manchen Tagen sogar im BAMF nicht mehr genau Bescheid wusste, was nun gerade galt. (Aufgrund dieser ständigen Änderungen sei auf die Internetseite des BAMF - www.bamf.de - hingewiesen, die inzwischen kompetent über sämtliche Details der Bestimmungen ausführlich informiert.) Das Bundesamt geriet immer wieder in die Kritik, auch wenn es gelungen war, die Organisation zu straffen und die Anträge schneller zu bearbeiten. Aber gerade was diese Beschleunigung und die Einstellung und Schulung von so vielen neuen Mitarbeiterinnen und Mitarbeitern angeht, erntete die Nürnberger Behörde Tadel, insbesondere auch vom Personalrat. Ein umfangreiches Memorandum von 12 Wohlfahrtsverbänden und Anwalts- und Richtervereinigungen, darunter der Deutsche Caritasverband, Amnesty International und PRO ASYL, bemängelte im Dezember 2016 die massenhaften Neueinstellungen ohne ausreichende Schulung. Statt der früher üblichen sechsmonatigen Ausbildung erhielten Anhörer jetzt eine dreiwöchige Schulung, Entscheider vier Wochen, Vollentscheider fünf Wochen. Dolmetscher seien häufig nicht ausreichend qualifiziert, um die schwierigen Anhörungen beim Bundesamt zu übersetzen. Asylanträge würden inzwischen in neu eingerichteten Ankunftszentren binnen 48 Stunden entschieden. Die Antragsteller würden in Cluster, also Gruppen, vorsortiert, ihre Anträge bereits im Vorfeld als komplex/weniger komplex bzw. nach der angeblich «guten» oder «schlechten» Bleibeperspektive eingeteilt. Die Flüchtlinge hätten oft keinen Zugang zu einer qualifizierten Beratung vor

Beginn der Anhörung. Viele gingen somit unvorbereitet und uninformiert in diese hinein. Die Defizite und Mängel zeigten sich in der Qualität der Asylentscheidungen, die kaum noch auf einer gründlichen individuellen Einzelfallprüfung basieren würden, was die Studie mit einer Reihe von Beispielfällen belegt. Besonders kritisch beleuchten die Verfasser des Memorandums den Umgang des BAMF mit syrischen Flüchtlingen, denen zunehmend der Flüchtlingsstatus verweigert werde. Die Anerkennungsquote syrischer Asylsuchender sei rapide gesunken - von fast 100 Prozent im Jahr 2015 auf unter 30 Prozent im September 2016, und das bei unveränderter Lage im Herkunftsland. Zunehmend würde nur der subsidiäre Schutz (siehe Frage 54) gewährt, was dazu führe, dass der Familiennachzug bis März 2018 ausgeschlossen sei. Dagegen haben viele Betroffene erfolgreich vor den Gerichten geklagt. Unter Hinweis auf einen Lagebericht des Flüchtlingshilfswerks der Vereinten Nationen UNHCR forderten PRO ASYL und die Flüchtlingsräte der Bundesländer im Januar 2017 eine «Kehrtwende im Umgang mit afghanischen Flüchtlingen» und einen Abschiebestopp nach Afghanistan. Trotz verschärfter Sicherheitslage würden - so die Kritik - rund 40 Prozent afghanischer Asylanträge abgelehnt.

50. Was sind sichere Drittstaaten? Asylbewerber, die aus sogenannten sicheren Drittstaaten einreisen, in denen die Genfer Flüchtlingskonvention und die Europäische Menschenrechtskonvention gelten, erhalten nach der Grundgesetzänderung von 1993 kein politisches Asyl mehr in Deutschland. Sichere Drittstaaten sind die Mitgliedstaaten der Europäischen Gemeinschaften sowie Norwegen und die Schweiz. Alle Nachbarstaaten Deutschlands sind sichere Drittstaaten, so dass Deutschland von einem Gürtel solcher Staaten umgeben ist.

51. Was sind sichere Herkunftsstaaten? Das sind Staaten, «bei denen aufgrund der allgemeinen politischen Verhältnisse die gesetzliche Vermutung besteht, dass dort weder politische Verfolgung noch unmenschliche oder erniedrigende Bestrafung oder Behandlung stattfindet», so das Bundesamt für Migration und Flüchtlinge in seiner Erklärung. Diese Vermutung besteht, solange ein Ausländer aus einem solchen Staat nicht glaubhaft Tatsachen geltend machen kann, die die Annahme begründen, dass er entgegen dieser

Vermutung doch verfolgt wird. «Sichere Herkunftsstaaten» waren 2016 die Mitgliedstaaten der EU sowie Bosnien und Herzegowina, Ghana, Mazedonien, Senegal, Serbien, Albanien, Montenegro und der Kosovo. Welches Land als sicher gilt, bestimmt der Gesetzgeber auf der Grundlage von Lageberichten des Auswärtigen Amtes. Die Liste der sicheren Herkunftsstaaten ist immer wieder umstritten. In den Balkanstaaten Bosnien, Serbien und Mazedonien kommt es zu Menschenrechtsverletzungen mit rassistischen Übergriffen auf Roma oder Homosexuelle, in Mazedonien zu gewalttätigen Auseinandersetzungen zwischen der mazedonischen Mehrheitsbevölkerung und der albanischen Minderheit. Die beiden großen Kirchen fordern deshalb, für diese Länder an der Einzelfallprüfung festzuhalten und nicht pauschal von «sicheren Herkunftsstaaten» auszugehen mit nur geringen Chancen für die Anerkennung als Flüchtling in Deutschland. Insbesondere den Kosovo auf die sichere Liste zu setzen, ist problematisch. Dort sind aufgrund einer Resolution der Vereinten Nationen immer noch etwa 5000 internationale Soldaten im Einsatz, darunter rund 300 aus Deutschland. Die Bundeswehr schreibt noch im Oktober 2015 auf ihrer Homepage, dass im Norden des Kosovo «das Eskalationspotential weiterhin hoch» sei. Sicher ist es dort also immer noch nicht.

Eine heftige Diskussion entstand im Frühjahr 2016 über die Pläne der Bundesregierung, Algerien, Marokko und Tunesien als weitere sichere Herkunftsstaaten einzustufen – offensichtlich eine Art «Bestrafungsaktion» dafür, dass die Täter in der Silvesternacht in Köln aus diesen Ländern kamen. Schließlich stimmte der Bundestag gegen die Stimmen der Opposition sowie einer Reihe von SPD-Parlamentariern einem entsprechenden Gesetzentwurf zu. In der Debatte räumte Bundesinnenminister Thomas de Maizière ein, dass es in den drei Maghreb-Staaten Menschenrechtsprobleme gibt. In Algerien sehe das Strafgesetzbuch vor, dass ein Mann, der ein Mädchen unter 18 Jahren vergewaltigt, straffrei ausgehen könne, wenn er das Opfer heiratet. In Marokko müssten Aktivisten mit staatlichem Druck rechnen, wenn sie den Anspruch des Landes auf die Westsahara kritisierten. In Tunesien könnten Männer wegen homosexueller Handlungen strafrechtlich belangt werden. Deutschland werde Menschen aus diesen Ländern weiterhin Schutz gewähren, «wenn ihnen ein individuelles Verfolgungsschicksal droht», so der Bundesinnenminister. Der Bundesrat sollte am 17. Juni 2016 dem Gesetz zustimmen, wogegen die Grünen schwerwiegende Bedenken anmeldeten. Schon bei der Einstufung weiterer Balkanländer als sichere Herkunftsstaaten stand vor allem Baden-Württembergs grüner Ministerpräsident Kretschmann im Fokus, der dieser Entscheidung schließlich zugestimmt hatte. Kurzfristig wurde der Gesetzentwurf zu den Maghreb-Staaten dann von der vorläufigen Tagesordnung abgesetzt. Wer einen Absetzungsantrag gestellt hatte, konnte die Pressestelle des Bundestages auf Anfrage nicht sagen. Auf jeden Fall wurde so eine Abstimmungsniederlage für die Bundesregierung vermieden und der politische Streit mit den Grünen zu den Akten gelegt. Ein Thema, über das man sich so heftig gestritten hatte, verschwand von der Bildfläche. Bis zum Dezember 2016 war keine erneute Beschäftigung des Bundesrates mit dem Thema vorgesehen. Erst nach dem Terroranschlag auf den Berliner Weihnachtsmarkt und dem mutmaßlichen tunesischen Attentäter setzte wieder eine Debatte um die Einstufung der Maghreb-Staaten als sichere Herkunftsstaaten ein.

52. Wie läuft das Flughafenverfahren? Mit der Änderung des Grundgesetzes im Jahre 1993 wurde das sogenannte Flughafenverfahren eingeführt. Es findet an deutschen Flughäfen statt, die über eine Unterbringungsmöglichkeit für Asylsuchende verfügen. Davon ist vor allem der Flughafen Frankfurt/Main betroffen. Durch das Flughafenverfahren sollen bei offensichtlich unbegründeten Asylanträgen die Bewerber noch vor der Einreise in das Bundesgebiet zurückgewiesen werden können. Der Flughafen wird dabei als «exterritorial» betrachtet. Wenn der Asylantrag als «offensichtlich unbegründet» abgelehnt wird, verweigern die Behörden die Einreise, und der abgelehnte Asylbewerber wird bis zu seiner Rückführung in einer haftähnlichen Situation in der Unterkunft am Flughafen festgesetzt. Zum Teil vergehen mehrere Wochen oder Monate, bis die notwendigen Dokumente für die Rückreise vorliegen. Der Deutsche Caritasverband und andere kritisieren seit Langem die Asylschnellverfahren an Flughäfen, die ihrer Meinung nach die Qualität des Verfahrens stark beeinträchtigt. Sie fordern die Abschaffung des Flughafenverfahrens und die damit verbundene Unterbringung in den dafür geschaffenen Einrichtungen. Am Frankfurter Flughafen unterhalten das Bundesamt für Migration und Flüchtlinge, die Bundespolizei und das Regierungspräsidium Gießen Einrichtungen für etwa 600 Fälle im Jahr, ein Aufwand, der – so die Kritik – nicht gerechtfertigt ist.

53. Was ist der Königsteiner Schlüssel? Der «Königsteiner Schlüssel» regelt, welchen Anteil die Bundesländer bei gemeinsamen Finanzierungen zu tragen haben. Für die Erstellung des Schlüssels zuständig ist die von Bund und Ländern eingerichtete Gemeinsame Wissenschaftskonferenz (GWK). Der Schlüssel verdankt seine Entstehung einem Staatsabkommen von 1949, das die Landesregierungen in Königstein im Taunus abgeschlossen haben. Der Schlüssel setzt sich zu zwei Dritteln aus dem Steueraufkommen und zu einem Drittel aus der Bevölkerungszahl der Länder zusammen. Der Königsteiner Schlüssel wird jedes Jahr neu festgelegt und geht über die Forschungsfinanzierung heutzutage weit hinaus. So regelt er auch die Verteilung von Asylbewerbern auf die Bundesländer. Nach dem Schlüssel hat Nordrhein-Westfalen 2016 mit rund 21 Prozent die höchste Aufnahmequote, die niedrigste hat Bremen mit rund 0,96 Prozent.

54. Was ist subsidiärer Schutz? Subsidiärer («behelfsmäßiger») Schutz gilt dann, wenn das Asylrecht nicht greift, aber trotzdem schwerwiegende Gefahren für Freiheit, Leib oder Leben wie Folter oder Todesstrafe drohen. Berücksichtigt werden nur solche Gefahren, die dem Antragsteller in dem Land drohen, in das er abgeschoben werden soll. Ob ein solcher Schutz zu gewähren ist, prüft das Bundesamt für Migration und Flüchtlinge automatisch, nachdem ein Asylantrag gestellt wurde. Der subsidiäre Schutz enthält zunächst nur ein Abschiebeverbot und ist kein Aufenthaltstitel. 2016 erhielten 153 700 Personen subsidiären Schutz nach dem Asylverfahrensgesetz bzw. der entsprechenden EU-Richtlinie.

55. Was ist das Dublin-Verfahren? Benannt nach der Stadt, in der sie 1990 unterschrieben wurde, macht die Dublin-Verordnung immer wieder Schlagzeilen. In Kraft getreten ist das Abkommen erst im Jahre 1997. Mehrere Male revidiert, ist es im Kern gleich geblieben. Das dadurch eingeführte Dublin-Verfahren legt fest, welcher Staat der Europäischen Gemeinschaft für die Prüfung des Asylantrags zuständig ist. Das Dublin-Verfahren ist in seiner dritten Überarbeitung seit 1.1.2014 (Dublin III) gültig. Mitgliedstaaten sind alle Staaten der EU sowie Norwegen, Island, Schweiz und Liechtenstein. Durch das Verfahren soll sichergestellt werden, dass nur in einem Staat ein Asylantrag gestellt wird. Der Staat, in den der Flüchtling nachweislich zuerst einreist, ist für das Asylverfahren zuständig. In der Praxis funktioniert das Dublin-Verfahren schon lange nicht mehr. 72 Prozent aller Verfahren wurden beispielsweise im Jahr 2014 in nur fünf Mitgliedstaaten der EU durchgeführt. Deutschland und Schweden mussten 2014 etwa 43 Prozent aller Asylverfahren in Europa bewältigen. Viele Flüchtlinge und Asylbewerber aus Bürgerkriegsregionen haben sich in den vergangenen Jahren mit Hilfe von Schlepperbanden gezielt auf den Weg nach Deutschland gemacht. Außerdem sind Länder wie Italien nicht ihren Verpflichtungen nach dem Dubliner Abkommen nachgekommen, erfassen die Flüchtlinge nicht durch Fingerabdruck, lassen sie nach Deutschland oder in andere Länder weiterreisen. Außerdem funktioniert die Rückführung nach dem Dubliner Abkommen in die Länder, in die Flüchtlinge zuerst eingereist sind, nicht. Von der Idee, die Asylbewerber auf die EU-Länder nach dem Dublin-Verfahren zu verteilen, ist also nicht viel übrig geblieben. Allerdings lässt man die Südländer wie Italien und Griechenland, wo die meisten Flüchtlinge «anlanden», mit dem Problem auch weitgehend allein.

Um das Dublin-Verfahren wieder in Gang zu setzen, empfahl die EU-Kommission im Dezember 2016, Flüchtlinge, die aus Griechenland in andere EU-Staaten weitergezogen sind, ab 2017 wieder zurückzuschicken. Die Zustände im griechischen Asylsystem hätten sich gebessert. Seit 2011 waren die Rückführungen auch aufgrund höchstrichterlicher Beschlüsse ausgesetzt worden. Die Entscheidung, ob die Überstellungen wieder aufgenommen werden, liegt bei den nationalen Regierungen. Das Bundesinnenministerium begrüßte die Brüsseler Empfehlung. Nichtregierungsorganisationen kritisierten den Vorstoß: Die Kommission betreibe einen «menschenrechtlichen Kahlschlag», so PRO ASYL.

56. Was steht in der Genfer Flüchtlingskonvention? Das «Abkommen über die Rechtsstellung der Flüchtlinge» – so der offizielle Titel der Genfer Flüchtlingskonvention (GFK) – von 1951 und das ergänzende Protokoll von 1967 werden als «Magna Charta» der Flüchtlinge bezeichnet. Bis zum heutigen Tage ist die GFK das wichtigste internationale Dokument zum Schutz der Flüchtlinge. Die Konvention legt fest, wer ein Flüchtling ist und welchen Schutz er genießt, aber auch welche Pflichten er hat.

Artikel 33 enthält das Verbot, einen Flüchtling «auf irgendeine

Weise über die Grenzen von Gebieten auszuweisen oder zurückzuweisen, in denen sein Leben oder seine Freiheit wegen seiner Rasse, Religion, Staatsangehörigkeit, seiner Zugehörigkeit zu einer bestimmten sozialen Gruppe oder wegen seiner politischen Überzeugung bedroht sein würde». Dieses völkerrechtlich geregelte Ausweisungs- und Zurückweisungsverbot wird international als «Non-refoulement-Prinzip» bezeichnet. Dieses wichtigste Prinzip des Vertrages ist in eine ganze Reihe internationaler und regionaler Menschenrechtsverträge eingegangen.

Laut Artikel 1 A der Genfer Flüchtlingskonvention ist ein Flüchtling eine Person, die «aus der begründeten Furcht vor Verfolgung wegen ihrer Rasse, Religion, Nationalität, Zugehörigkeit zu einer bestimmten sozialen Gruppe oder wegen ihrer politischen Überzeugung sich außerhalb des Landes befindet, dessen Staatsangehörigkeit sie besitzt, und den Schutz dieses Landes nicht in Anspruch nehmen kann oder wegen dieser Befürchtungen nicht in Anspruch nehmen will ...». Insgesamt sind 147 Staaten bisher der Genfer Flüchtlingskonvention beigetreten. Über 15 Millionen Menschen haben inzwischen durch sie Schutz gefunden. Um die Einhaltung der Konvention und den Schutz der Menschenrechte von Flüchtlingen kümmert sich der UNHCR (Hoher Kommissar der Vereinten Nationen für Flüchtlinge) mit Sitz in Genf. Der Wirkungsbereich der GFK ist nicht unumstritten. Die meisten großen Flüchtlingskatastrophen der letzten Jahre wurden durch Bürgerkriege ausgelöst. Der Wortlaut der Konvention bezieht sich aber nicht eindeutig auf Flüchtlinge, die vor kriegerischen Auseinandersetzungen oder Verfolgung durch Milizen oder Rebellen Schutz suchen. Das Flüchtlingshilfswerk der Vereinten Nationen ist der Meinung, dass nicht der Urheber der Verfolgung ausschlaggebend ist, sondern dass eine Person internationalen Schutz benötigt, wenn der eigene Staat einen solchen Schutz nicht mehr garantieren kann oder will. Die Anwendung der GFK wurde im Laufe der Jahre auch durch verschiedene Maßnahmen der Aufnahmeländer eingeengt. So ist der Zugang zum Asylverfahren und damit zum Schutz der GFK dadurch beeinträchtigt worden, dass Einreisevisa vorliegen müssen. Die Beförderungsunternehmen sind verpflichtet, zu überprüfen, ob Visa vor der Abreise vorhanden sind.

57. Welche Leistungen erhalten Asylbewerber? Das Asylbewerberleistungsgesetz regelt die Unterbringung der Flüchtlinge, aber auch die Leistungen für Ernährung oder Kleidung. In einigen Bundesländern erhalten Asylsuchende diese als Wertgutscheine oder als Lebensmittel- und Hygienekartons. Außerdem steht jedem Flüchtling ein Taschengeld in Höhe von «80 Deutschen Mark», also jetzt 40,90 Euro, im Monat zu. Kinder erhalten 20 Euro. Falls keine Sachleistungen gezahlt werden, stehen den Erwachsenen 225 Euro zu. Inzwischen stellen fast alle Bundesländer auf Geldleistungen um. Im Juli 2012 hat das Bundesverfassungsgericht, fast 20 Jahre nach der Einführung, die Höhe der Leistungen für verfassungswidrig erklärt und eine vorläufige Anhebung auf Hartz-IV-Niveau beschlossen, damals 336 Euro, bis der Gesetzgeber eine bedarfsgerechte Berechnung für die Leistungen vorlegt. Das Bundesverfassungsgericht (BVG) erteilte der Politik damit eine Ohrfeige und setzte einen Meilenstein in der Asylpolitik. Der erste Senat hat entschieden, dass die bisherigen Regelungen mit dem Grundrecht auf Gewährleistung eines menschenwürdigen Existenzminimums aus Art. 1 Abs. 1 GG in Verbindung mit Art. 20 Abs. 1 GG unvereinbar sind. Die Höhe der Geldleistung ist nach Auffassung des Gerichts evident unzureichend, weil sie seit 1993 trotz der erheblichen Preissteigerung in Deutschland nicht verändert worden ist. Außerdem sei die Höhe der Geldleistungen weder nachvollziehbar berechnet worden noch sei eine realitätsgerechte, am Bedarf orientierte und insofern aktuell existenzsichernde Berechnung ersichtlich. Das BVG beruft sich in seiner Entscheidung ausdrücklich auf Art. 1 GG, wonach die Würde des Menschen unantastbar ist: «Dieses Grundrecht steht deutschen und ausländischen Staatsgehörigen, die sich in der Bundesrepublik Deutschland aufhalten, gleichermaßen zu.» Migrationspolitische Erwägungen, die Leistungen an Asylbewerber und Flüchtlinge niedrig zu halten, um «Wanderungsbewegungen» zu vermeiden, seien nicht zu rechtfertigen. Die «Menschenwürde ist migrationspolitisch nicht zu relativieren», erklärte in diesem Zusammenhang der Vizepräsident des Gerichts, Ferdinand Kirchhof.

Das Bundeskabinett einigte sich 2014 auf eine Reform des Asylbewerberleistungsgesetzes, die die Leistungssätze dauerhaft auf 352 Euro festlegen soll. Der «Sachleistungsvorrang» wird teilweise aufgehoben. Nur während des Aufenthalts in den Erstaufnahmeeinrichtungen wird noch an Sachleistungen festgehalten. Nach der Erstaufnahmezeit soll es vorrangig Geld- statt Sachleistungen geben. Dadurch soll sich der Verwaltungsaufwand der Kommunen erheblich reduzieren.

Nach Angaben des Statistischen Bundesamtes betrugen die Leistungen für die finanzielle Unterstützung der Asylbewerber im Jahre 2013 rund 1,5 Milliarden Euro. Pro Asylbewerber rechnet man mit 7600 Euro pro Jahr, wobei alle Leistungen sowie die Kosten für das Asylverfahren eingerechnet werden. Der Bund will den Ländern und Kommunen für das Jahr 2017 rund 17 Milliarden Euro zur Verfügung stellen. Im Jahr 2015 machten die Nettoausgaben von Bund, Ländern und Kommunen nach dem Asylbewerberleistungsgesetz rund 5,2 Milliarden Euro aus. 2014 lagen die Kosten noch bei 2,4 Milliarden Euro. Deutschland hat damit auch im Vergleich zu anderen europäischen Ländern erhebliche finanzielle Leistungen für die Flüchtlinge aufgebracht und eine Vorbildfunktion übernommen.

58. Was sind Kontingentflüchtlinge? Kontingentflüchtlinge sind Flüchtlinge aus Krisengebieten, die im Rahmen internationaler humanitärer Hilfsaktionen aufgenommen werden. Das Aufenthaltsgesetz gestattet den obersten Landesbehörden bzw. dem Bundesministerium des Inneren, dass für bestimmte Gruppen von Ausländern aus völkerrechtlichen oder humanitären Gründen oder zur Wahrung politischer Interessen der Bundesrepublik Deutschland eine Aufenthaltserlaubnis erteilt wird. Diese Anordnung kann sich sowohl auf Ausländer beziehen, die noch nicht im Bundesgebiet sind, als auch auf Personen, die schon eingereist sind. Die Anordnung kann auch Personen aus Kriegs- oder Bürgerkriegsgebieten betreffen. Bislang gab es vor allem Aufnahmekontingente für Flüchtlinge aus Syrien. Einen bescheidenen Beitrag leistet Deutschland im Rahmen des sogenannten Resettlement-Programms der Vereinten Nationen. Dabei werden Flüchtlinge aufgenommen, die nach einer ersten Flucht aus dem Heimatland ihr Zufluchtsland aufgrund einer Krisen- oder Kriegssituation wieder verlassen müssen. Von 2012 bis 2014 hat Deutschland jährlich 300 Flüchtlinge über dieses Verfahren aufgenommen. Die Resettlement-Flüchtlinge erhalten nach ihrer Einreise eine Aufenthalts- und eine Arbeitserlaubnis sowie, wenn nötig, Sozialhilfe. Sie brauchen kein Asylverfahren zu durchlaufen. Die Grenze zwischen Kontingentflüchtlingen, Resettlement und humanitärer Aufnahme ist fließend. So wurde die Resettlementquote für das Jahr 2015 auf 500 Personen angehoben. Diese Quote wird nach Angaben des BAMF in den Jahren 2016/17 mit dem Resettlementprogramm der EU/Türkei verrechnet. Im Rahmen der humanitären Aufnahme hat Deutschland von 2013 bis 2015 für die Dauer des Konflikts insgesamt 20 000 schutzbedürftigen Syrerinnen und Syrern Schutz gewährt.

59. Was sind «umF»? Im Fachjargon hat sich die Abkürzung «umF» für unbegleitete minderjährige Flüchtlinge eingebürgert. Junge minderjährige Flüchtlinge, die ohne Eltern oder andere Erwachsene Schutz suchen, stellen eine besondere Herausforderung für die Flüchtlingspolitik dar. Neben den Fluchtursachen der GFK kommen bei ihnen oft weitere Gründe, wie Kinderarbeit oder Zwangsrekrutierung als Kindersoldaten, hinzu. 28 Millionen Kinder und Jugendliche sind weltweit auf der Flucht. 17 Millionen von ihnen suchen im eigenen Land Schutz, weitere 11 Millionen im Ausland. Nach Angaben des Kinderhilfswerks Unicef kommt fast jedes zweite Flüchtlingskind aus Syrien oder Afghanistan. Insgesamt über 100 000 unbegleitete minderjährige Flüchtlinge beantragten 2015 Asyl, dreimal so viele wie im Jahr 2014. In Deutschland sind allein im Jahr 2015 rund 42 000 minderjährige Flüchtlinge eingereist. Im Jahr zuvor waren es 11 600.

Ehrenamtliche Helfer, die Kirchen und Wohlfahrtsverbände kümmern sich um diese unbegleiteten minderjährigen Flüchtlinge und ihre seelischen Schäden. Nach Angaben des «Bundesfachverbandes unbegleitete minderjährige Flüchtlinge» sind 60 bis 80 Prozent dieser Kinder traumatisiert. Der Deutsche Caritasverband macht auf die besondere rechtliche Situation dieser Kinder aufmerksam. Für sie gelten zwar besondere Schutzpflichten und Rechte nach der UN-Kinderrechtskonvention und dem Grundgesetz, die Kinder werden mit staatlicher Verordnung untergebracht und durch einen Vormund betreut. Es entsteht aber eine Reihe von juristischen Problemen. Mit der Vollendung des 18. Lebensjahres müssen die Jugendlichen ihre Unterkunft verlassen, verlieren ihren gesetzlichen Vormund und stehen vor einer möglichen Abschiebung.

Unbegleitete Jugendliche werden nicht auf die Bundesländer verteilt, sondern werden dort betreut, wo sie zuerst in Deutschland aufgegriffen bzw. zuerst mit einer Behörde in Kontakt gekommen sind. Das führt zu einer vorrangigen Unterbringung und Betreuung in Großstädten wie Hamburg und Bremen. Dort werden einzelne Flüchtlinge kriminell. Nachdem Polizisten von minderjährigen Flüchtlingen angegriffen worden waren, setzte Bremens Bürgermeister Jens Böhrnsen (SPD) eine «geschlossene» Unterbringung durch. Familienministerin Manuela Schwesig (SPD) betonte in diesem Zusammenhang, einzelne Flüchtlinge hätten in ihren Heimatländern als Straßenkinder gelebt oder würden von Schleusern nach Deutschland gebracht. Die Ministerin warnte davor, alle jungen Flüchtlinge als Kriminelle abzustempeln. Es gehe vielmehr darum, sich verstärkt um sie zu kümmern, damit sich ihr Verhalten ändere.

60. Was ist eine Duldung? Wenn ein abgelehnter Asylbewerber nicht abgeschoben werden kann, erhält er eine Duldung. Gründe dafür, dass Ausreise oder Abschiebung nicht möglich sind, gibt es viele, beispielsweise ein fehlender Pass, Reiseunfähigkeit oder fehlende Verkehrsverbindungen in ein vom Krieg zerstörtes Herkunftsland. Die Duldung - eigentlich «Vorübergehende Aussetzung der Abschiebung» - ist kein Aufenthaltstitel. Als zeitweiliges Aufenthaltspapier soll die Duldung entweder zur freiwilligen Ausreise oder zur Abschiebung führen. Die Duldung ist im Allgemeinen räumlich beschränkt. Man spricht von der sogenannten Residenzpflicht, der Asylsuchende und geduldete Ausländer unterliegen. Wer Freunde oder einen Arzt aufsuchen will, die sich außerhalb des Bezirks der Ausländerbehörde befinden, muss sich das genehmigen lassen. In den letzten Jahren haben die meisten Bundesländer diese Beschränkung aber gelockert.

Geduldete Personen haben nur Anspruch auf Leistungen nach dem Asylbewerberleistungsgesetz. Eine Erwerbstätigkeit ist nur dann möglich, wenn von der Ausländerbehörde nach Zustimmung der Arbeitsverwaltung eine Arbeitserlaubnis erteilt wurde. Duldungen sollen nur eine kurze Zeit - meistens drei bis sechs Monate - dauern. Geduldete müssen im Prinzip jeden Tag mit einer Abschiebung rechnen. Sie sind von Integrationsmaßnahmen wie Sprachkursen ausgeschlossen.

In der Praxis werden Duldungen aber immer wieder verlängert. Diese sogenannten Kettenduldungen führen dazu, dass Flüchtlinge jahrelang in Deutschland leben, Kinder hier aufwachsen und zur Schule gehen und dann doch eines Tages ausgewiesen werden. Dies war vor allem bei den Flüchtlingen aus dem früheren Jugoslawien der Fall. Im Juni 2016 lebten rund 168 000 Geduldete in Deutschland. Ende 2015 waren 30 000 bereits länger als sechs Jahre bzw. 25 000 länger als acht Jahre in Deutschland. Mit dem «Gesetz zur Neubestimmung des Bleiberechts und der Aufenthaltsbeendigung» schuf die Bundesregierung 2015 Klarheit und verbesserte das Bleiberecht. Gut integrierte Ausländer, die bisher von einer Duldung zur nächsten leben mussten, sollen nun einen gesicherten Aufenthaltsstatus erhalten – unabhängig von einem gesetzlichen Stichtag, wie es bisher der Fall war. Davon profitieren Ausländer, die seit mindestens acht Jahren in Deutschland leben, über ausreichende Deutschkenntnisse verfügen und ihren Lebensunterhalt überwiegend selbst bestreiten. Für Flüchtlinge mit einem minderjährigen Kind soll das schon nach sechs Jahren möglich sein – bei Jugendlichen reichen vier Jahre Schulbesuch in Deutschland.

61. Was ist «Kirchenasyl»? Kirchenasyl hat eine lange Tradition. So gab es schon in vorchristlicher Zeit das Tempelasyl, das den Verfolgten schützte und den Verfolgern das Eindringen verbot. Das Wort Asyl kommt vom griechischen «asylos»: «Das, was nicht ergriffen werden kann.» Es kennzeichnet damit ursprünglich den Ort, der vor Verfolgung schützt. Die Kirchen berufen sich beim Kirchenasyl und bei ihren kritischen Stellungnahmen zur Asylpolitik unter anderem auf das Alte Testament. Darin steht: «Ihr sollt also auch den Fremdling lieben, denn Fremdlinge seid ihr im Ägypterland gewesen.»

Bereits seit 1994 gibt es eine «Ökumenische Bundesarbeitsgemeinschaft Asyl in der Kirche». Beim Kirchenasyl nehmen die Kirchengemeinden die Asylbewerber für einen begrenzten Zeitraum in ihren Gebäuden auf, wo sie ihnen Unterkunft und Verpflegung bieten. Damit soll Zeit für eine Wiederaufnahme oder Überprüfung des Asylantrags gewonnen und vor Abschiebung geschützt werden. Kirchenasyl bewegt sich in einer rechtlichen Grauzone und widersetzt sich geltendem Recht, wobei es aber vom Staat weitgehend toleriert wurde. Die Kirchengemeinden müssen die zuständigen Behörden über den Aufenthalt der Flüchtlinge informieren. Im Februar 2015 kam es zu einer Kontroverse zwischen Bundesinnenminister Thomas de Maizière (CDU) und den Kirchen. De Maizière kritisierte das Kirchenasyl, weil es sich über das geltende Recht setzen würde, und sagte: «Die Scharia ist auch eine Art Gesetz für Muslime, sie kann aber in keinem Fall über deutschen Gesetzen stehen.» Die Kirchen wiesen diese Vorwürfe zurück. Diakonie-Präsident Ulrich Lilie reagierte heftig: «Die Kritik des Innenministers am Kirchenasyl verrät ein bestürzend formales Verständnis des Rechtsstaates. ... Selbstverständlich ist Kirche kein rechtsfreier Raum, aber Kirchen sind immer auch Schutzräume für Menschen in besonderen Notlagen gewesen. Das sollen sie nach Gottes Willen auch sein.» Bei einem Spitzengespräch zwischen katholischer und evangelischer Kirche und dem damaligen Präsidenten des Bundesamtes für Migration und Flüchtlinge (BAMF), Dr. Manfred Schmidt, entspannte sich die Lage vor allem auch, weil der Bundesinnenminister den Vergleich zwischen Kirchenasyl und Scharia zurückgezogen hatte. Die Kirchen vereinbarten mit dem Bundesamt eine neue Zusammenarbeit bei Kirchenasyl-Fällen. Zu diesem Zeitpunkt hatten evangelische und katholische Gemeinden in Deutschland insgesamt 226 Kirchenasyle gewährt. Im Jahre 2013 sind in 95 Prozent der Kirchenasyle die Abschiebungen nach einer erneuten Prüfung ausgesetzt worden. Im Juli 2016 befanden sich 473 Menschen - darunter 110 Kinder - im Kirchenasyl. Die Zahl der Gemeinden, die Asyl gewähren, ist von 135 auf 300 angestiegen (von 2015 bis 2016).

62. Was sind Härtefallkommissionen? Mit dem Zuwanderungsgesetz von 2005 wurden Härtefallkommissionen geschaffen. Es liegt im Ermessen der Bundesländer, solche Kommissionen einzurichten. Die oberste Landesbehörde - das Innenministerium - kann auf Ersuchen einer solchen Härtefallkommission anordnen, dass ein «ausreisepflichtiger» Ausländer bleiben darf. Die Kommissionen können nur Empfehlungen abgeben, die endgültige Entscheidung liegt bei den zuständigen Landesbehörden. Inzwischen haben alle 16 Bundesländer Härtefallkommissionen eingerichtet, von denen manche im Jahr 2015 bereits ihr zehnjähriges Jubiläum feiern konnten. Insgesamt sind die Kommissionen recht erfolgreich. In der Mehrzahl der Fälle wurde ein Aufenthaltsrecht gewährt, wenn die Härtefallkommission beschlossen hatte, ein Härtefallersuchen zu stellen. So hat Thüringens Härtefallkommission in den vergangenen zehn Jahren 659 von Abschiebung bedrohten Ausländern eine Aufenthaltserlaubnis ermöglicht. Die Kommissionen sind recht unterschiedlich zusammengesetzt. In Niedersachsen sind beispielsweise neben dem Innenministerium ein Vertreter des Diakonischen Werks, der Flüchtlingsrat Hannover, eine Ärztin und die Landesbeauftragte für Migration und Teilhabe vertreten.

Ein vielleicht typischer Fall aus einer Härtefallkommission - oft geht es um Familien mit mehreren Kindern - sieht so aus: Der Kommission lag der Antrag einer Roma-Familie aus Serbien mit vier Kindern vor, von denen drei in Deutschland geboren sind. Die Familienmitglieder halten sich alle seit der Geburt bzw. viele Jahre in Deutschland auf – mit einer kurzen Unterbrechung im Jahr 2010, als die Familie in Belgien war. Im Laufe der Jahre wurden mehrere Asylanträge gestellt, die immer als offensichtlich unbegründet abgelehnt wurden. Eine wirtschaftliche Integration lag nach Einschätzung der Härtefallkommission nicht vor. Der Ehemann war nur sehr kurzfristig als Leiharbeiter beschäftigt. Auch die soziale Integration der Eheleute wurde als eher bescheiden eingeschätzt, da beide trotz des langen Aufenthalts nur über mäßige Deutschkenntnisse verfügten. Von den Lehrern wurden die Kinder jedoch als sehr ordentlich beurteilt. Da sich die Kinder erst in einem Alter von drei bis elf Jahren befanden, konnten sie nach Meinung der Kommission nicht von den Eltern getrennt werden. Auch eine Ausweisung zusammen mit den Eltern kommt – so die Härtefallkommission in ihrer Beurteilung – nicht in Betracht, weil sie nie in Serbien gelebt haben und Deutschland als ihre Heimat ansehen. Ohne die Kinder wäre der Antrag an die Härtefallkommission wahrscheinlich aussichtslos gewesen, aber die Eltern haben sich nach Ansicht der Kommission wie auch nach der Beurteilung der Lehrer stets um ihre Kinder gekümmert. Die Härtefallkommission sprach sich deshalb dafür aus, dass die Familie in Deutschland bleiben sollte, zumal die Zukunftsprognose für die Kinder als günstig eingeschätzt wurde. Die Familie durfte bleiben.

63. Wie verläuft die Abschiebung bzw. Ausweisung? Am 2. Juli 2015 verschärfte der Bundestag gegen die Stimmen der Opposition das Ausweisungsrecht. Bisher galt ein dreistufiges System bei Ausweisungen: Fälle, die «zwingend» oder «im Regelfall» zur Ausweisung führen, sowie «Ermessensausweisungen». Dieses System fällt nun weg. Die Behörden sollen jetzt zwischen dem «Ausweisungsinteresse» des Staates z. B. bei kriminellem Verhalten eines Ausländers und dem «Bleibeinteresse» des Betroffenen etwa durch Berücksichtigung von Familienverhältnissen abwägen. Außerdem werden die Möglichkeiten ausgeweitet, Wiedereinreisesperren oder Aufenthaltsverbote zu verhängen. Das «Gesetz zur Neubestimmung des Bleiberechts und der Aufenthaltsbeendigung» nennt zahlreiche Kriterien, die dazu führen, dass Abschiebehaft angeordnet wird. Wer beispielsweise seine Identität verschleiert oder «erhebliche Geldbeträge» an Schleuser gezahlt hat, gilt als verdächtig, dass er sich einer Abschiebung entziehen will, und kann nun inhaftiert werden. Wenn eine Abschiebung angeordnet worden ist, der Ausländer aber im Verdacht steht, dass er sich dem entziehen will, soll er für maximal vier Tage in Gewahrsam genommen werden können, möglichst im Transitbereich eines Flughafens. Gegen Ausländer, die schon einmal ausgewiesen, zurückgeschoben oder abgeschoben wurden, kann ein befristetes Einreiseverbot verhängt werden. Flüchtlingshilfsorganisationen befürchten, dass das neue Gesetz zu einer massenhaften Inhaftierung in Abschiebegefängnissen führt. Bundesinnenminister Thomas de Maizière verteidigte die Novelle als «rechtsstaatlichen Fortschritt». Problematisch erscheint vor allem, dass jetzt Flüchtlinge inhaftiert werden können, die mit Hilfe von Schleusern einreisen. Dies trifft für die Mehrzahl der Asylbewerber zu, weil ihnen legale Einreisewege verbaut sind. Abgelehnte Asylbewerber und Drittstaatsangehörige, die keinen Aufenthaltsstatus besitzen, werden ausreisepflichtig. Sie müssen das Bundesgebiet unverzüglich oder innerhalb einer bestimmten Frist verlassen. Wenn sie dieser Aufforderung nicht nachkommen, können sie abgeschoben werden. Dafür sind die Bundesländer zuständig. Die Polizei bringt diese Ausländer außer Landes, notfalls mit Gewalt. Auf Anfrage teilte das Bundesinnenministerium im Januar 2017 mit, dass zum Stichtag 30. Juni 2016 im Ausländerzentralregister (AZR) 549 209 Personen mit einem abgelehnten Asylantrag gespeichert sind. Diese seien – aus den unterschiedlichsten Gründen – aber nur zum kleineren Teil ausreisepflichtig. Laut AZR gebe es gegenwärtig 207 484 Ausreisepflichtige in Deutschland. Davon haben 153 047 eine Duldung (siehe Frage 60), dürfen also zumindest vorerst bleiben. Unmittelbar ausreisepflichtig sind demnach also nur rund 54 000 Ausländer, wobei darunter nicht nur abgelehnte Asylbewerber, sondern auch sonstige Ausreisepflichtige sind. Das «Vollzugsdefizit» sei nicht das Ergebnis zurückhaltender Behördenpraxis, sondern oft der Situation im Herkunftsland oder gesundheitlichen Abschiebungshindernissen geschuldet, so PRO ASYL im Dezember 2016. Wer im Asylverfahren abgelehnt wurde, dürfe noch lange nicht abgeschoben werden. Über 80 Prozent der abgelehnten Asylsuchenden habe in der Vergangenheit einen legalen Aufenthaltsstatus erhalten. Viele reisen auch freiwillig aus. So gab es 2015 rund 20 000 Abschiebungen und 35 500 «freiwillige Ausreisen». Nachdem in der Silvesternacht

2015/16 Frauen in Köln von Migranten massiv sexuell belästigt worden waren, entstand eine Debatte, die schließlich dazu führte, dass das Ausweisungsrecht weiter verschärft wurde. Bei einer Verurteilung zu einer Freiheitsstrafe von mindestens einem Jahr für eine Gewalttat und bei Verstößen gegen die sexuelle Selbstbestimmung können jetzt Asylbewerber ausgewiesen werden. Im Dezember 2016 kündigte Bundeskanzlerin Merkel an, dass mehr abgelehnte Asylbewerber ausgewiesen werden sollen. Früher sei man angesichts geringerer Zahlen von Flüchtlingen nicht konsequent genug gewesen. Diese Forderungen nach «mehr Abschiebungen» wiederholen sich seit vielen Jahren. Die Umsetzung stößt aber neben juristischen auch auf praktische Hindernisse, weil beispielsweise Herkunftsländer die Flüchtlinge nicht zurücknehmen oder weil sie keine Reisedokumente besitzen. Außerdem steigt die Zahl der Abschiebungen in Deutschland bereits nach geltendem Recht: Es wurden so viele Menschen abgeschoben wie seit mehr als zehn Jahren nicht mehr. 2016 waren es 25 000 Abschiebungen und 55 000 «freiwillige Ausreisen». Die meisten Migranten wurden in die Westbalkanstaaten abgeschoben. Eine vom BAMF in Auftrag gegebene vertrauliche Studie der Unternehmensberatung McKinsey empfiehlt der Bundesregierung unterdessen im Dezember 2016 weitere Maßnahmen, um die Zahl der Abschiebungen weiter zu steigern. Dazu zählt ein «Rückkehrmanagement 2017», das von den Bundesländern koordiniert werden soll. Um einen neuen Anstieg der Flüchtlingszahlen - über Italien nach Deutschland - im Wahljahr 2017 zu verhindern, plant das Bundesinnenministerium, aus Seenot gerettete Flüchtlinge direkt auf das afrikanische Festland zurückzubringen. Mit zahlreichen Ländern hat Deutschland bereits Rücknahmeabkommen für ausreisepflichtige Ausländer abgeschlossen, u.a. mit Albanien, Algerien und dem Kosovo. Im Oktober 2016 folgte ein solches Abkommen mit Afghanistan.

64. Was sind «illegale» oder «irreguläre» Migranten? Der illegale Aufenthalt in Deutschland ohne gültige Aufenthaltspapiere ist eine Straftat im Sinne des Strafgesetzbuches (StGB §95). Der Begriff «Illegale» ist umstritten, weil er die Betroffenen kriminalisiert. Es gibt keine «illegalen Menschen». Die alternativen Bezeichnungen sind «Menschen ohne Papiere» oder «Statuslose» bzw. «Irreguläre». Die Mehrzahl der Irregulären sind Flüchtlinge und Asylbewerber, die ohne Papiere oder mit gefälschten Ausweisen, meist mit Hilfe von Schlepperbanden, einreisen. Eine andere Gruppe umfasst diejenigen, die nach einer legalen Einreise, beispielsweise als Touristen, hier bleiben und keine Aufenthaltsgenehmigung mehr haben. Eine weitere Gruppe sind Personen, die die Voraussetzung für einen Aufenthaltstitel, wie eine Duldung, nicht mehr erfüllen, aber nicht ausreisen. Irreguläre Migranten finden vor allem Beschäftigung im Bereich der Dienstleistungen, als Reinigungskraft in Privathaushalten, auf dem Bau oder in Gaststätten. Sie leben in der ständigen Angst, entdeckt und ausgewiesen zu werden. Sie haben keinerlei Rechte gegenüber einem Arbeitgeber. Im Krankheitsfall haben sie keine Versicherung. Im Jahre 2009 wurden die Verwaltungsvorschriften im Aufenthaltsgesetz zwar so geändert, dass irreguläre Migranten im Notfall bei einem Arztbesuch oder im Krankenhaus nicht gemeldet werden müssen und ihnen damit nicht die Abschiebung droht. In der Praxis nehmen aber nur wenige diese medizinische Hilfe in Anspruch. Auch beim Schulbesuch gab es eine Veränderung. Die Bundesregierung hat die aufenthaltsrechtliche Übermittlungspflicht für Schulen sowie Bildungs- und Erziehungseinrichtungen gestrichen. Bisher waren öffentliche Stellen dazu verpflichtet, Ausländer ohne gültige Aufenthaltspapiere der Ausländerbehörde zu melden. Davon sind Schulen jetzt ausgenommen, was aber trotzdem zu Unsicherheiten führt, weil Kinder ohne Papiere in nur wenigen Bundesländern Anspruch auf Schulbesuch haben.

Kirchen und Ehrenamtliche kümmern sich um irreguläre Migranten. Schätzungen gehen nach Angaben des Bundesnachrichtendienstes davon aus, dass 15 bis 20 Prozent der Migranten in einer illegalen Situation leben. In der EU sollen sich 1,9 bis 3,8 Millionen Menschen illegal aufhalten. In Deutschland rechnet man mit bis zu einer halben Million Irregulären. Für Schleuserdienste verlangen kriminielle Organisatoren bis zu fünfstellige Eurosummen. Weltweit wird schon seit Langem mehr Geld mit Illegalen verdient als mit dem Drogenhandel.

Die Industrienationen wollen auf der einen Seite die illegale Einreise verhindern, auf der anderen Seite profitieren sie aber offensichtlich von der illegalen Ausländerbeschäftigung. Man schätzt, dass Frankreich ein Drittel seiner Autobahnen mit illegalen Einwanderern gebaut hat oder dass Italien schon vor Jahren einen erheblichen Teil seines Bruttosozialprodukts mit Illegalen erwirtschaftet hat. Verschiedene europäische Länder, wie Italien oder Spanien, haben im

Laufe der Jahre immer wieder Legalisierungskampagnen durchgeführt und unter bestimmten Voraussetzungen den Irregulären Aufenthaltspapiere gegeben, wenn sie sich bei den Behörden gemeldet haben. Nach einigen Jahren hatte die Zahl der Irregulären aber schon wieder zugenommen. Spanien änderte im Frühjahr 2015 seine Gesundheitsreform, die Ausländer ohne Aufenthaltserlaubnis aus dem Gesundheitssystem ausgeschlossen hatte. Mit einem neuen Gesetz sollen betroffene Migranten wieder einen Zugang zu einer medizinischen Grundversorgung erhalten. Hilfsorganisationen in Spanien schätzen die Zahl der Irregulären dort auf über 800 000.

VII. Arbeitsmigranten: Recht und Aufenthalt

65. Was steht im Zuwanderungsgesetz? In den Jahren 2001 bis 2004 entwickelte sich in Deutschland eine kontroverse und bisweilen dramatisch zu nennende Debatte um das Zuwanderungsgesetz. Mit großer Mehrheit verabschiedete der Bundestag schließlich nach langem Hin und Her am 1. Juli 2004 einen Kompromiss und das entsprechende Gesetz. Das in der Öffentlichkeit als Zuwanderungsgesetz bezeichnete Reformwerk stand von Anfang an unter der Überschrift «Gesetz zur Steuerung und Begrenzung der Zuwanderung und zur Regelung des Aufenthalts und der Integration von Unionsbürgern und Ausländern (Zuwanderungsgesetz)». Zur Klarstellung wurde im Vermittlungsverfahren auf Wunsch der Unionsparteien im § 1 («Zweck des Gesetzes») die Formulierung aufgenommen, dass das Gesetz Zuwanderung «unter Berücksichtigung der Aufnahme- und Integrationsfähigkeit» ermöglicht und gestaltet. Die ursprüngliche Forderung der Union – «unter Berücksichtigung der nationalen Interessen und der nationalen Identität» – wurde allerdings nicht im Gesetz verankert. Ob im Ergebnis der langwierigen Verhandlungen das von der rotgrünen Bundesregierung und Innenminister Otto Schily (SPD) angekündigte «modernste Zuwanderungsrecht Europas» steht, erscheint fraglich. Für viele Beobachter war am Ende als Allparteienkompromiss eher der kleinste gemeinsame Nenner geblieben, auch wenn das Gesetz immer noch besser bewertet wird als der frühere Zustand.

Das Zuwanderungsgesetz besteht aus dem Aufenthaltsgesetz und dem EU-Freizügigkeitsgesetz. Es enthält eine komplette Novellierung des Ausländerrechts, das – so wurde immer wieder kritisiert – selbst von Rechtsanwälten nicht mehr zu durchschauen war. Statt fünf Aufenthaltstiteln gibt es jetzt nur noch zwei: eine (befristete) Aufenthaltserlaubnis und eine (unbefristete) Niederlassungserlaubnis. Ein neues Bundesamt für Migration und Flüchtlinge (BAMF) wurde geschaffen, das aus dem bisherigen Bundesamt für die Anerkennung ausländischer Flüchtlinge in Nürnberg hervorging.

Gestrichen wurde allerdings der § 76 («Sachverständigenrat für Zuwanderung und Integration»). Dieser vom Bundesinnenminister eingerichtete Zuwanderungsrat hatte sich bereits im Mai 2003 unter dem Vorsitz von Rita Süssmuth konstituiert. Nach dem Gesetzentwurf sollte der Zuwanderungsrat einen den «Wirtschaftsweisen» vergleichbaren Stellenwert bekommen. Sang- und klanglos wurde dieses wichtige Gremium allerdings zu Grabe getragen, nachdem es seinen ersten Bericht veröffentlicht und vorgeschlagen hatte, in stark begrenztem Umfang Zuwanderung zuzulassen. Dadurch war der Expertenkreis beim Bundesinnenminister offensichtlich in Ungnade gefallen.

Zum ersten Mal wird durch das Zuwanderungsgesetz ein Integrationsanspruch für Neuzuwanderer eingeführt. Wer nicht an den Integrationskursen teilnimmt, muss mit aufenthaltsrechtlichen Sanktionen rechnen. Sogenannte Bestandsausländer - solche also, die schon länger in Deutschland leben - können zu Kursen verpflichtet werden, wenn sie das Arbeitslosengeld II beziehen, besonders integrationsbedürftig sind und Plätze zur Verfügung stehen. Bei Verletzung der Teilnahmepflicht sollen die Sozialleistungen gekürzt werden. Die Kosten der Integrationskurse trägt der Bund.

Unter dem Eindruck der Terroranschläge in Madrid am 11. März 2004 wurden im Vermittlungsverfahren umfangreiche Vorschläge der Unionsparteien zu Sicherheitsaspekten aufgenommen. Zur Verwirklichung der Freizügigkeit in der Europäischen Union (EU) schafft das Gesetz die Aufenthaltserlaubnis für Unionsbürger ab. Künftig besteht nur noch - wie für Deutsche - eine Meldepflicht bei den Behörden.

Bei Familienangehörigen von Spätaussiedlern wurde der Nachweis über Grundkenntnisse der deutschen Sprache als Voraussetzung für die Einbeziehung in den Aufnahmebescheid eingeführt, wodurch die Zugangszahlen in diesem Bereich weiter verringert werden sollten.

Nach anderthalb Jahren wurde vom Bundesinnenministerium ein Erfahrungsbericht zum Zuwanderungsgesetz vorgelegt. In dem Bericht zur Evaluierung des Gesetzes kommt das Ministerium zu dem Ergebnis, «dass sich das Zuwanderungsgesetz grundsatzlich bewährt hat und dass die mit ihm verfolgten Ziele erreicht» worden seien. Punktuell bestehe aber «Optimierungsbedarf». Eine Auswertung, die ihren Namen verdient, hat aber seither nicht stattgefunden.

2007 wurde das Zuwanderungsgesetz novelliert, um EU-Richtlinien umzusetzen. Die weitreichenden Änderungen brachten zum Teil auch Verschärfungen im Ausländerrecht sowie eine Altfallregelung für sogenannte Geduldete. Nachdem sie Bundestag und Bundesrat passiert hatte, trat die Novelle am 28. August 2007 in Kraft.

Kritik wurde vor allem an den Verschärfungen beim Familiennachzug geübt. Nach den Änderungen dürfen Ehepartner aus Nicht-EU-Ländern nur dann nach Deutschland nachziehen, wenn sie volljährig sind und bereits vor der Einreise einfache Deutschkenntnisse nachweisen können. Ausgenommen von dieser Regelung sind aber Staaten, deren Bürger ohne ein Visum nach Deutschland einreisen können.

Migrantenverbände, Politiker und Juristen kritisierten, dass damit der Gleichheitsgrundsatz der Verfassung verletzt sei und die neuen Bestimmungen sich vor allem gegen Türken richten würden. Verschiedene Verbände wie die Türkische Gemeinde in Deutschland boykottierten deshalb aus Protest den zweiten Integrationsgipfel im Juli 2007. Acht Jahre später nahm der Bundestag im Paragraf 30 des Aufenthaltsgesetzes eine allgemeine Härtefallklausel auf, wonach in Zukunft auf den Sprachnachweis verzichtet werden soll, wenn «es dem Ehegatten aufgrund besonderer Umstände des Einzelfalls nicht möglich oder nicht zumutbar ist, vor der Einreise Bemühungen zum Erwerb einfacher Kenntnisse der deutschen Sprache zu unternehmen». Der Bundesrat, der am 10. Juli 2015 diesem Gesetz zur Neubestimmung des Bleiberechts und der Aufenthaltsbeendigung, das am 1. August in Kraft trat, zustimmte, betonte in einer Entschließung, dass er an der Forderung nach Abschaffung des sogenannten Sprachnachweises vor Einreise beim Ehegattennachzug festhalte. Es sei auch aus integrationspolitischer Sicht sinnvoll, so der Bundesrat, die deutsche Sprache dort zu erlernen, wo sie auch im Alltagsleben verwendet wird, also in Deutschland.

Eine umfassende Evaluierung des Zuwanderungsgesetzes wäre dringend notwendig, denn die Lage ist wieder unübersichtlicher geworden. Zweck des Gesetzes sollte es sein, klare und einfache Aufenthaltsbestimmungen zu schaffen. Inzwischen ist es für Behörden und vor allem für die Betroffenen selbst immer schwieriger geworden, die verschiedenen Regelungen zu durchschauen. So gibt es nach der Feststellung von Gerda Kinateder, die in Stuttgart eine der größten Ausländerbehörden in Deutschland leitet, jetzt sage und schreibe 77 befristete und 15 unbefristete Aufenthaltstitel, also 92 verschiedene Bestimmungen, zum Beispiel aus familiären oder humanitären Gründen, zur Ausbildung oder zum Studium. Allein die Verwaltungsvorschriften zum Aufenthaltsgesetz umfassen 390 Seiten.

66. Was ist eine Aufenthaltserlaubnis? Ausländer, die nicht EU-Bürger sind, brauchen für die Einreise nach Deutschland grundsätzlich eine Erlaubnis. Ein Visum wird vor der Einreise von einer deutschen Auslandsvertretung ausgestellt. Die Aufenthaltserlaubnis wird nach der Einreise auf Antrag von der zuständigen Ausländerbehörde erteilt. Sie ist grundsätzlich befristet und kann nach den gesetzlichen Bestimmungen verlängert oder in eine unbefristete Niederlassungserlaubnis umgewandelt werden. Eine Aufenthaltserlaubnis bekommt man beispielsweise zum Zweck der Ausbildung, der Erwerbstätigkeit oder aus familiären Gründen.

67. Was ist eine Niederlassungserlaubnis? Die Niederlassungserlaubnis ist räumlich und zeitlich unbeschränkt und berechtigt zur Ausübung einer Erwerbstätigkeit. Um eine Niederlassungserlaubnis zu bekommen, muss man in der Regel seit fünf Jahren eine Aufenthaltserlaubnis besitzen und weitere Voraussetzungen erfüllen, z. B. über ausreichende Deutschkenntnisse verfügen und seinen Lebensunterhalt und den seiner Familienangehörigen eigenständig sichern können. Unter gewissen Umständen kann eine Niederlassungserlaubnis auch ohne zeitliche Voraussetzungen erteilt werden, z. B. für hoch qualifizierte Zuwanderer.

68. Wer erhält Arbeit in Deutschland? Die Bestimmungen darüber, wer in Deutschland arbeiten darf, sind kompliziert und selbst für Fachleute teilweise schwer zu durchschauen. Der Sachverständigenrat deutscher Stiftungen für Integration und Migration (SVR) hat sich die Mühe gemacht, eine Übersicht zu erstellen. Danach haben Bürger der EU auf jeden Fall das Recht, sich in der gesamten Europäischen Union zu bewegen und eine feste oder selbstständige Arbeit anzunehmen. Das Gleiche gilt für Familienangehörige, unabhängig von ihrer Staatsangehörigkeit. Das Recht auf Arbeitsaufnahme schließt das Recht zur Arbeitssuche ein.

Für zwei Drittel der in Deutschland lebenden Ausländer gilt das Aufenthaltsgesetz nur noch im Ausnahmefall, weil sie aus der EU kommen oder unter das Assoziationsabkommen mit der Türkei fallen. Türkische Arbeitnehmer, die schon dem Arbeitsmarkt eines Mitgliedstaates der EU angehören, genießen demnach Privilegien im Blick auf den Arbeitsmarktzugang und das Aufenthaltsrecht, was denjenigen der Unionsbürger nahekommt.

Die rechtlichen Rahmenbedingungen im Bereich der Arbeitsmigration wurden in den letzten Jahren deutlich liberalisiert, auch wenn der generelle Anwerbestopp – die grundsätzliche Beschränkung der Zulassung zum Arbeitsmarkt – weiterhin gilt. In der Praxis ist dieser Anwerbestopp aber schon seit seiner Einführung im Jahre 1973 durch zahllose Ausnahmebestimmungen durchlöchert und praktisch außer Kraft gesetzt worden. Die OECD (Organisation für wirtschaftliche Zusammenarbeit und Entwicklung) bescheinigt Deutschland, dass es zu den liberalsten unter den Industrieländern gehört. Für Nicht-EU-Ausländer (Drittstaatsangehörige) bestehen je nach Qualifikation unterschiedliche Bestimmungen. Hochqualifizierte können die sogenannte Blue Card beantragen. Die Zuwanderung von Personen ohne qualifizierte Berufsausbildung ist dagegen nur sehr begrenzt und befristet zugelassen. Vor der Einreise muss ein konkretes Arbeitsplatzangebot vorliegen. Außerdem ist im Allgemeinen eine Zustimmung der Bundesagentur für Arbeit notwendig. Drittstaatsangehörige, die zur Ausübung einer Erwerbstätigkeit nach Deutschland kommen dürfen, können ihre Ehepartner und minderjährige Kinder mitbringen. Für die Familienangehörigen besteht auch ein unbeschränkter Zugang zum Arbeitsmarkt.

Bei den Un- bzw. Niedrigqualifizierten handelt es sich meistens um Saisonarbeitskräfte im Hotel- und Gaststättengewerbe oder in der Land- und Forstwirtschaft. Die Aufenthaltserlaubnis für Saisonarbeitskräfte beträgt maximal sechs Monate. Für Personen mit Berufsausbildung bestehen Zuzugsmöglichkeiten, falls in Deutschland in dieser Sparte Fachkräfte fehlen. Aber auch bei diesen Mangelberufen besteht nur eine begrenzte Möglichkeit zur Arbeitsaufnahme.

Flüchtlinge durften in Deutschland lange Zeit gar nicht arbeiten, waren zur Untätigkeit bzw. Wartezeiten gezwungen. Das wurde inzwischen gelockert. Nach einer Verabredung zwischen Bund und Ländern wird der Zugang zum Arbeitsmarkt für Asylbewerber und geduldete Ausländer weiter erleichtert. Jetzt können sie bereits nach drei Monaten arbeiten. In bestimmten Fällen entfällt die sogenannte Vorrangprüfung. Die Bundesanstalt für Arbeit durfte bisher einer Beschäftigung von Asylbewerbern und Geduldeten nur unter ganz bestimmten Voraussetzungen zustimmen. Für das konkrete Stellenangebot durften keine deutschen Arbeitnehmer, EU-Bürger oder ihnen rechtlich gleichgestellte Ausländer zur Verfügung stehen. Durch die Beschäftigung durften sich darüber hinaus keine nachteiligen Auswirkungen auf den Arbeitsmarkt ergeben. Diese Vorrangprüfung entfällt nun für Hochschulabsolventinnen und -absolventen in Engpassberufen. Das gilt auch für Fachkräfte, die eine anerkannte Ausbildung für einen Engpassberuf nach der sogenannten Positivliste der Bundesagentur für Arbeit haben beziehungsweise an einer Maßnahme für die Berufsanerkennung teilnehmen. Flüchtlinge, die sich seit 15 Monaten ununterbrochen erlaubt, geduldet oder mit einer Aufenthaltsgestattung in Deutschland befinden, profitieren ebenfalls davon. Diese Neuregelung ist zunächst auf drei Jahre befristet. Die Bundesregierung will anschließend unter der Berücksichtigung der Arbeitsmarktsituation über eine Verlängerung entscheiden. Mit dem «Gesetz zur Neubestimmung des Bleiberechts und der Aufenthaltsbeendigung», das am 2. Juli 2015 vom Bundestag verabschiedet wurde, soll die Berufsausbildung von Flüchtlingen verbessert werden. Auf jeden Fall mangelt es immer noch an der beruflichen Förderung junger Flüchtlinge. Nur Bayern, oft für seine Ausländerpolitik gescholten, hat 2011 eine Berufsschulpflicht für junge Flüchtlinge eingeführt und ein entsprechendes Unterrichtskonzept entwickelt.

69. Was ist die Green Card bzw. Blue Card? Personen mit Hochschulabschluss erhalten eine großzügige Einreisemöglichkeit nach Deutschland. Um ausländische Fachleute ins Land zu holen, hatte die Bundesregierung bereits im Februar 2000 die sogenannte Green Card für Computerspezialisten eingeführt. Der Erfolg hielt sich jedoch in Grenzen: Bis zum Ende der Regelung 2004 wurden rund 18 000 Green Cards erteilt, womit nicht einmal die angepeilte Grenze von 20 000 erreicht wurde. Kein Wunder, denn Deutschland konkurriert auf dem internationalen Arbeitsmarkt mit klassischen Einwanderungsländern wie den USA oder Kanada, die bessere Bedingungen bieten und schon aufgrund der englischen Sprachkenntnisse für die begehrten Spezialisten attraktiver sind. Im Jahre 2012 führte Deutschland schließlich eine Blue Card ein, wobei es sich um nichts anderes als um die überfällige Umsetzung der Hochqualifiziertenrichtlinie der EU handelte. Der Begriff Blue Card ist eine Anspielung auf die Green Card in den USA mit Bezug zum Blau der EU-Fahne. Mit ihr haben die Länder der Europäischen Gemeinschaft zum ersten Mal einen gemeinsamen Aufenthaltstitel für Hochqualifizierte aus Ländern geschaffen, die sich außerhalb der Europäischen Union befinden. Mit dieser Karte können Drittstaatsangehörige, die einen Hochschulabschluss oder eine vergleichbare Qualifikation besitzen, einen Aufenthaltstitel erhalten, mit dem sie einer ihrer Qualifikation angemessenen Beschäftigung nachgehen können.

Die sogenannte Blue Card wird bei erstmaliger Erteilung auf höchstens vier Jahre befristet. Voraussetzung sind: deutscher oder anerkannter ausländischer oder vergleichbarer ausländischer Hochschulabschluss, Vorlage eines Arbeitsvertrages oder eines verbindlichen Arbeitsplatzangebotes, grundsätzlich Nachweis eines jährlichen Mindestbruttogehalts von 48 400 Euro. Für Naturwissenschaftler, Mathematiker und Ingenieure oder Ärzte gilt eine niedrigere Gehaltsgrenze von 37 752 Euro. Dem Inhaber einer Blue Card kann unter gewissen Voraussetzungen eine unbefristete Niederlassungserlaubnis erteilt werden. Familienangehörige dürfen unter bestimmten Bedingungen nachziehen.

Ende September 2014 lebten insgesamt 18 832 Ausländer mit einer Blue Card in Deutschland. Rund 46 Prozent arbeiteten in sogenannten Mangelberufen, wie Ingenieure oder Ärzte. Die meisten wurden 2013 für Staatsangehörige aus Indien (22 Prozent), Russland (9,6 Prozent) und den USA (6,8 Prozent) erteilt. Knapp zwei Drittel der Inhaber (13 076 Personen) haben zum ersten Mal eine hoch qualifizierte Beschäftigung in Deutschland aufgenommen. Davon waren 8570 Personen neu zugewandert. Die restlichen 4506 hatten bereits in Deutschland ein Studium bzw. eine Aus- oder Weiterbildung absolviert. 3055 Ehepartner und 1853 Kinder bekamen eine Aufenthaltserlaubnis, um mit den Inhabern der Blue Card nach Deutschland zu kommen.

In Deutschland ist die Blue Card offensichtlich ein Erfolg, «in Europa aber ein Flop», wie es der Sachverständigenrat deutscher Stiftungen für Integration und Migration (SVR) in seinem Jahresgutachten 2015 ausdrückt. Von zehn in Europa vergebenen Blue Cards stammen neun aus Deutschland. Andere Staaten hätten diese Karte zwar pflichtgemäß umgesetzt, sie aber gegenüber ihren nationalstaatlichen Anwerbeinstrumenten zurückgestellt oder vollständig ignoriert. Die mit der Verabschiedung der Blue Card verbundene Absicht – so der SVR weiter –, Europa als Einwanderungskontinent auch für Arbeitsmigranten zu stärken, sei damit vereitelt worden.

Mit der so genannten Blauen Karte (EU-weiter Aufenthaltstitel für Personen mit Hochschulabschluss, wie es im Amtsdeutsch heißt) kamen 6792 Personen 2015 nach Deutschland, etwa 30 Prozent mehr als 2014.

70. Wie erwirbt man die deutsche Staatsangehörigkeit? Der Satz «Deutschland ist kein Einwanderungsland» aus der Verwaltungsvorschrift zum Reichs- und Staatsangehörigkeitsgesetz von

1913 galt in der Bundesrepublik noch uneingeschränkt bis zum Jahre 1990 und bestimmte die Praxis der Einbürgerungsbehörden. Deutscher konnte nur werden, wer von deutschen Eltern abstammte. In Anlehnung an Kaiser Wilhelms Zeiten war es offizielle Politik, die Zahl der Staatsangehörigen nicht durch Einbürgerungen zu steigern. Es sollte bis zur Jahrtausendwende dauern, bis Deutschland vom Abstammungsprinzip (Ius sanguinis - «Recht des Blutes») abrückte, wonach die Staatsangehörigkeit von den Eltern abgeleitet wurde. Kern der Reform ist die Einbürgerung durch das Geburtsrecht (Ius soli - «Recht des Bodens, Landes»), wonach die Staatsangehörigkeit vom Geburtsort bzw. -land bestimmt wird. Das Staatsangehörigkeitsrecht aus dem Jahr 1913 wurde damit zumindest teilweise zu Grabe getragen. Außerdem wurde die Einbürgerung dadurch erleichtert, dass die vorausgesetzte Aufenthaltsdauer in Deutschland von 15 auf acht Jahre verkürzt wurde.

Mit der Reform wurde die sogenannte Optionspflicht eingeführt. Kinder von ausländischen Eltern erhalten danach mit der Geburt die deutsche und die ausländische Staatsangehörigkeit. Allerdings müssen sie sich mit dem 18. Geburtstag entscheiden, welche Staatsangehörigkeit sie auf Dauer behalten wollen. Wenn sie bis zum 23. Geburtstag nicht reagiert haben, verlieren sie automatisch die deutsche Staatsbürgerschaft. Dies wurde 2014 geändert. Es entfällt diese Regelung für Kinder, die «in Deutschland geboren und aufgewachsen sind». Zu diesem Personenkreis zählen Kinder von Einwanderern, die acht Jahre in Deutschland gelebt haben, sechs Jahre in Deutschland zur Schule gegangen sind oder einen Schul- oder Berufsabschluss in Deutschland erworben haben. Das Bundesinnenministerium schätzt, dass die neue Optionspflicht für über 90 Prozent der Betroffenen entfällt, ohne dass sie mit Behörden in Kontakt treten müssen. Falls keine entsprechenden Informationen aus dem Melderegister vorliegen, muss die Behörde die Voraussetzungen nach dem 21. Geburtstag prüfen. Unklar ist, wie viele optionspflichtige Kinder unter Umständen nicht «in Deutschland aufgewachsen» sind und wie das genau festgelegt wird. Wer die neuen Kriterien nicht erfüllt, muss sich auch künftig für einen Pass entscheiden oder einen Antrag auf «Beibehaltungsgenehmigung» stellen. Die Neuregelung schafft die Optionspflicht also nicht ab, sondern verändert sie nur, ist mit einem unnötigen bürokratischen Aufwand verbunden, ohne ein richtungsweisendes Signal in Richtung Integration zu senden. Unter die Optionspflicht fielen bis einschließlich 2013 rund 540 000 Jugendliche.

Noch immer gilt in Deutschland: Mit dem Erwerb der deutschen Staatsangehörigkeit muss die alte aufgegeben werden. Erklärtes Ziel der Politik ist es nach wie vor, Doppelstaatler zu vermeiden. Trotzdem gibt es in der Praxis über vier Millionen Menschen in Deutschland, die zwei Pässe haben. Dazu gehören unter anderem die Spätaussiedler aus Russland, bei denen beide Pässe in Kauf genommen wurden, sowie eine Million Kinder mit einem deutschen und einem ausländischen Elternteil. Auch die rund eine halbe Million Optionskinder zählen dazu. Man schätzt, dass fast die Hälfte aller Einbürgerungen seit einigen Jahren unter «Hinnahme der Mehrstaatigkeit» stattfindet. Manche Länder, wie der Iran oder Tunesien, entlassen ihre Landsleute prinzipiell nicht aus der Staatsbürgerschaft, so dass Deutschland in diesen Fällen Mehrstaatlichkeit in Kauf nimmt. Personen aus einem Staat der Europäischen Union dürfen ebenfalls Doppelstaatler werden, so darf jemand die griechische und die deutsche Staatsangehörigkeit besitzen. Vor allem sind die Einwanderer und Einwanderinnen, die als Arbeitskräfte aus der Türkei angeworben wurden und jetzt in Rente gehen, von der Reform des Staatsbürgerschaftsrechts ausgeschlossen. Aydan Özoğuz, die Staatsministerin im Kanzleramt und Beauftragte für Migration, Flüchtlinge und Integration, das erste Kabinettsmitglied mit türkischen Wurzeln, kritisiert: «Die einstigen Gastarbeiter profitieren von der großzügigeren Doppelpass-Regelung gar nicht – obwohl auch sie es waren, die unser Land mit aufgebaut haben. Es wäre eine großartige Geste, diesen Menschen bei der Einbürgerung ihre alte Staatsangehörigkeit zu lassen. Davon könnten bis zu eine Million ehemalige Gastarbeiter profitieren. Mein Vater würde auch mit 88 Jahren noch gern Deutscher werden. Aber seinen türkischen Pass will er trotzdem behalten. Es ist doch absurd, dass wir uns dagegen sperren.»

Sicher ist, dass man seine Staatsangehörigkeit nicht «wie ein Hemd» wechselt, vielmehr ist dieses Thema stark mit Emotionen besetzt. Die Zahl der Einbürgerungen lässt sich dennoch mit Einbürgerungsfeiern, die dem Anlass gerecht werden, durch Anschreiben von Spitzenpolitikern und Kampagnen steigern, wie entsprechende Erfahrungen aus Hamburg oder Stuttgart belegen. Von 2000 bis Ende 2013 wurden rund 1,8 Millionen Menschen eingebürgert. Zurzeit ist die Einbürgerungstendenz rückläufig, auch wenn die

Zahl seit dem Tiefstand von 2008 wieder langsam ansteigt. Im Laufe des Jahres 2015 wurden 107 181 Ausländer eingebürgert. Das sind 1,1 Prozent weniger als im Jahr zuvor. Die meisten deutschen Pässe erhielten türkische Staatsbürger, gefolgt von Polen.

71. Was ist der Einbürgerungstest? Zum 1. September 2008 wurde ein bundeseinheitlicher Einbürgerungstest eingeführt. Dieser kann bei über 560 vom Bundesamt für Migration und Flüchtlinge (BAMF) zugelassenen Prüfstellen in Deutschland, vor allem bei Volkshochschulen, abgelegt werden. Die Teilnehmerinnen und Teilnehmer müssen dafür eine Kostenpauschale von 25 Euro entrichten. Das Bundesamt sendet nach der Testteilnahme dem Einbürgerungswilligen die Bescheinigung des Ergebnisses zu. Der Einbürgerungstest ist ein reiner Wissenstest. Die Fragen bewegen sich sprachlich auf dem Niveau B1 des Gemeinsamen Europäischen Referenzrahmens für Sprachen, damit eine erfolgreiche Teilnahme nicht an fehlenden Sprachkenntnissen scheitert, so das BAMF in seiner Erklärung. Der Einbürgerungstest enthält 33 Fragen mit jeweils vier Antwortmöglichkeiten, von denen nur eine richtig ist. Die Teilnehmer müssen 17 der 33 Fragen richtig beantworten. An der Humboldt-Universität zu Berlin wurden ein Fragenkatalog mit 300 bundesweit einsetzbaren Aufgaben sowie länderspezifische Aufgabenkataloge mit je zehn Aufgaben entwickelt. In jedem Bundesland gibt es 100 unterschiedliche Testfragebögen, die gewährleisten sollen, dass kein Teilnehmer einer Prüfungsgruppe den gleichen Fragebogen erhält. Opposition, Migrantenverbände und andere Interessengruppen lehnten den Test als unnötig und diskriminierend ab. Es werde ein Wissen abverlangt, über das die meisten Deutschen wohl erst nach einen Semester Staatsrecht verfügten, kritisierte unter anderem Bündnis 90 / Die Grünen. Außerdem wurden die teilweise missverständlichen Fragen und fehlerhaften Antwortvorgaben bemängelt. Beispielsweise erklärte der Test, dass ein Mieter seinen Vermieter jederzeit in die Wohnung lassen müsse, wenn dieser es verlange. Der Deutsche Mieterbund bestätigte, dass es ein solches generelles Recht des Vermieters nicht gibt. In einer ersten Bilanz teilte das Bundesamt für Migration und Flüchtlinge im Dezember 2008 mit, dass in den ersten beiden Monaten seit der Einführung des Tests rund 98 Prozent der fast 9000 Einbürgerungsbewerber den Test bestanden hätten. Eine Kontroverse löste vor allem der ergänzende Gesprächsleitfaden für Einbürgerungsbehörden in Baden-Württemberg aus, mit dem die Einstellung vor allem von Muslimen, die die deutsche Staatsangehörigkeit beantragt hatten, zur freiheitlichen demokratischen Grundordnung der Bundesrepublik Deutschland überprüft werden sollte. Der Gesprächsleitfaden, der als «Gesinnungstest» für Muslime unter Kritik stand, wurde 2011 von der damaligen Integrationsministerin Bilkay Öney abgeschafft.

72. Wie ist der Familiennachzug geregelt? Der Begriff Familienzusammenführung wird oft synonym mit Familiennachzug verwendet. Viele Migranten haben Schwierigkeiten, ihre Familienangehörigen nachzuholen, auch wenn Ausländern grundsätzlich der Familiennachzug gestattet wird, sofern keine Zweck- oder Zwangsehe vorliegt. In der Bundesrepublik flammte seit Anfang der 1980er Jahre immer wieder die Diskussion darüber auf, wie der Familiennachzug eingeschränkt werden könne. So empfahl die Bundesregierung 1981 im Rahmen ihrer «Begrenzungspolitik» den Ländern, das Nachzugsalter von 18 auf 16 Jahre zu senken. Außerdem wurden damals die Wohnraumrichtlinien für den Familiennachzug verschärft. In Baden-Württemberg mussten Ausländer zwölf Quadratmeter pro Familienmitglied nachweisen, unabhängig davon, ob es im Heimatland lebte oder nicht – eine Voraussetzung, die seinerzeit nach Angaben des Bundesbauministeriums 1,2 Millionen Deutsche nicht erfüllen konnten. Kirchen und ihre Wohlfahrtsverbände versuchten damals, diese Einschränkungen der Familienzusammenführung zu verhindern. So schrieb der Referent der Deutschen Bischofskonferenz für Ausländerfragen, Bischof Hermann Wittler, 1981 an den Bundeskanzler und wies darauf hin, dass die geplanten Maßnahmen gegen grundlegende Rechte der Familie verstoßen würden: «... gegen Menschenwürde, gegen das Recht auf Heirat und Familiengründung sowie gegen das Recht der Eltern ihre Kinderzahl zu bestimmen, sie zerstören das in die Zusagen von Integration gesetzte Vertrauen der Ausländer ... Eine wachsende Ausländerfeindlichkeit darf sich nicht in ausländerfeindlichen Gesetzen niederschlagen.»

1982 sprach sich die CDU/CSU-Bundestagsfraktion in einem Entschließungsantrag zur Ausländerpolitik dafür aus, dass die Familienzusammenführung in erster Linie durch die Förderung der Rückkehr in die Heimat bewirkt werden solle. Immer wieder wurde gefordert, das Nachzugsalter auf sechs Jahre zu senken. Dabei waren es bei der Debatte um das Zuwanderungsgesetz in den Jahren 2002/03 gerade nur noch bundesweit 12 000 Kinder, die von einer Herabsetzung dieser Altersgrenze betroffen gewesen wären. Bereits 1985 stellte das Sozialministerium in Stuttgart fest, dass sich «eine Komplettierung der türkischen Kleinfamilien» vollzogen habe und dass das Nachzugspotential für Ausländerkinder damit praktisch erschöpft sei. Im Bundesrat forderte Baden-Württemberg noch im Jahr 2001, das Nachzugsalter auf drei Jahre zu senken. Bei der Verabschiedung des Zuwanderungsgesetzes blieb es dann erstaunlicherweise bei der geltenden Rechtslage.

Der jahrzehntelange Streit ist also beigelegt. Inzwischen enthalten die Richtlinien der Europäischen Union zwingende Vorgaben zur Familienzusammenführung von Drittstaatsangehörigen oder Unionsbürgern. Außerdem verpflichten internationale Menschenrechtskonventionen Deutschland, das Familienleben zu achten. Schließlich enthält auch das Grundgesetz ein Grundrecht auf Schutz der Familie, auf das sich Einwanderer berufen können. Das Aufenthaltsgesetz privilegiert jetzt z. B. den Familiennachzug von Hochqualifizierten oder Asylberechtigten gegenüber dem Familiennachzug von Niedrigqualifizierten, Studierenden oder Flüchtlingen, die keinen dauerhaften Aufenthaltstitel haben. Fachkräfte und Hochqualifizierte müssen nicht unbedingt deutsche Sprachkenntnisse nachweisen. Diese Ausnahmen gelten im Wesentlichen für Ehepartner mit akademischer Bildung, Ehepartner von Hochqualifizierten und Inhaber der Blue Card sowie für Angehörige bestimmter Staaten. Darüber gab es 2007 nochmals eine Debatte, als die Nachzugsregelungen für Ehepartner verschärft wurden und diese Maßnahmen als ein «Gesetz gegen Türken» kritisiert wurden. Ehepartner aus der Türkei, die nachziehen wollen, müssen Deutschkenntnisse nachweisen, während diese Bestimmung für Ehepartner beispielsweise aus den USA oder Japan nicht gelten. Für Asylberechtigte gelten besondere Bestimmungen: Sie können den Nachzug von Ehegatten und Kindern bei der zuständigen Auslandsvertretung oder bei der zuständigen Ausländerbehörde beantragen. Bei subsidiär Schutzberechtigten ist der Familiennachzug bis zum 16. März 2018 ausgesetzt (siehe Frage 54).

73. Was beinhaltet das Anerkennungsgesetz? Insgesamt haben rund 2,9 Millionen Menschen ihren Beruf im Ausland gelernt, deren

Qualifikationen jedoch nicht automatisch anerkannt werden. Die Betroffenen können deshalb ihren Beruf in Deutschland nicht ausüben. Lange Zeit blieben solche Möglichkeiten ungenutzt. Es ging schon der Witz um in Deutschland: «Das Beste, was einem passieren kann, ist ein Herzinfarkt im Taxi, weil der Taxifahrer meistens ein Arzt ist.» Mit dem «Gesetz zur Verbesserung der Feststellung und Anerkennung im Ausland erworbener Berufsqualifikationen» - kurz «Anerkennungsgesetz» -, das am 1. April 2012 in Kraft trat, wurde teilweise Abhilfe geschaffen. Migranten haben jetzt einen Anspruch darauf, ihre Diplome überprüfen und anerkennen zu lassen. Seit dem Inkrafttreten des Gesetzes wurden bis zum Herbst 2016 63 486 Anträge gestellt, von denen der überwiegende Teil als gleichberechtigt anerkannt wurde. So lag 2015 die Ablehnungsquote nur bei 2,6 Prozent. Besonders groß war das Interesse bei den medizinischen Gesundheitsberufen wie Krankenpflegerinnen. Die Anerkennung vieler Berufe wie Erzieher oder Altenpflegerinnen liegt in der Zuständigkeit der Bundesländer, die inzwischen alle Landesanerkennungsgesetze verabschiedet haben. Eigentlich sollten mit dem Gesetz die Berufsabschlüsse von Migranten anerkannt werden, die bereits im Lande sind. Inzwischen ist es zu einem wichtigen Instrument zur Sicherung des Fachkräftebedarfs aus dem Ausland geworden. Auch bei der Arbeitsmarktintegration von Flüchtlingen gewinnt es immer mehr an Bedeutung. Bei der Anerkennung nach Ländern spielt Syrien bereits eine wichtige Rolle, angeführt wird die Liste von Rumänien, gefolgt von Polen und Bosnien/Herzegowina.

74. Was bringt das Integrationsgesetz? Wieder einmal im Eilverfahren wurde noch vor der Sommerpause 2016 eine wichtige migrationspolitische Maßnahme verabschiedet: das Integrationsgesetz, das unter dem Motto «Fördern und Fordern» steht. Die Bundesregierung stuft das Gesetz als «historisch» ein - ähnlich wie es die damalige Regierung mit dem Zuwanderungsgesetz im Jahre 2005 tat, das ebenfalls bereits unter dem Leitmotiv «Fördern und Fordern» lief. Was als «großer Wurf» dargestellt wurde, stieß bei Sozialverbänden und Nichtregierungsorganisationen auf Ablehnung als «Desintegrationsgesetz». Das Integrationsgesetz konzentriert sich auf Sprache und Zugang zum Arbeitsmarkt als wichtige Integrationsbereiche. Integration ist aber viel mehr, beinhaltet u. a. die Herstellung von Chancengleichheit und gesellschaftliche Teilhabe auf vielen Ebenen. Die Regierung erweckt den Eindruck, ein umfassendes Gesetzeswerk vorgelegt zu haben, das die Integration aller Migranten regelt. In Wirklichkeit konzentriert es sich auf die Flüchtlinge, die in den Jahren 2015/16 ins Land gekommen sind und bei denen Handlungsbedarf besteht. Sie sind aber nur ein kleiner Teil der über 17 Millionen Menschen mit Migrationshintergrund in Deutschland.

Kern des Gesetzes sind Änderungen bestehender bzw. Fortschreibungen vorhandener Gesetze. Sie betreffen das Aufenthaltsgesetz, das Asylbewerberleistungsgesetz oder auch das Sozialgesetzbuch. Als positiv zu bewerten ist die Rechtssicherheit, die jetzt für Jugendliche während der Ausbildung geschaffen wird. Auszubildende erhalten eine Duldung für die Gesamtdauer der Ausbildung. Wer in einem Betrieb bleibt, erhält ein Aufenthaltsrecht für zwei Jahre. Mehr Flüchtlinge sollen frühzeitig Integrationskurse besuchen. Flüchtlinge mit «guter Bleibeperspektive» – dabei wird allerdings dieser Kernbegriff aus dem Gesetz nicht definiert, wie die Integrationsbeauftragte der Bundesregierung Aydan Özoğuz im Vorfeld der Verabschiedung kritisierte – sollen leichter eine Arbeit aufnehmen können. Deshalb verzichtet die Arbeitsagentur für drei Jahre auf die Vorrangprüfung. Abhängig von der regionalen Arbeitsmarktlage wird nicht mehr geprüft, ob ein Deutscher oder gleichgestellter Arbeitnehmer vorrangig zu vermitteln ist. Junge Flüchtlinge mit guter Bleibeperspektive und andere Schutzsuchende sollen möglichst eine qualifizierte Berufsausbildung aufnehmen und absolvieren. Dazu wird die Ausbildungsförderung für sie ausgeweitet. Der Bund legt ein «Arbeitsmarktprogramm Flüchtlingsintegrationsmaßnahmen» (FIM) für 100 000 Asylbewerber auf. Geflüchtete können verpflichtet werden, gemeinnützige Aufgaben in den Unterkünften oder außerhalb etwa bei der Pflege von Grünanlagen anzunehmen. Sie erhalten eine Aufwandsentschädigung von 80 Cent pro Stunde, ähnlich den Ein-Euro-Jobs für Hartz-IV-Empfänger. Die FIM können bis zu sechs Monate dauern und bis zu 30 Stunden die Woche umfassen. Wer sich weigert, an solchen Maßnahmen teilzunehmen, muss mit Sanktionen wie Leistungskürzungen rechnen. Das Programm startete am 1. August 2016. Von 2017 bis 2020 stellt der Bund dafür jährlich 300 Millionen Euro zur Verfügung. Im Rahmen der Kritik, die aus dem Bundesrat am Integrationsgesetz kam, bemängelte Thüringen die Absenkung dieser Aufwandsentschädigung von 1,05 Euro auf 80 Cent, weil dies gegen den Gleichbehandlungsgrundsatz verstoßen würde.

Einen wichtigen Integrationsanreiz setzt die Bundesregierung bei der Erteilung einer unbefristeten Niederlassungserlaubnis. Diese bekommt nur, wer als anerkannter Flüchtling Integrationsleistungen wie den Nachweis von Deutschkenntnissen erbracht hat. Flüchtlinge müssen in den ersten drei Jahren in dem Bundesland bleiben, dem sie nach ihrer Ankunft zugewiesen wurden, was rückwirkend ab dem 1. Januar 2016 gilt. Die Bundesländer können Schutzberechtigten in diesen drei Jahren einen konkreten Wohnsitz zuweisen. Außerdem können sie den Flüchtlingen verbieten, in Ballungsräume zu ziehen, wobei es eine Härtefallregelung gibt. Besonders die neue Wohnsitzregelung, mit der die Bundesregierung die Integration erleichtern und vermeiden will, dass beispielsweise soziale Brennpunkte entstehen, ist auf Kritik gestoßen. Man wird abwarten müssen, wie die komplizierte Wohnsitzauflage in der Praxis gehandhabt wird und ob sie juristisch haltbar ist. UNHCR Deutschland erinnerte beispielsweise daran, dass die freie Wahl des Wohnsitzes für Flüchtlinge völkerrechtlich geschützt sei. Kurz vor der endgültigen Abstimmung wurden die Bestimmungen sogar noch verschärft. Die Möglichkeit, sich selbst angemessenen Wohnraum zu suchen und auch dorthin ziehen zu dürfen, wurde gestrichen. Erfahrungen, die früher mit Zuzugssperren in Ballungsräumen, vor allem mit der sogenannten Regionalsteuerung in Baden-Württemberg gemacht wurden, zeigen, dass sie wenig integrationsfördernd waren und den Zugang zum Arbeitsmarkt eher erschwert haben. Daher wurden diese Maßnahmen in Baden-Württemberg in den 1970er Jahren vor allem auf Druck der Wirtschaft, die Arbeitskräfte suchte, bald wieder aufgehoben. Wirtschaftliche Aspekte werden im Integrationsgesetz an mehreren Stellen hervorgehoben, auf die immer älter werdende Gesellschaft und den Fachkräftemangel hingewiesen, der durch Flüchtlinge teilweise abgedeckt werden könnte. So spiegeln sich im Integrationsgesetz arbeitsmarktpolitische Gesichtspunkte wider. Der Zuzug von Flüchtlingen wird offensichtlich auch als Arbeitsmigration gesehen.

Alles in allem ist das Integrationsgesetz (wieder einmal) ein Schritt in die richtige Richtung, vor allem auch was die angestrebten verbesserten Sprachangebote angeht. Allerdings war die Nachfrage seit dem Zuwanderungsgesetz in den letzten Jahren schon größer als das Angebot. Außerdem berichten Experten, dass es kaum Verweigerer gibt und dass bereits vorher Sanktionen wie die Streichung von Leistungen möglich waren. Das Integrationsgesetz bleibt Stückwerk, die

Umsetzung, die mit einem hohen bürokratischen Aufwand versehen ist, wird man kritisch begleiten müssen. Nachbesserungen bei den Bestimmungen, die mit heißer Nadel gestrickt wurden, sind vonnöten. Die Chance für ein Einwanderungsgesetz, das die Bereiche Arbeitsmigration, Flüchtlingsrecht und Integration in einem Guss regelt, wurde wieder einmal vertan. Das gilt auch für die Möglichkeit, das Thema Migration/Integration breit in der Öffentlichkeit zu diskutieren und die Weichen für die Zukunft im Einwanderungsland Deutschland zu stellen.

VIII. Kontroversen und Konflikte in Politik und Gesellschaft

75. War die Gastarbeiteranwerbung ein Fehler? Rückblickend hat sich die Anwerbung ausländischer Arbeitskräfte für Deutschland «gelohnt». Zwischen 1960 und 1970 gelang rund 2,3 Millionen Deutschen in einer Art Fahrstuhleffekt der Aufstieg von Arbeiter- in Angestelltenpositionen, weil die vielen ausländischen Arbeitskräfte, die zu jener Zeit ins Land geholt wurden, in der Hierarchie der deutschen Unternehmen ganz unten einstiegen. Nach Angaben des Bundesarbeitsministeriums verringerte sich auch die Arbeitszeit der deutschen Arbeitnehmer, da auf einmal genug Personal da war, um die anfallende Arbeit zu leisten. Das wirtschaftliche Wachstum, das im Nachkriegsdeutschland der 1950er Jahre eingesetzt hatte, schritt in den 1960er Jahren ungebremst voran. Dieses sogenannte Wirtschaftswunder ebenso wie der Aufbau der Sozialsysteme wären ohne die «Gastarbeiter» nicht möglich gewesen.

1971 war eine Situation eingetreten, in der die Beiträge zur staatlichen Rentenversicherung deutlich hätten erhöht werden müssen – wenn nicht auch die ausländischen Arbeitnehmer eingezahlt hätten, und zwar ohne bereits in entsprechendem Umfang Leistungen in Anspruch zu nehmen. Den von den ausländischen Arbeitnehmerinnen und Arbeitnehmern in die Rentenversicherung eingezahlten Beträgen stand nur rund ein Zehntel an Leistungen gegenüber. Die Rentenversicherung wurde also lange Zeit von den ausländischen Arbeitskräften geradezu subventioniert. Das «Rentenloch», damals schon beklagt, wäre ohne diese Beiträge nicht zu stopfen gewesen. Sich heutzutage noch darüber zu streiten, ob die Anwerbung von Gastarbeitern ein Fehler war, ist auch insofern müßig, als durch die Ausländerbeschäftigung ein Einwanderungsprozess stattgefunden hat, der nicht mehr rückgängig zu machen ist.

76. Was denkt die Mehrheitsgesellschaft über Einwanderung und Asyl? Für die Deutschen hat das Thema Zuwanderung einen hohen Stellenwert. 85 Prozent der Bundesbürger halten 2016 das Thema Zuwanderung und Integration sogar für eine der am dringendsten zu lösenden Aufgaben im Land. Diese Besorgnis hat sich im Vergleich zum Vorjahr mehr als verdoppelt. Die Sorge um Arbeitslosigkeit sinkt dagegen weiter ab: Bei den wichtigsten Herausforderungen stehen diese Ängste zwar mit großem Abstand auf Platz 2, aber nur 13 Prozent der Befragten sehen darin die größte Herausforderung für Deutschland. Zum Meinungsbild über Einwanderung und Asyl gibt es eine ganze Menge von Befragungen und Untersuchungen, die sich teilweise widersprechen und zu unterschiedlichen Ergebnissen kommen.

Nach einer Untersuchung der Universität Bielefeld ist die Stimmung in der Bevölkerung gegenüber Flüchtlingen deutlich besser, als oft vermutet wird. Immer wieder werden Stimmen laut, wonach die positive Grundstimmung gekippt sei, was nach den Umfragen bis zum Dezember 2016 zumindest nicht der Fall war. Die Gefahr besteht, dass eine solche Wende zum Negativen herbeigeredet wird. So äußert sich die Mehrheit der Befragten im Sommer 2016 wohlwollend oder zumindest in der Tendenz positiv zur Aufnahme von Flüchtlingen in Deutschland. Über die Hälfte - 56 Prozent - findet die Aufnahme gut, weitere 24 Prozent zumindest «teils-teils» gut, und über die Hälfte ist zuversichtlich, dass es der Gesellschaft gelingt, die aktuelle Lage zu bewältigen, ganz im Sinne von «Wir schaffen das». Nur 20 Prozent finden es «eher nicht» oder «überhaupt nicht» gut, dass Deutschland viele Flüchtlinge aufgenommen hat. Die Gesellschaft ist aber gespalten: In eine weltoffene Mehrheit und in eine kleine, aber lautstarke Minderheit, bei der menschenfeindliche Einstellungen vorherrschen. Eine kleine Minderheit fühlt sich persönlich durch Flüchtlinge in ihrer Lebensweise (6 Prozent) bzw. finanziell (7 Prozent) bedroht. Ein Viertel befürchtet ein Absinken des Lebensstandards in Deutschland. Für eine Obergrenze beim Zuzug von Flüchtlingen sind 53 Prozent, dagegen 34 Prozent. Feindliche Einstellungen gegenüber Minderheiten haben sich nach dieser Studie in den letzten beiden Jahren stabilisiert, während sie in den Jahren zuvor eher rückläufig waren. Rassistische und fremdenfeindliche Einstellungen sind ebenfalls gleich geblieben. Etwa 9 Prozent der Bevölkerung vertreten solche Einstellungen, werten Menschen aufgrund ihrer Hautfarbe oder Abstammung ab. Mehr als ein Drittel ist der Auffassung, in Deutschland würden zu viele Ausländer leben. 16 Prozent sind für eine Ausweisung von Ausländern in ihre «Heimat», wenn Arbeitsplätze knapp werden sollten. Feindliche Einstellungen gegenüber Sinti und Roma - etwa 25 Prozent - sind leicht rückläufig. Das Gleiche gilt für antisemitische Haltungen (rund 6 Prozent). Muslimfeindliche Einstellungen (19 Prozent) und die

Zustimmung zu Vorurteilen gegenüber Asylsuchenden sind weit verbreitet: Sie stiegen gegenüber 2014 von 44 auf 50 Prozent.

Zwischen ost- und westdeutschen Befragten bestehen gravierende Unterschiede. Fremdenfeindlichkeit, Muslimfeindlichkeit, die Abwertung von Sinti und Roma, asylsuchenden und wohnungslosen Menschen sind in den neuen Bundesländern viel stärker ausgeprägt als im Westen. Das bestätigt auch der Jahresbericht 2016 der Bundesregierung zur deutschen Einheit und prangert sehr deutlich an, dass Fremdenfeindlichkeit, Rechtsextremismus und Intoleranz eine große Gefahr für die gesellschaftliche, aber auch die wirtschaftliche Entwicklung der neuen Länder darstellen. Genauso wichtig wie diese deutliche Kritik wären eine Strategie und ein langfristiges Programm der Bundesregierung gegen diese Tendenzen in Ost und West, die nicht zu erkennen sind. Eine Sonderauswertung von Langzeitstudien des Mediendienstes Integration, der vom Rat für Migration herausgegeben wird, zeigt, dass muslimfeindliche Einstellungen nicht nur ein Phänomen der neuen Bundesländer sind, sondern bundesweit mehr oder weniger Zustimmung erhalten. Vorurteile könnten abgebaut werden, wenn nicht muslimische und muslimische Menschen miteinander in Kontakt kommen. Da es so wenig Muslime in Ländern wie Mecklenburg-Vorpommern gibt, ist das aber nur schwer möglich. Politische Bildung kann ein Forum für Begegnungen schaffen und Vorurteile abbauen helfen. Die Zivilgesellschaft und die zahlreichen Initiativen sollten dabei gestärkt und ermutigt werden. Es geht um das Image und die Zukunft nicht nur der ostdeutschen Bundesländer. Denkbar wäre eine Art Medienverbund, bei dem Medien, Erwachsenenbildung und viele Verbände zusammenarbeiten und gezielt grundlegende Daten und Fakten in die Öffentlichkeit bringen könnten. Migrantinnen und Migranten und ihre Verbände sollten unbedingt in einen solchen Pakt eingebunden werden.

Es liegen weitere Daten zum Thema Einwanderung und Asyl vor. So kommt eine Untersuchung an der Universität Leipzig, die seit 2002 sogenannte «Mitte»-Studien durchführt und durch eine Langzeitbeobachtung die Befindlichkeiten der deutschen Mittelschicht beleuchtet, zu etwas anderen Ergebnissen als die Studie aus Bielefeld. Diese Befragung zeigt, dass die Vorurteile, die Rechtsextremismus charakterisieren, nur minimal angestiegen sind. Sie verschieben sich aber von Migranten hin auf Asylbewerber, Muslime sowie auf Roma und Sinti. Die Autoren dieser Untersuchung sprechen von einer «enthemmten Mitte», wobei das Spektrum der Gesellschaft mit rechten bzw. autoritären Einstellungen gemeint ist. Dabei gaben immerhin fast 20 Prozent der Befragten an, dass sie bereit wären, sich mit körperlicher Gewalt gegen Fremde durchzusetzen, über 28 Prozent würden zwar nicht selbst handgreiflich werden, aber Gewaltanwendung gerne an andere, die «für Ordnung sorgen sollen», delegieren. Die Autoren kritisieren das ihrer Meinung nach zu laxe Verhalten der Sicherheitsbehörden gegenüber rechtsextremen Tatbeständen. Als positiv hebt der Bericht hervor, dass es heute anders als in den 1990er Jahren eine breite zivilgesellschaftliche Gegenbewegung gegen Fremdenfeindlichkeit und Rassismus gibt.

Interessante Daten und Fakten zum Stimmungsbild in der deutschen Bevölkerung liefert der Sachverständigenrat deutscher Stiftungen für Integration und Migration (SVR). Das Integrationsbarometer 2016, das allerdings Daten aus 2015 auswertet, belegt die ambivalente Haltung der Bevölkerung zur Flüchtlingszuwanderung. Zwar befürwortet eine deutliche Mehrheit frühe Integrationsmaßnahmen für Flüchtlinge, gleichzeitig nimmt jedoch die Sorge zu, dass die hohe Flüchtlingszuwanderung den Wohlstand in Deutschland bedroht. Die Aussage, dass der Islam ein Teil Deutschlands ist, wird mehrheitlich abgelehnt, so der SVR.

Das Thema Einwanderung und Asyl ist sehr stark von Emotionen geprägt. Die «gefühlte» Ausländerzahl ist oft viel höher als die tatsächliche. Die Ergebnisse von Meinungsumfragen werden gerade in diesem Bereich nicht selten schon von der Fragestellung beeinflusst. Wenn beispielsweise in der Frage schon «Meinung» enthalten ist, wie «Sind Sie nicht auch der Ansicht, dass zu viele Flüchtlinge zu uns kommen?», wirkt sich das natürlich auf das Ergebnis aus. Wenn zu Zeiten hoher Arbeitslosigkeit gefragt wurde, kam man zu ganz anderen Resultaten als in einer Zeit wirtschaftlichen Wohlstands. Sicher ist, dass das Meinungsspektrum gerade bei diesem Thema durch Politik und Medien im positiven wie im negativen Sinne beeinflusst werden kann.

Wie sieht nun die Stimmungslage unter den Migranten selbst aus? Nach Lebenszufriedenheit und Diskriminierung von Menschen mit Migrationshintergrund hat das Institut für Arbeitsmarkt und Berufsforschung gefragt. Danach hat insgesamt mehr als die Hälfte der Migranten schon Diskriminierungserfahrungen aufgrund ihrer Herkunft in Deutschland gemacht. Besonders oft wird von Diskriminierung bei der Arbeitsplatzsuche und durch Behörden berichtet. Auf der anderen Seite zeigt die Studie aber, dass sich die Lebenszufriedenheit von Migranten und Migrantinnen nicht von der Lebenszufriedenheit von Menschen ohne Migrationshintergrund unterscheidet.

77. Sind die meisten Einwanderer «Wirtschaftsflüchtlinge», findet eine Einwanderung in die Sozialsysteme statt? Die Unterstellung, Einwanderer - vor allem Flüchtlinge - würden in die Sozialsysteme einwandern, ist so alt wie die Ausländerbeschäftigung und wird immer wieder gerne, vor allem in Wahlkämpfen, wiederholt. So sagte der bayerische Ministerpräsident Franz Josef Strauß 1985: «Es strömen die Tamilen zu Tausenden herein. Und wenn sich die Situation in Neukaledonien zuspitzt, dann werden wir bald die Kanaken im Land haben.» Strauß warnte vor einer «Wohlstandsasylepidemie». Strauß wörtlich: «Wir können in Bayern nicht sagen: Kommt alle zu uns, die ihr mühselig und beladen seid, aus allen Ländern der Erde.» Dann würde man hier bald die Einwohnerzahl von China haben. Ganz im Sinne dieser Tradition donnerte Bayerns Ministerpräsident und CSU-Parteichef Horst Seehofer beim politischen Aschermittwoch seiner Partei 2011: «Wir werden uns gegen Zuwanderung in deutsche Sozialsysteme wehren - bis zur letzten Patrone.»

Der Mythos von der «Armutsmigration» betraf viele Jahre lang die Flüchtlinge und Asylbewerber. Mit der Erweiterung der Europäischen Union um zwölf Mitgliedstaaten Mittel- und Osteuropas in den Jahren 2004 bis 2007 verlagerte sich die Befürchtung, Zuwanderer würden das deutsche Sozialsystem ausnutzen, auf diese. Bereits der Beitritt von Estland, Lettland, Litauen, Malta, Polen, der Slowakei, Slowenien, Tschechien, Ungarn und Zypern im Jahre 2004 löste solche Ängste aus. Mit dem EU-Beitritt Bulgariens und Rumäniens im Jahr 2007 - insbesondere mit der Herstellung der vollkommenen Personenfreizügigkeit zum 1. Januar 2014 - verstärkte sich in der öffentlichen Debatte ein «Schreckgespenst» der Armutsmigration. 2014/15 gerieten durch die steigenden Flüchtlingszahlen die Asylbewerber wieder in den Fokus. Um die Zuwanderer aus Bulgarien und Rumänien war es ruhiger geworden.

Die Daten und Fakten widerlegen auf jeden Fall den Mythos der Armutsmigration. So hat Deutschland von der Erweiterungsrunde 2004 wirtschaftlich stark profitiert. Die Zahlen belegen zunächst einmal, dass Deutschland in den folgenden Jahren keineswegs, wie so oft vermutet, Hauptzielland für Einwanderer aus Bulgarien und Rumänien war. Nur 11 Prozent der Bulgaren und Rumänen, die in andere EU-Länder ausgewandert sind, kamen nach Deutschland. Nach einer Studie des Instituts der Deutschen Wirtschaft (IW) zählen Rumänen und Bulgaren eindeutig zur «qualifizierten Zuwanderung». Fast jeder Vierte (24,5 Prozent) hat einen Hochschulabschluss. In der Gesamtbevölkerung in Deutschland sind es nur 19 Prozent Akademiker. Die Arbeitslosenquote dieser Einwanderer und der Anteil der Bezieher von Sozialleistungen liegen deutlich unter den Zahlen der ausländischen Gesamtbevölkerung in Deutschland. Was den Bezug von Kindergeld angeht, so bleiben sie sogar hinter den Quoten der Gesamtbevölkerung zurück. Oft werden «Roma» und «Armutszuwanderer» gleichgesetzt. Die Zuwanderung aus Bulgarien und Rumänien ist aber keine «Roma-Zuwanderung», denn es gibt keine belastbaren Zahlen darüber, wie sich der Anteil der Migranten aus diesen beiden Ländern von ihrem Bevölkerungsanteil in den Herkunftsländern unterscheidet.

Die in Deutschland lebenden Ausländer sorgen für ein erhebliches Plus in den Sozialkassen. Zu diesem Ergebnis kommt eine Untersuchung des Zentrums für Europäische Wirtschaftsforschung (ZEW) im Auftrag der Bertelsmann Stiftung vom November 2014. Die Menschen ohne deutschen Pass sorgten 2012 für einen Überschuss von 22 Milliarden Euro. Jeder Ausländer zahlt pro Jahr durchschnittlich 3300 Euro mehr Steuern und Sozialabgaben, als er an staatlichen Leistungen erhält. Das Plus pro Kopf ist nach dieser Studie in den vergangenen zehn Jahren um über die Hälfte gestiegen. Einwanderer entlasten die Rentenkasse und helfen den Fachkräftemangel zu beseitigen. Für einen weiteren Anstieg seien bessere Bildungspolitik und eine gesteuerte Zuwanderung die wichtigsten Voraussetzungen. Zwei Drittel der Deutschen sind nach einer Umfrage der Bertelsmann Stiftung davon überzeugt, dass Zuwanderung die Sozialsysteme belaste. Die Stiftung macht deutlich, dass ihre Studie diese Auffassung widerlegt. Eine aktuelle Studie hat die Transferleistungen an von im Ausland und im Inland Geborene in 16 europäischen Ländern verglichen. Ergebnis: Wenn man Personen aus der Mehrheitsgesellschaft mit der Zuwanderergruppe mit ähnlichen sozialen und ökonomischen Merkmalen vergleicht, bestehen keine Unterschiede mehr, was die Wahrscheinlichkeit von Transferbezug wie Sozialhilfe angeht.

Auch was die Ansprüche von Unionsbürgern auf Sozialleistungen in Deutschland angeht, bestehen teilweise falsche Vorstellungen. So wird übersehen, dass EU-Bürger, die nach Deutschland kommen, in den ersten drei Monaten ihres Aufenthalts keinen Anspruch auf Sozialleistungen haben. Erwerbstätige behalten ihre Ansprüche im Fall einer unfreiwilligen Arbeitslosigkeit. Nichterwerbstätige sind aber prinzipiell von allen Sozialhilfeleistungen ausgeschlossen.

Auch wenn die «Einwanderung in die Sozialsysteme» in den Bereich der Mythen und Legenden gehört, so darf nicht übersehen werden, dass die Lage von Einwanderern aus Rumänien und Bulgarien in Städten wie Berlin, Duisburg, Dortmund, Frankfurt, Hamburg, Mannheim oder München prekär ist und zur Sorge Anlass gibt. Die Migrantinnen und Migranten werden teilweise ausgebeutet, arbeiten dort als Tagelöhner auf dem «Arbeiterstrich» oder als Prostituierte. In diesen sozialen Brennpunkten verzeichnen die Kommunen eine hohe Arbeitslosigkeit und einen starken Anstieg von Sozialleistungsempfängern in dieser Einwanderergruppe. Auf diese besorgniserregende Entwicklung in einigen deutschen Städten weist auch der Staatssekretärs-Ausschuss zu diesem Thema hin, der 2014 seinen Abschlussbericht vorlegte. Die Bundesregierung will den betroffenen Kommunen finanziell helfen und durch gesetzliche Maßnahmen Missbräuche ausschließen. Viele der geplanten Maßnahmen sind aber jetzt schon gängige Praxis und kein Neuland. Der hier zu beobachtende Aktionismus schlug sich auch in der Kampagne der CSU unter dem Motto «Wer betrügt, der fliegt» nieder.

Durch die hohe Zuwanderung von Flüchtlingen werden die Sozialsysteme belastet, das steht außer Frage. Wie sich das mittel- bis langfristig auf die Wirtschaft auswirken wird, hängt entscheidend davon ab, wie schnell über die Asylanträge entschieden wird und wie rasch es gelingt, die Flüchtlinge in Lohn und Brot zu bringen. Deutschkurse sowie Investitionen in Bildung und Ausbildung zahlen sich auf jeden Fall aus. Die Integration vor allem in das Bildungssystem und in den Arbeitsmarkt steht noch am Anfang, auch wenn integrationspolitische Maßnahmen erste Auswirkungen zeigen. Es ist nicht davon auszugehen, dass Flüchtlinge den Einheimischen die Arbeit wegnehmen. Die meisten sind, wenn sie Arbeit finden, zunächst im Niedriglohnsektor beschäftigt, in Berufen, in denen Deutsche kaum vertreten sind. Im Gegenteil: Es gibt Bereiche, in denen Arbeitskräfte gesucht und nicht gefunden werden. So weist das Institut der deutschen Wirtschaft 2016 beispielsweise darauf hin, dass in Deutschland ganz massiv Lkw-Fahrer fehlen. Unter der Überschrift «Flüchtlinge ans Steuer» schlägt das Institut vor, Flüchtlinge für diesen Beruf zu interessieren, um dem Fahrermangel zu begegnen.

Wie ist es nun um die Qualifikation der Flüchtlinge bestellt? Unter anderem dazu gibt eine repräsentative Befragung von Juni bis Oktober 2016 Auskunft. Daran beteiligt waren neben dem BAMF das Institut für Arbeitsmarkt- und Berufsforschung der Bundesagentur für Arbeit und das Deutsche Institut für Wirtschaftsforschung Berlin. Danach haben 58 Prozent der erwachsenen Flüchtlinge in ihren Herkunftsländern zehn Jahre und mehr in Schule, Ausbildung und Studium verbracht. Bei der deutschen Wohnbevölkerung sind es 88 Prozent. 37 Prozent der Flüchtlinge besuchten eine weiterführende Schule, 31 Prozent eine Mittelschule, zehn Prozent nur eine Grundschule und neun Prozent gar keine Schule. 31 Prozent waren auf Hochschulen oder beruflichen Bildungseinrichtungen, 19 Prozent erreichten einen Abschluss. Außerdem konnten viele der Befragten berufliche Fähigkeiten erwerben. 73 Prozent waren vor dem Zuzug nach Deutschland erwerbstätig, im Durchschnitt waren es 6,4 Jahre. Die Flüchtlinge haben hohe Erwartungen, was ihre schulische und berufliche Zukunft in Deutschland angeht. 46 Prozent streben einen allgemeinbildenden Schulabschluss in Deutschland an, 66 Prozent einen beruflichen Abschluss. Viele wollen zunächst arbeiten und erst später in Bildung und Ausbildung investieren. Die Arbeitsmarktintegration der Befragten ist noch gering, mit zunehmender Aufenthaltsdauer steigt aber die Erwerbstätigkeit.

Ein erstaunliches Ergebnis der Studie: In ihren Wertvorstellungen weisen Flüchtlinge viele Gemeinsamkeiten mit der deutschen Bevölkerung auf. 96 Prozent unterstützen die Aussage, dass «man ein demokratisches System haben sollte». 92 Prozent meinen, dass «gleiche Rechte von Männern und Frauen» ein Bestandteil von Demokratien sind. Es wurde auch nach den Fluchtursachen gefragt. Das Ergebnis: Viele Befragte nannten die Angst vor gewaltsamen Konflikten und Kriegen, gefolgt von Verfolgung, Diskriminierung und Zwangsrekrutierung. Ebenso häufig werden schlechte persönliche Lebensbedingungen und die wirtschaftliche Situation im Herkunftsland genannt.

78. Sind Ausländer krimineller als Deutsche? Nicht erst seit in der Silvesternacht in Köln Frauen von Migranten sexuell belästigt wurden, seit ein 17-jähriger Flüchtling in Freiburg eine Studentin getötet haben soll, seit dem Terroranschlag auf den Berliner Weihnachtsmarkt, steht das Thema «Ausländerkriminalität» im Brennpunkt. Einzeltäter werden verallgemeinert, Rechtsradikale erhalten Munition für ihre Behauptung, Ausländer seien krimineller als Deutsche und stellen alle Flüchtlinge unter Generalverdacht. Gerade in diesem so stark mit Ängsten besetzten Thema ist es schwer, mit Daten und Fakten zu überzeugen, Vorurteile abzubauen und auf das Bundeskriminalamt hinzuweisen, nach dessen Daten die weit überwiegende Mehrheit der Asylsuchenden keine Straftaten begeht. Im Jahr 2015 wurden 208 000 Straftaten von Asylbewerbern begangen. Bei zwei Drittel aller Taten hatten Täter und Opfer dieselbe Nationalität. Die zahlreichen Meldungen über gewalttätige Auseinandersetzungen in Flüchtlingsunterkünften verzerren das Bild vom «kriminellen Flüchtling». Erklärungen, dass junge Männer verschiedenster Nationalität oft monatelang auf engstem Raum zusammenleben und das zu Konflikten führt, bleiben oft aus. So auch die Tatsache, dass 65 Prozent der Straftaten von Flüchtlingen Eigentums- und Vermögensdelikte, darunter in der Mehrzahl Bagatelldelikte wie Schwarzfahren waren. Rohheitsdelikte wie Körperverletzung machten 18 Prozent aus. Straftaten gegen die sexuelle Selbstbestimmung lagen bei unter einem Prozent – Straftaten gegen das Leben bei 0,1 Prozent. Von Januar bis Juni 2016 sind die von Zuwanderern begangenen Straftaten insgesamt um 36 Prozent gesunken. Auch die Straftaten in Sammelunterkünften und Erstaufnahmeeinrichtungen haben bis Juni 2016 um 33 Prozent abgenommen. Die Quelle der weit verbreiteten Meinung, wonach Ausländer krimineller seien als Deutsche, findet sich in der Polizeilichen Kriminalstatistik (PKS). Darin wird aber nicht die Kriminalität erfasst, sondern die Zahl der Tatverdächtigen. Diese Daten dürfen also nicht mit der tatsächlichen Kriminalitätsentwicklung gleichgesetzt werden, wie das Bundeskriminalamt selbst betont. «Sie lassen auch keine vergleichende Bewertung der Kriminalitätsbelastung von Deutschen und Nichtdeutschen zu», so das Bundeskriminalamt weiter. Trotzdem wird die Polizeiliche Kriminalstatistik – eigentlich sollte sie «Tatverdachtsstatistik» heißen – als Grundlage genommen. Der Anteil der nichtdeutschen Tatverdächtigen stieg 2015 im Vergleich zum Vorjahr von

28,7 auf 38,5 Prozent. Das ist aber vor allem auf die hohen Flüchtlingszahlen und die damit verbundenen Delikte, die nur Ausländer begehen können, wie Verstöße gegen das Aufenthalts- oder Asylverfahrensgesetz, zurückzuführen. Wegen dieser Verzerrung der Statistik durch die Zuwanderung von Flüchtlingen wurde in der PKS 2015 zum ersten Mal zwischen «Straftaten insgesamt» und «Straftaten ohne ausländerrechtliche Verstöße» unterschieden. Ohne ausländerrechtliche Verstöße verringert sich der Anteil Nichtdeutscher an den Tatverdächtigen im Jahr 2015 von 38,5 auf 27,6 Prozent. Trotzdem ist die Zahl nicht deutscher Tatverdächtiger ohne ausländerrechtliche Verstöße um 12,8 Prozent auf 555 820 gestiegen, was auch mit der höchsten Nettozuwanderung im Jahr 2015 in der Geschichte der Bundesrepublik zusammenhängen dürfte. Bei einem Ausländeranteil von 8,9 Prozent erscheint der Anteil nichtdeutscher Tatverdächtiger (27,6 Prozent) als sehr hoch. Dieser Vergleich ist jedoch aufgrund verschiedener Faktoren unzulässig, was zu Verzerrungen zu Lasten der Ausländer führt. So werden beispielsweise bestimmte Gruppen wie Touristen oder Stationierungskräfte nicht in der Bevölkerungsstatistik mitgezählt. Wenn Mitglieder dieser Gruppen aber einer Straftat verdächtigt werden, tauchen sie in der PKS auf und verändern die Statistik zu Ungunsten der Ausländer. Einbrüche wurden beispielsweise in letzter Zeit oft von reisenden Kriminellen verübt, die nicht mit der hier ansässigen Migrationsbevölkerung gleichzusetzen sind, was aber wieder zu einer Schieflage in der Statistik führt.

Konkrete Aussagen zur Kriminalitätsbelastung von Ausländerinnen und Ausländern mit einem legalen Aufenthaltsstatus lassen sich aber nur dann machen, wenn Ausländer, die nur vorübergehend in Deutschland sind, herausgenommen werden. Dadurch verringert sich die Zahl der nichtdeutschen Tatverdächtigen. Auch die Zusammensetzung der Bevölkerungsgruppen erschwert den Vergleich. Ausländer sind im Verhältnis zur deutschen Wohnbevölkerung jünger. Der Anteil von Frauen ist geringer, sie leben mehr in Großstädten, gehören eher mit einem deutlich niedrigeren Bildungsniveau den unteren Einkommensschichten an – alles Faktoren, die dazu führen können, als Tatverdächtige in die Statistik zu geraten. Berücksichtigt werden muss auch, dass Ausländer aufgrund von Hautfarbe und anderen Merkmalen öfter in Polizeikontrollen und damit unter Umständen auch in die Tatverdächtigenstatistik geraten. Hinzu kommt, dass nichtdeutsche Tatverdächtige öfter angezeigt werden – die Anzeigequote fällt im Vergleich zu Deutschen um bis zu 18 Prozent höher aus.

Besonders Jugendliche aus Einwandererfamilien gelten häufig als kriminell und gewaltbereit. Dem widerspricht eine Langzeitstudie «Kriminalität in der modernen Stadt», wonach Jugendliche mit Migrationshintergrund nicht häufiger an Gewaltdelikten beteiligt sind als Jugendliche ohne Migrationshintergrund. Eine Untersuchung am Institut für Kriminalwissenschaften der Universität Münster belegt, dass die Kriminalitätsbelastung bei Jugendlichen nicht allein mit der Herkunft erklärt werden kann. Um die Gewalt und Kriminalität von jungen Migrantinnen und Migranten, die es zweifellos gibt und die nicht zu beschönigen ist, einzudämmen, muss mehr Sozialarbeit geleistet und die Bildungsbeteiligung gefördert werden. Sie lassen sich nicht allein durch polizeiliche Maßnahmen beseitigen.

79. Wie gefährlich sind Islamismus und Salafismus? Das Problem ist nicht der Islam als Religion, dem weltweit mehr als eine Milliarde Menschen angehören. Das Problem ist der Missbrauch der Religion für politische und demokratiefeindliche Zwecke, der Islamismus. Der Salafismus ist eine besonders radikale Strömung des Islamismus. Das arabische Wort «Salaf» heißt «Vorfahren» oder «Ahnen». Salafisten sagen von sich, dass sie ihren Lebensstil streng nach den Lehren des Korans ausrichten. Die wortwörtliche Auslegung des Korans und seine politische Ausrichtung machen die Salafisten gefährlich. Das Bundesinnenministerium unterscheidet zwischen politischen Salafisten, die Gewalt ablehnen, und denjenigen, die sie befürworten und einsetzen. Die deutschen Salafisten stützen sich auf Propagandatätigkeiten, um ihre Ziele zu erreichen. Nur eine Minderheit ist tatsächlich gewaltbereit. Allerdings sind – so der Verfassungsschutz – «fast alle in Deutschland bisher identifizierten terroristischen Netzwerkstrukturen und Einzelpersonen» salafistisch geprägt. Besonders auf Jugendliche übt der Salafismus eine große Anziehungskraft aus. Diese Ideologie gibt ihnen offensichtlich Halt im Leben. Sie finden eine Vaterfigur und scheinbar eine klare Orientierung. Verschiedene Aussteigerprogramme und Beratungsstellen versuchen die jungen Leute von diesem Irrweg abzuhalten.

Das Bundeskriminalamt schätzt die Zahl gewaltbereiter Islamisten auf rund 1000 Personen. Auch wenn es nur eine kleine Minderheit ist, so darf man die Gefahr nicht unterschätzen, die auch von sogenannten Rückkehrern ausgeht, islamistischen Kämpfern, die aus Europa in die Kriegsgebiete in Syrien oder im Irak reisen und dort gekämpft haben. Unter den Flüchtlingen könnten sich potentielle Terroristen befinden. Nach Angaben des Bundeskriminalamtes haben die Sicherheitsbehörden bis zum Herbst 2016 insgesamt 427 entsprechende Hinweise erhalten. Anschläge gingen von Flüchtlingen aus, auch wenn die meisten Terroristen, die 2016 in Europa Anschläge verübt haben, keine Flüchtlinge waren. Die offensichtlich islamistische Terrorattacke in Berlin hat Deutschland kurz vor Weihnachten 2016 erschüttert. Die Behörden mussten sich fragen lassen, wie es möglich war, dass sich nach geltendem Recht ein möglicher Straftäter wie Anis Amri lange Zeit in ganz Deutschland bewegen konnte, ohne Meldeauflagen und Abschiebungsanordnung. Wie schwierig es ist, solche Anschläge zu verhindern, zeigt der Fall, der sich kurze Zeit später in Israel, das durch seine Sicherheitsmaßnahmen weltweit bekannt ist, ereignete. Ähnlich wie in Berlin raste ein mutmaßlicher Terrorist in Jerusalem mit einem Lastkraftwagen in eine Gruppe israelischer Soldaten und töte mehrere Menschen.

80. Wird Deutschland islamisiert? Meist wird überhaupt nicht gesagt, was mit Islamisierung eigentlich gemeint ist. Offensichtlich ist es die Angst, die Zahl der Muslime in Deutschland nehme immer mehr zu und würde bald die Zahl der Deutschen übertreffen, das Land würde sozusagen von Muslimen «unterwandert». Davon kann aber in der Realität nicht die Rede sein. Es mangelt einfach an Daten und Fakten. So zeigen Umfragen immer wieder, wie wenig man in Deutschland über Muslime weiß. Ihre Zahl wird von 70 Prozent aller Befragten stark überschätzt. So ist ein Drittel der Befragten der Meinung, es gebe über zehn Millionen Muslime in Deutschland. Durch die Flüchtlinge stieg die Zahl der Muslime allerdings im Jahr 2015 wieder an. Die Zahl der Muslime wurde daher im Rahmen des Migrationsberichts 2015, veröffentlicht im Dezember 2016, neu berechnet. Sie ist schwer zu bestimmen, weil die Religionszugehörigkeit in amtlichen Registern nicht systematisch erfasst ist. Nach der aktuellen Hochrechnung lebten Ende Dezember 2015 zwischen 4,4 und 4,7 Millionen Muslime in Deutschland. Bei einer Einwohnerzahl von 82,2 Millionen ergibt sich ein Anteil der Muslime zwischen 5,4 und 5,7 Prozent. Nach einer früheren Hochrechnung des BAMF lebten im

Jahr 2008 zwischen 3,8 und 4,3 Millionen Muslime in Deutschland. Die Ursache für die überschaubaren Abweichungen zwischen den beiden Hochrechnungen liegt (wieder einmal) in der Statistik. Die Zahl der Einwohner in Deutschland wurde vor der Zensuserhebung von 2011 generell überschätzt (siehe Frage 2). In Deutschland lebten 2011 rund 1,5 Millionen weniger Einwohner als zuvor angenommen. Die Zahl der Muslime in der Hochrechnung von 2008 war daher deutlich überhöht. Die muslimische Bevölkerung ist aber in den letzten Jahren größer geworden. Seit der Zensuserhebung von 2011 bis Ende 2015 sind rund 1,2 Millionen muslimische Frauen und Männer nach Deutschland gekommen. Das muslimische Leben in Deutschland ist vielfältiger geworden. Bisher standen die Türkinnen und Türken im Mittelpunkt - ihr Anteil an den Muslimen ist auf 50,6 Prozent gesunken. Viele muslimische Zuwanderer kamen aus dem Nahen Osten, Südosteuropa sowie Süd-/Südostasien.

Vielleicht könnten wir in Deutschland beim Thema «Islamisierung» von einer kleinen Anekdote aus der Zeit lernen, als die ersten Muslime ins Nachkriegsdeutschland kamen. Zu Beginn der Anwerbung von muslimischen, vor allem türkischen Arbeitskräften bestand nämlich durchaus eine gewisse Aufgeschlossenheit und Neugier auf deutscher Seite gegenüber den Neuankömmlingen. So fand sogar - kaum zu glauben, aber wahr - am 3. Februar 1965 - «ein Tag, der Religionsgeschichte gemacht hat», wie eine Tageszeitung damals schrieb - eine Ramadan-Feier im Kölner Dom statt. «In den nördlichen Seitenschiffen des Doms feierten mehrere hundert Mohammedaner», wie es in einem Zeitungsbericht hieß, das Ende des Fastenmonats. «Muselmanen beten im Kölner Dom», so die Überschrift in der Wochenzeitung DIE ZEIT. Gleichzeitig verweigerten aber Kölner Lokale den fast 2000 Türken in der Domstadt den Zutritt. Schilder hingen an Kneipentüren mit der Aufschrift: «Wegen Schwierigkeiten mit ausländischen Gästen für Türken Lokalverbot». DIE ZEIT beendete damals ihren Bericht wie folgt: «Das ist die Wirklichkeit 1965, Theorie und Praxis der Nächstenliebe, das ist die Spanne zwischen Konzil und Köln: Die Kirche reißt jahrhundertalte Mauern nieder, die Bürger selber richten sie wieder auf.» Eine Ramadan-Feier im Kölner Dom - so etwas hat es seither in Deutschland nicht mehr gegeben - wäre vielleicht aber ein Zeichen gegen Islamisierungsängste im Lande.

81. Ist der Islam Teil Deutschlands? Als Bundesinnenminister stellte Wolfgang Schäuble (CDU) 2006 wörtlich fest: «Der Islam ist Teil Deutschlands und Teil Europas. Er ist Teil unserer Gegenwart, und er ist Teil unserer Zukunft.» Diese Äußerungen wurden damals kaum kritisiert. Bundespräsident Christian Wulff (CDU) sprach in seiner Antrittsrede am 2. Juli 2010 von einer «Bunten Republik Deutschland». Noch als Ministerpräsident von Niedersachsen hatte er die erste türkischstämmige Ministerin in Deutschland, Aygül Özkan, als Ministerin für Soziales, Frauen, Familie, Gesundheit und Integration eingesetzt. Als Bundespräsident wiederholte er, was Schäuble gesagt hatte, nämlich, dass der Islam zu Deutschland gehöre. Das löste diesmal eine Kontroverse aus. Der damalige Bundesinnenminister Dr. Hans-Peter Friedrich (CSU) distanzierte sich im März 2011 von den Worten des Bundespräsidenten. Kurz nach seinem Amtsantritt sagte er, dass die in der Bundesrepublik lebenden Menschen islamischen Glaubens natürlich zu Deutschland gehören. «Aber dass der Islam zu Deutschland gehört, ist eine Tatsache, die sich aus der Historie nirgends belegen lässt», fügte er hinzu. Bundeskanzlerin Angela Merkel stellte dagegen im Januar 2015 klar: Der Islam ist Teil Deutschlands. Allerdings ist diese Aussage nach wie vor selbst in der CDU umstritten. So widersprach Sachsens Ministerpräsident Stanislaw Tillich (CDU): «Ich teile diese Auffassung nicht. Muslime sind in Deutschland willkommen und können ihre Religion ausüben. Das bedeutet aber nicht, dass der Islam zu Sachsen gehört.» Thüringens Ministerpräsident Bodo Ramelow (Die Linke) schloss sich dagegen der Meinung der Bundeskanzlerin an: «Die 7000 Muslime in Thüringen gehören zu Thüringen. Also gehören auch deren Glauben und die Verteidigung ihres Glaubens zu Thüringen. Das Grundgesetz sieht Glaubensgewährung für jeden vor. Heißt also ausdrücklich: Auch der Islam gehört zu Thüringen.»

Ob der Islam nun Teil Deutschlands ist oder nicht – das bleibt sicher weiterhin ein Diskussionsthema. Im Endeffekt ist es eigentlich Haarspalterei. Muslime und damit auch ihr Glauben sind nun einmal ein Teil Deutschlands. Der Satz, den Wolfgang Schäuble geprägt hat, beschreibt nichts anderes als die Realität der Einwanderungsgesellschaft Deutschland.

82. Was sind Parallelgesellschaften? Der Begriff «Parallelgesellschaft» bezieht sich ursprünglich auf Länder des früheren Ostblocks und die Versuche von Oppositionsgruppen, eigene und unabhängige gesellschaftliche Institutionen wie Verlage oder Gewerkschaften aufzubauen. Das Wort hatte also zuerst eine positive Bedeutung, wurde es doch mit dem Widerstand gegen kommunistische Staaten verbunden. Erst in den 1990er Jahren fand es Eingang in die Migrationsdiskussion in Deutschland – mit negativen Vorzeichen, verbunden mit der Vorstellung der freiwilligen, bewussten Abkapselung, der Integrationsverweigerung, Ghettoisierung, von Ehrenmorden bis hin zu eigenen Gesetzen und Gerichten, Normen und Regeln. Eingeführt in diesem Sinne hat ihn ein Sozialwissenschaftler, Wilhelm Heitmeyer, der allerdings den Begriff dann auch auf andere Bevölkerungsgruppen ausdehnte, indem er sagte: «Es gibt eine elitäre Parallelgesellschaft, in der ein eisiger Jargon der Verachtung herrscht und kaum Interesse an gesellschaftlichen Integrationsproblemen.» Damit meinte er die abgeschottete Klasse von wohlhabenden Deutschen. Es wird zwar viel über «Parallelgesellschaft» gesprochen in Deutschland, aber meist (wieder einmal) nicht gesagt, was darunter verstanden wird. Kein Wunder, denn es bestehen wenig aussagekräftige Erkenntnisse, die dieses Phänomen belegen könnten. Auch wenn es Anzeichen für solche Entwicklungen gibt, so zeigen doch Untersuchungen, dass die Mehrzahl der Migranten und Migrantinnen eben nicht in «Parallelgesellschaften» lebt.

Ein kleiner Ausflug in die deutsche Auswanderergeschichte ist beim Thema «Parallelgesellschaft» erhellend. In der Mitte des 19. Jahrhunderts lebten allein etwa 120 000 eingewanderte Deutsche in New York, die meisten davon im «Kleindeutschland». New York war damals die drittgrößte deutschsprachige Stadt der Welt – nach Berlin und Wien. Es erschienen in New York vier deutsche Tageszeitungen – mehr als in Berlin. Ein Chronist – der schwäbische Pfarrer und Schriftsteller Carl Theodor Griesinger – schrieb damals: «Es geht aber echt zu im Deutschländle, so deutsch wie in Deutschland selbst. Der Bäcker ist so gut deutsch wie der Metzger und der Metzger so gut wie der Apotheker. Allerdings sind es lauter Kleingeschäfte, die allda getrieben werden, allein kein einziges befindet sich in anderen Händen als in deutschen. Nicht bloß der Schuhmacher, der Schneider, nicht bloß der Rasierer und der Doktor, nicht bloß der Krämer und der Wirt, nein, auch der Pfarrer ist hier deutsch, und damit dem Deutschtum die Krone aufgesetzt werde, trifft man sogar eine deutsche Leihbibliothek da. Wer also in Kleindeutschland wohnt, braucht keine Silbe englisch zu verstehen und kommt doch fort.»

So viel zu der deutschen «Parallelgesellschaft» in Amerika. Aus der deutschen Auswanderungsgeschichte können wir nicht nur lernen, dass Integration Zeit, zwei bis drei Generationen, braucht, bis Zuwanderer wirklich eine neue Heimat gefunden haben. Aus ihr lässt sich außerdem ablesen, dass man zunächst einmal gerne unter Landsleuten bleibt, die einem Sicherheit geben und in der Fremde weiterhelfen. Deshalb sollten solche Siedlungsgebiete nicht gleich als «Ghettos» abgetan werden. Sie können ein Sprungbrett in die Aufnahmegesellschaft sein. Nur wenn man sich auf Dauer in diesen Bezirken – meist sind es Stadtgebiete – abkapselt, ohne Kontakt mit Einheimischen, lebt man in einer anderen Welt und wird nicht heimisch werden. Diese ethnischen Kolonien sind auch keine Dauereinrichtung. So sind die Kleindeutschlands oder Little Italys in New York verschwunden. Neue Einwanderer aus Asien, Mexiko oder aus Russland haben neue Viertel gegründet.

Sicher ist, dass «Wohnen» und Integration eng zusammenhängen. Oftmals herrscht dabei das Bild vor, die Mehrheit der Migranten würde in den Ballungsräumen und in Großstädten in bestimmten Vierteln wohnen. Aber nur knapp die Hälfte (rund 47 Prozent) der Eingewanderten – so Studien von Frank Gesemann, Experte auf diesem Gebiet – lebt in Großstädten mit mehr als 100 000 Einwohnern. Die Mehrheit (53 Prozent) wohnt in Klein- und Mittelstädten oder Gemeinden mit weniger als 5000 Einwohnern, was in der öffentlichen Diskussion über Integration kaum wahrgenommen wird. Die Mehrzahl der Migranten lebt in Mehrfamilienhäusern zur Miete und hat weniger Wohnraum zur Verfügung als Einheimische. Der Anteil des selbst genutzten Wohneigentums ist bei der Bevölkerung mit Migrationshintergrund (rund 26 Prozent) wesentlich geringer als in der Bevölkerung ohne Migrationshintergrund (47 Prozent).

Die Wissenschaft spricht von «ethnischer Segregation» und meint damit die räumliche Konzentration der Bevölkerung mit Migrationshintergrund in Städten und einzelnen Stadtteilen. Im europäischen und internationalen Vergleich ist so etwas in Deutschland eher gering ausgeprägt. Stadtviertel mit einem hohen Einwandereranteil sind meist gemischt, was ihre Zusammensetzung nach Nationalitäten angeht. Problematisch ist aber, wenn diese ethnische Segregation mit einer sozialen Benachteiligung verbunden ist. Zwei Drittel der

Migranten leben in solchen sozial benachteiligten Wohnquartieren, eine Herausforderung für die Integrationspolitik, auch wenn nicht nur das Wohnen und der Wohnort für die Integration entscheidend sind, sondern der Zugang zu allgemeiner Bildung und zur beruflichen Qualifikation.

83. Worum geht es beim «Kopftuchstreit»? Wie schwer man sich in Deutschland mit dem Thema «Kopftuch bei muslimischen Frauen» tut, zeigte selbst das höchste deutsche Gericht. Am 13. März 2015 korrigierte das Bundesverfassungsgericht in Karlsruhe sein eigenes Urteil zum Kopftuchverbot für Lehrkräfte aus dem Jahre 2003. Mit ihrem jüngsten Urteil erklärten die Verfassungsrichter, dass ein pauschales Kopftuchverbot für Lehrkräfte nicht mit der Religionsfreiheit vereinbar ist. Eine Lehrerin und eine Sozialarbeiterin aus Nordrhein-Westfalen, zwei Muslima mit deutscher Staatsangehörigkeit, hatten gegen das nordrhein-westfälische Schulgesetz geklagt. Danach dürfen Lehrerinnen und Lehrer in der Schule «keine politischen, religiösen, weltanschaulichen oder ähnliche äußere Bekundungen abgeben, die geeignet sind, die Neutralität des Landes oder den Schulfrieden zu gefährden oder zu stören». Ähnliche Gesetze sind in acht Bundesländern erlassen worden, nachdem das Bundesverfassungsgericht dies in seinem Urteil aus dem Jahr 2003 selbst gefordert hatte. Im März 2015 wiesen die Richter jedoch darauf hin, dass der Eingriff in die Glaubensfreiheit der Beschwerdeführerinnen schwer wiegt. Ein Verbot des Kopftuchs im Schuldienst könne für sie sogar den Zugang zum Beruf verstellen. Dass auf diese Weise zurzeit faktisch muslimische Frauen von der qualifizierten beruflichen Tätigkeit als Pädagoginnen ferngehalten würden, stehe zugleich in einem rechtfertigungsbedürftigen Spannungsverhältnis zum Gebot der tatsächlichen Gleichberechtigung von Frauen. Aufgabe namentlich der als «bekenntnisoffen» bezeichneten Gemeinschaftsschule sei es, «den Schülerinnen und Schülern Toleranz auch gegenüber anderen Religionen und Weltanschauungen zu vermitteln. Dieses Ideal muss gelebt werden dürfen, auch durch das Tragen von Bekleidung, die mit Religionen in Verbindung gebracht wird, wie neben dem Kopftuch etwa die jüdische Kippa, das Nonnen-Habit oder auch Symbole, wie das sichtbar getragene Kreuz. [...] Vom Tragen eines islamischen Kopftuchs geht für sich genommen noch kein werbender oder gar missionierender Effekt aus.» So weit das Bundesverfassungsgericht, das damit zwar nur Teile des nordrhein-westfälischen Schulgesetzes für verfassungswidrig erklärte. Aber auch das Kopftuchverbot in anderen Bundesländern muss nach dieser Entscheidung überarbeitet werden, denn die Karlsruher Richter halten ein Verbot nur dann für gerechtfertigt, wenn durch das Tragen eine «hinreichend konkrete Gefahr» für den Schulfrieden oder die staatliche Neutralität ausgehe. Eine abstrakte Gefahr alleine reiche nicht aus. Die Richter verlagern die Klärung der umstrittenen Frage damit letztendlich in die Schulen, die entscheiden müssen, wann der Schulfrieden bedroht ist. Dann kann das Kopftuch immer noch untersagt werden. Im Verfassungsgericht selbst war das Urteil umstritten. Zwei der acht Richter distanzierten sich von dem Urteil. Im Juni 2016 erklärte das Augsburger Verwaltungsgericht das Kopftuchverbot für Rechtsreferendarinnen in Bayern für unzulässig. Das Gericht gab damit einer muslimischen Jurastudentin recht, die seit 2014 im sogenannten Vorbereitungsdienst bei der Justiz ist und dabei die Auflage erhalten hatte, bei Auftritten mit Außenwirkung auf das Kopftuch zu verzichten. Im November 2016 erlaubte das Bundesverfassungsgericht einer Muslimin, als Erzieherin in einem öffentlichen Kindergarten ein Kopftuch zu tragen. Die 2. Kammer des Ersten Senats entschied einstimmig, dass durch die anderslautenden Urteile des Bundesarbeitsgerichts und des baden-württembergischen Landesarbeitsgerichts die Frau in ihren Grundrechten verletzt wurde.

Zwei neue Untersuchungen zeigen, dass die Mehrheit der Bevölkerung das «Kopftuchthema» gelassener sieht als die Gesetzgeber in den Bundesländern, die ein Kopftuchverbot eingeführt hatten. Eine bundesweite Studie zum muslimischen Kopftuch, die vom Ministerium für Integration Baden-Württemberg am 13. März 2015, am Tag der Entscheidung des Bundesverfassungsgerichts, veröffentlicht wurde, macht deutlich, dass ein knappes Drittel (31 Prozent) der Bevölkerung es ablehnt, wenn muslimische Frauen Kopftücher tragen. Der großen Mehrheit (62 Prozent) ist es «egal», ob eine Muslima ein Kopftuch trägt. Eine Minderheit (7 Prozent) findet es «gut». Dabei unterscheidet sich die Meinung der Bevölkerung danach, in welchem Kontext ein Kopftuch getragen wird. Am Tragen eines Kopftuchs bei einer Ärztin stören sich nur 20 Prozent der Bürgerinnen und Bürger in Baden-Württemberg – bundesweit sind es 22 Prozent. Bei Lehrerinnen sind es bereits 40 Prozent (bundesweit 55 Prozent), bei einer Nachrichtensprecherin im Fernsehen ist es sogar eine Mehrheit von

53 Prozent (bundesweit 50 Prozent). Trotz der alles in allem toleranten Haltung zum Kopftuch sind 68 Prozent der Befragten im Südweststaat der Meinung, dass muslimische Kopftuch sei ein Hindernis für die Gleichstellung von Mann und Frau. Drei Viertel (75 Prozent) sehen im Kopftuch bei den muslimischen Frauen eine Beeinträchtigung der Integration. Bundesweit ist die Skepsis etwas geringer (71 Prozent). Am Tag der Veröffentlichung der Entscheidung des Bundesverfassungsgerichts wurde eine zweite Studie veröffentlicht, die die Meinung der jungen Leute in Deutschland widerspiegelt. Danach finden 71 Prozent der 16- bis 25-Jährigen in Deutschland, dass Lehrerinnen das Recht zugestanden werden soll, im Unterricht ein Kopftuch zu tragen. Bei denjenigen, die selbst noch Schüler sind, sprechen sich sogar mehr als drei Viertel gegen ein Kopftuchverbot aus. Bei älteren Befragten tun dies 48 Prozent. Allerdings meinen 26 Prozent der jungen Befragten, wer ein Kopftuch trage, könne nicht deutsch sein. Bei den älteren Erwachsenen denken 40 Prozent so.

Die Debatte um das Kopftuch wird sicher auch nach dem Urteil aus Karlsruhe weitergehen. Der Zentralrat der Muslime begrüßte die Entscheidung. Frau Prof. Dr. Yasemin Karakaşoğlu, Erziehungswissenschaftlerin an der Universität Bremen, sagte, sie freue sich für ihre muslimischen Lehramtskandidatinnen. Der überwiegende Teil von Musliminnen in Deutschland, die Lehramt studieren oder im Schuldienst sind, trage kein Kopftuch. Bei Lehrenden in Großbritannien werde die unterschiedliche Bekleidung als Ausdruck der gesellschaftlichen Multikulturalität verstanden. So ist das Kopftuch auch ein Thema in anderen europäischen Ländern: Frankreich hat 2004 muslimischen Schülerinnen verboten, im Schulunterricht ein Kopftuch zu tragen. Im Jahre 2011 trat sogar ein Vollverschleierungsverbot in Kraft, was vom Europäischen Gerichtshof für Menschenrechte 2014 für rechtens erklärt wurde.

Sicher geht es bei dem Kopftuchstreit um mehr als nur eine Kopfbedeckung, nämlich um das grundsätzliche Verständnis einer Einwanderungsgesellschaft und das Verhältnis zum Islam. Seit dem Kopftuchverbot von 2003 hat sich offensichtlich auch einiges in der Gesellschaft verändert, was sich im Urteil des Verfassungsgerichts niederschlägt.

Gegenüber dem Kopftuch hat sich in Deutschland allem Anschein nach eine Toleranz entwickelt. Die Burka, die Ganzkörperverhüllung, oder der Niqab (Gesichtsschleier) dagegen stoßen vielfach auf Unverständnis. Ob sich für ein Verbot wie in Frankreich eine politische Mehrheit finden könnte, ist fraglich. Bereits 2010 stellte ein Gutachten des Wissenschaftlichen Dienstes des Bundestages, das der CSU-Bundestagsabgeordnete Johannes Singhammer in Auftrag gegeben hatte, fest: Ein generelles Burka-Verbot im öffentlichen Raum verstoße gegen das Neutralitätsgebot des Grundgesetzes und lasse sich verfassungsrechtlich nicht rechtfertigen. Nicht einmal mit einer Verfassungsänderung könne der Schleier von Straßen und Plätzen ferngehalten werden. Ein Verbot der Vollverschleierung könnte auch beim Bundesverfassungsgericht in Karlsruhe auf Bedenken stoßen. In ihrem Urteil zum Kopftuch deuten die Richter schon etwas in diese Richtung an, wenn sie schreiben, die nur visuelle Wahrnehmbarkeit des Kopftuchs sei in der Schule ebenso hinzunehmen, «wie auch sonst grundsätzlich kein verfassungsrechtlicher Anspruch darauf besteht, von der Wahrnehmung anderer religiöser oder weltanschaulicher Bekenntnisse verschont zu bleiben». Man schätzt, dass es bundesweit 80 bis 100 voll verschleierte Frauen gibt. Die meisten sind deutsche Konvertiten, also Frauen, die zum Islam übergetreten sind.

84. Wie verbreitet sind Fremdenfeindlichkeit und Rechtsextremismus in Deutschland? Rechtspopulistische Einstellungen haben sich in Deutschland in der Mitte der Gesellschaft etabliert. So mussten Vertreter der deutschen Regierung 2015 vor dem zuständigen UN-Ausschuss in Genf einräumen, dass Rassismus in Deutschland 70 Jahre nach der Zerschlagung des Nationalsozialismus nicht allein in der rechtsextremen Szene anzutreffen sei. Angesichts fremdenfeindlicher Anschläge und Hassparolen bei PEGIDA-Demonstrationen versprach die Bundesregierung ein stärkeres Engagement gegen alle Formen von Rassendiskriminierung in Deutschland.

Der Anteil der Wähler, die mit rechtspopulistischen Forderungen etwas anfangen können, liegt in Westeuropa allgemein zwischen 10 und 30 Prozent. Islam und Einwanderung sind die wichtigsten Themen der europäischen Rechtsparteien, die um ihre Gunst buhlen. In der Bundesrepublik verzeichnet die rechte Alternative für Deutschland (AfD) Wahlerfolge nicht nur bei den Europawahlen, sondern auch bei Landtagswahlen.

Das ist allerdings kein neues Phänomen: So saßen bereits die DVU (Deutsche Volksunion) und die sogenannten Republikaner früher in Landesparlamenten, die mit ausländerfeindlichen Parolen Wahlerfolge erzielten. Der rechtsradikalen NPD (Nationaldemokratische Partei Deutschlands) gelang zwischen 1966 und 1968 der Einzug in sieben deutsche Landtage. In Baden-Württemberg erreichte die Partei 1968 überraschend fast 10 Prozent der Stimmen. Mit einem festen Wählerpotential von über 10 Prozent für rechtspopulistische Parteien ist in Deutschland seit Langem zu rechnen. Eine SINUS-Studie im Auftrag der Bundesregierung offenbarte bereits 1979/80, dass 13 Prozent der Bundesbürger ein geschlossenes rechtsextremistisches Weltbild haben.

Wellen der Ausländerfeindlichkeit in unterschiedlicher Stärke gehören fast schon zur «Normalität» in einer Einwanderungsgesellschaft und sind weltweit, nicht nur in Deutschland, verbreitet. Sie kommen und gehen, man muss damit leben. Das heißt aber nicht, dass wir sie hinnehmen sollten, sondern dass wir sie bekämpfen müssen, weil sie nicht in die politische Kultur im Integrationsland Deutschland passen. Zur Geschichte der Fremdenfeindlichkeit gehört das Buch «Die Türken - Geschichte und Gegenwart» des rechtskonservativen Chefs der Republikaner, Franz Schönhuber, in dem er 1989 gängige Vorurteile gegenüber den Türken bediente. Oder das sogenannte Heidelberger Manifest deutscher Professoren vom 17. Juni 1981. Zahlreiche Intellektuelle wandten sich darin gegen die - wie es hieß - «Unterwanderung des deutschen Volkes» durch Ausländer, gegen die «Überfremdung unserer Sprache, unserer Kultur und unseres Volkstums». Ausländerfeindlichkeit schlug sich Anfang der 1980er Jahre in sogenannten Bürgerinitiativen «Ausländer-Stopp» nieder. Unter Androhung von Anschlägen und mit Parolen «Deutschland den Deutschen!» versuchte beispielsweise 1982 in Baden-Württemberg eine ausländerfeindliche Gruppe, Firmen zu erpressen. Sie verlangte die Entlassung ausländischer Arbeitnehmer.

Nicht in Vergessenheit geraten darf auch die fast schon pogromartige Stimmung mit Brandstiftungen und gewalttätigen Ausschreitungen gegenüber Ausländern in Hoyerswerda, Mölln oder in Solingen Anfang der 1990er Jahre. Deutschland verzeichnet ausländerfeindliche Anschläge mit insgesamt 180 Toten seit 1990. Das Land wurde durch die Mordserie des NSU (Nationalsozialistischer Untergrund) und durch das klägliche Versagen der Sicherheits- und Ermittlungsbehörden erschüttert. Ziel dieser Vereinigung mit zehn Morden war «vor allem Mitbürger ausländischer Herkunft töten».

Fremdenfeindlich motivierte Straftaten haben sich in Deutschland auf einem hohen Niveau eingependelt: Bei den Straftaten waren es 16 000 im Jahre 2011 und bei den Gewalttaten 755, was mehr als dem Zehnfachen bzw. dem Vierfachen der Zahlen aus den 1980er Jahren entspricht. Die Straf- und Gewalttaten gegen Asylunterkünfte stiegen 2015 insgesamt auf 1031, eine Steigerung um 418 Prozent gegenüber dem Vorjahr. Darin enthalten sind 177 Gewalttaten. Im Jahre 2015 setzten Neonazis offensichtlich gezielt Anschläge auf Asylbewerberheime dazu ein, um bundesweit ein Signal zu setzen. Anwohner fürchten sich in der Folge weniger vor der Unterbringung von Flüchtlingen als vor Rechtsradikalen, die Protestmärsche organisieren und gewalttätig werden könnten. Politiker wurden wegen ihres Engagements für Flüchtlinge angefeindet. Bundesweit für Aufsehen sorgte im März 2015 der Rücktritt des ehrenamtlichen Bürgermeisters des Ortes Tröglitz in Sachsen-Anhalt, der wegen der geplanten Aufnahme von Flüchtlingen bedroht worden war und sich unzureichend geschützt fühlte. Ein neueres Beispiel, wie Vorurteile gegenüber Fremden – ob bewusst oder unbewusst spielt keine Rolle – geschürt werden können, sind die Bücher von Thilo Sarrazin, dem früheren Berliner Finanzsenator und Vorstandsmitglied der Deutschen Bundesbank, der auch SPD-Mitglied ist. Untersuchungen, Daten und Fakten widerlegen das Horrorszenario der Schriften, beispielsweise dass die Deutschen durch die Zuwanderung bald in der Minderheit sein werden.

Der damalige Vorsitzende der rechtsextremen NPD, Udo Voigt, sieht sich und andere Rechtsextreme durch die Thesen von Thilo Sarrazin bei künftigen Prozessen wegen Volksverhetzung geschützt. Gegenüber dem ARD-Politikmagazin «Report Mainz» sagte Voigt: «Unsere Aussagen werden damit salonfähiger, und es ist dann immer schwerer, Volksverhetzungsverurteilungen gegen NPD-Funktionäre anzustreben, wenn wir uns zur Ausländerpolitik äußern, wenn sich etablierte Politiker auch trauen, das zu äußern.» So haben Sarrazin und andere Autoren und Autorinnen sicher Argumentationshilfen und «Munition» für Rechtsradikale geliefert. Wegbereiter für PEGIDA und andere Bewegungen sind Sarrazin und andere aber nur bis zu einem gewissen Grade, die Wurzeln dafür reichen viel tiefer.

Wellen der Empörung löste ein Satz des Bundesbankvorstandes in einem Interview mit der «Welt am Sonntag» (29.8.2010) aus, in dem er sagte: «Alle Juden teilen ein bestimmtes Gen, Basken haben bestimmte Gene, die sie von anderen unterscheiden.» Die katholische Kirche kritisierte diese Ansicht scharf. «Solche Formulierungen sind geeignet, latent vorhandenen Rassismus mit allen darin enthaltenen Vorurteilen zu bedienen», sagte der Vorsitzende der Migrationskommission der Deutschen Bischofskonferenz, Bischof Norbert Trelle. Das Buch sei «ein Schritt vom dumpfen Rassismus zum intellektuellen Rassismus», so Kenan Kolat, der Vorsitzende der Türkischen Gemeinde in Deutschland. Es löste eine bisher einmalige Diskussion um die Integrationspolitik in Deutschland aus. Selbst der Konsens, dass wir ein Einwanderungsland sind, geriet ins Wanken. Auf die Frage, ob Deutschland Einwanderungsland sei oder nicht, antwortete Bundeskanzlerin Merkel: «Eigentlich war es das nur zwischen den 1950er Jahren und 1973.»

Mehr Gelassenheit wäre auch in der Sarrazin-Debatte und ähnlichen Diskussionen wünschenswert, genauso wie die Hinnahme der Tatsache, dass Einwanderung stets mit Problemen und Konflikten verbunden ist. Ständig diese Probleme in den Mittelpunkt zu stellen, meist ohne Lösungen aufzuzeigen, geschweige denn sie umsetzen, ist nicht zielführend. Genauso wenig hilft es weiter, wenn dabei das Bild einer scheinbar heilen Welt ohne Einwanderungsprobleme als ein «Deutschland nur mit Deutschen», das es nie gegeben hat, als Ideal und Gegenstück zum Einwanderungsland Deutschland vorgegaukelt wird.

85. Ist die Integration gescheitert? Beim Thema Integration rächen sich die Fehler der Vergangenheit, die Illusion, in keinem Einwanderungsland zu leben und deshalb auch keine entsprechenden Maßnahmen vor allem in der Förderung schulischer Leistungen ergriffen zu haben. Integrations- und Sprachkurse werden erst 2005 angeboten – unmöglich, die Versäumnisse eines halben Jahrhunderts in einem Jahrzehnt wettzumachen. Durch die Anwerbung von Arbeitskräften mit geringer Schulbildung und niedrigen Berufsabschlüssen entstand eine soziale Unterschicht, in der sich Menschen mit und ohne Migrationshintergrund befinden. Aus diesem Problemkreis, der sich sozusagen vererbt, auszubrechen, gelingt zwar vielen, aber immer noch zu wenigen Kindern und Enkeln der «Gastarbeiter» und neuen Zuwanderern. Es handelt sich also um kein «Ausländerproblem», sondern um ein soziales Thema, das die gesamte Gesellschaft in Deutschland betrifft. Die Probleme, die aus der Ausländerbeschäftigung entstanden sind, dürfen weder verharmlost noch dramatisiert werden. Schlechte Schulabschlüsse der Kinder und Enkel der «Gastarbeiter», hohe Arbeitslosigkeit, unzureichende Sprachkenntnisse, das ist nur eine Seite der Medaille, die aber meist ins Blickfeld von Politik und Medien gerät, nicht nur zu Wahlkampfzeiten. Die positiven Aspekte treten demgegenüber häufig zurück. So stellte beispielsweise der 6. Familienbericht der Bundesregierung zur Situation ausländischer Familien in Deutschland bereits im Jahre 2000 eine erfolgreiche Integration für die große Mehrzahl der Migranten fest. Der öffentliche Diskurs über Ausländer in Deutschland sei von extremer Vereinfachung geprägt. Der Familienbericht unterstreicht zudem die Integrationsleistungen, die die Migrantenfamilien selbst erbracht haben und die die Aufnahmegesellschaft entlasten.

Alles in allem ist eine differenziertere Betrachtung beim Integrationsgeschehen wichtig - so können Frauen mit Migrationshintergrund in Baden-Württemberg eine höhere Schulbildung einbringen als Männer mit Migrationshintergrund. Unter den Migrantinnen gibt es daher sogar mehr Hochschulabsolventinnen als bei Frauen ohne Migrationshintergrund (Ausländerinnen 11 Prozent, Deutsche mit Migrationshintergrund neun Prozent, Frauen ohne acht Prozent). Man muss also genau hinschauen, wenn von gelungener bzw. gescheiterter Integration die Rede ist.

86. Ist die multikulturelle Gesellschaft tot? Der Begriff «multi kulti» wird oft verwendet, ohne zu sagen, was damit gemeint ist - ein weitverbreitetes Phänomen bei vielen Begriffen in der ausländerpolitischen Diskussion der letzten Jahrzehnte. Jedenfalls war die Einführung oder Befürwortung einer multikulturellen Gesellschaft nie Teil einer offiziellen Regierungspolitik, beispielsweise der rot-grünen Bundesregierung, wie oft unterstellt wird. Auch handelt es sich dabei keineswegs um ein klar festgelegtes umfassendes Konzept mit entsprechenden politischen Maßnahmen. Das Gegenteil ist richtig: Selbst in der Fachliteratur findet sich eine «Vielzahl von Definitionen und Unterscheidungen», worauf der Politikwissenschaftler Stefan Rother hinweist. So dient «multikulti» auch als Kampfbegriff, um dem politischen Gegner zu unterstellen, er wolle Deutschland zu einer multikulturellen Gesellschaft machen und dabei «traditionelle deutsche» Werte aufgeben. So erklärte der bayerische Ministerpräsident und CSU-Vorsitzende Horst Seehofer 2010 Multikulti für «tot», die Bundeskanzlerin für «gescheitert», ähnlich äußerten sich fast zeitgleich Nicolas Sarkozy in Frankreich und David Cameron in Großbritannien. Dabei geht der Begriff mit auf den langjährigen Stuttgarter Oberbürgermeister Manfred Rommel (CDU) zurück, für den dieses Schlagwort nichts anderes war als eine Situationsbeschreibung in seiner Stadt. Bereits 1990 sagte er beispielsweise in einem Rundfunkinterview: «Die multikulturelle Gesellschaft existiert bereits. Und jede Kulturgesellschaft ist eine multikulturelle Gesellschaft. Eine Gesellschaft, in der nur eine kulturelle Strömung da ist und nichts anderes, ist keine Kulturgesellschaft, ist eine sterile Gesellschaft. Die Vielfalt gehört zur Kultur, und um Vielfalt zu haben, braucht man auch Toleranz. Wenn hier Angehörige verschiedener Länder in einer Stadt sich begegnen, dann ist dies kein Nachteil, sondern ein Vorteil.»

Grundsätzlich findet sich in allen menschlichen Gesellschaften kulturelle Vielfalt. Kulturelle Vielfalt und kultureller Austausch waren und sind der Motor des kulturellen Wandels. So gesehen sind die Kulturen immer multikulturell gewesen. Prof. Dieter Oberndörfer, Politikwissenschaftler und Vorsitzender des Arnold Bergstraesser Instituts, macht deutlich, dass es in der Republik keine nationale Religion oder Kultur gibt, die für ihre Bürger verbindlich gemacht werden darf: «Jeder Versuch, einem Deutschen, Franzosen oder Amerikaner eine bestimmte Religion oder Konfession als nationale Pflicht oder Eigenschaft vorzuschreiben, wäre ein Anschlag auf die Bestimmungen ihrer Verfassungen.» Kulturelle Werte dürfen in der Republik individuell interpretiert, akzeptiert oder zurückgewiesen werden, so Oberndörfer. Allein die Grundwerte der Verfassung, das positive (vom Menschen gesetzte) Recht und die Rechtsprechung begrenzen diesen Pluralismus. Wenn beispielsweise in Deutschland die Zahl der Staatsbürger muslimischen Glaubens zunimmt, werden deren religiöse Überzeugungen in noch stärkerem Umfang als jetzt zu einem Bestandteil der Kultur Deutschlands werden. Was die Diskussion um eine Leitkultur in Deutschland angeht, so spricht Oberndörfer von einer schamlosen Blindheit der Anhänger einer Leitkultur für die schwarzen Flecken ihrer eigenen Kultur: «Der Holocaust wuchs auf dem Kultursockel einer christlich geprägten Gesellschaft. Die Mörder von Auschwitz waren keine Muslime», schreibt Oberndörfer. Bei den viel diskutierten Parallelgesellschaften erinnert er daran, dass in Deutschland noch bis in die 1960er Jahre Ehen zwischen Protestanten und Katholiken eine seltene, von den Kirchen mit Sanktionen bekämpfte Ausnahme waren. Eine bunte und zunehmende Vielfalt von oft weniger miteinander verbundenen Parallelgesellschaften oder Lebenswelten ist nach seiner Analyse für moderne Gesellschaften geradezu charakteristisch. Wer die Integration der Ausländer in die deutsche Kultur fordert, müsse erst einmal die Frage beantworten können: Was ist eigentlich ein integrierter Deutscher?

87. Welche Rolle spielen die Medien in der Einwanderungsgesellschaft? Den Medien kommt beim Thema «Migration/Integration» eine wichtige Rolle zu. Viele Zeitungsleser, Radiohörer und Fernsehzuschauer erhalten ihr «Ausländerbild» über die Medien. Presse, Funk und Fernsehen können dabei Vorurteile verstärken oder abbauen.

Lange Zeit hat sich die Lebenslüge vom «Nicht-Einwanderungsland» auch in Presse, Funk und Fernsehen widergespiegelt. Inzwischen haben sich aber die Massenmedien auf das Thema Migration und Integration eingestellt und auch das Publikum mit Migrationshintergrund als Klientel erkannt. Nach langer Zeit haben die Söhne, Töchter und Enkelkinder der ersten «Gastarbeitergeneration» in den Medien Karriere gemacht, wie Dunja Hayali, Moderatorin des ZDF Morgenmagazins. Pinar Atalay ist «die erste Tagesthemen-Moderatorin mit türkischen Wurzeln – und die Frau, mit der ein Migrationshintergrund im deutschen Fernsehen zur Normalität geworden ist», wie DIE ZEIT feststellte. Es hat sich also einiges getan in letzter Zeit. Aber es ist natürlich noch längst nicht alles zum Besten bestellt. So werden Pinar Atalay, Tochter türkischer Gastarbeiter, oder andere «Multikulti-Promis» – wie sie selbst sagen – immer noch mit Sätzen wie «Sie sprechen aber gut Deutsch!» konfrontiert.

Nicht nur die Boulevardpresse verbreitete in Deutschland schon in den 60er Jahren die Klischees vom gewalttätigen Ausländer, wie zum Beispiel 1964 in der Zeitungsschlagzeile: «Gastarbeiter erstach Deutschen». Seriöse Tageszeitungen brachten Überschriften wie «Aussiedlersohn wurde zum Unhold» oder «Falscher Asylant ergaunert Sozialhilfe». Insbesondere bei den Täterbeschreibungen im viel gelesenen Lokalteil finden sich Schlagzeilen wie «Mordfall Marianne E. – Polizei sucht einen Südländer» oder auch: «Der Täter soll etwa 1,70 Meter groß und schlank sein, vermutlich stammt er aus südlichen Gefilden.» Unfreiwillig komisch war die Täterbeschreibung im Lokalteil einer bayerischen Tageszeitung: «Möglicherweise handelt es sich um einen Türken. Er sprach Hochdeutsch ohne erkennbaren Akzent.»

Die Kritik an dieser negativen Darstellung von Ausländern in der Presse ist so alt wie die Ausländerbeschäftigung. Oft wird im Polizeibericht die Nationalität genannt, auch wenn es gar nicht notwendig ist. Beim Publikum entsteht dadurch der Eindruck, Ausländer seien eben krimineller als Deutsche. Schon ältere Untersuchungen zeigen: Das Bild der Ausländer in den Medien wird dadurch deutlich negativ verzerrt. Dies sei nicht einem vermeintlich ausländerfeindlichen Handeln der Journalisten selbst anzulasten, sondern ergebe sich aus zwei sich verstärkenden Faktoren: Kulturferne und Unwissenheit, so Medienwissenschaftler. Eine weitere Ursache für diese Verzerrung seien die Nachrichtenwerte, wonach das Sensationelle und Erschreckende für das Publikum attraktiv sei. «The Only Good News is Bad News», wie die Amerikaner sagen. Hinzu kommt die Kritikfunktion der Medien, also ihre positive Rolle in der Demokratie. Sie müssen Probleme aufzeigen und Missstände anprangern. Die dritte Ursache für Verzerrungen sehen Kritiker darin, dass immer noch Journalisten mit Migrationshintergrund fehlen. Verglichen mit der Berichterstattung über die einheimische Bevölkerung konnte man lange Zeit wenig Positives über Ausländer in der Presse lesen, negative Eigenschaften hingegen wurden dramatisiert. Betroffen waren hier vor allem Kulturen, die nicht im Christentum wurzeln. So wurden in den 80er Jahren die Türken als «Ausländer» überrepräsentiert, Anfang der 90er Jahre die Asylbewerber und Flüchtlinge. Später standen öfter die Aussiedler im Brennpunkt, die in manchen Zeitungsschlagzeilen als «Russen» bezeichnet wurden.

Es fehlten oftmals positive oder auch «normale» Bilder aus der Alltagswirklichkeit im Zusammenleben zwischen Einheimischen und Zugewanderten. Es mangelte aber auch offensichtlich an grundsätzlichen Informationen und Hintergrundberichten. So wurde bei Umfragen die Zahl der Ausländer in Deutschland weit überschätzt, meist sogar eine doppelt so hohe Zahl angegeben, als sie der Wirklichkeit entspricht, und das selbst von Personen, die keine Vorbehalte gegenüber Ausländern hegen. Gerade diese Überschätzung könnte zumindest teilweise aus der dramatisierten Darstellung des Ausländerthemas in den Medien resultieren.

Wenn von der weltweiten Migration in Medien die Rede ist, steht oft das Bedrohliche im Vordergrund. Bei Begriffswahl und Sprache haben sich Ausdrücke aus der Welt des Militärischen oder gar des Verbrechens eingeschlichen. Die dramatischen Bilder von «Bootsflüchtlingen» im Mittelmeer weisen aber sehr eindrucksvoll auf die Ausläufer des Flüchtlingsdramas hin. Sie können das Bewusstsein für das Problem schärfen und Fluchtursachen deutlich machen. Vermutlich ist die aktuelle Welle der Hilfsbereitschaft für Flüchtlinge auch auf diese ständige Berichterstattung über Krisenherde zurückzuführen. Allerdings wird manchmal der Eindruck erweckt, Migranten und Flüchtlinge seien das Problem und nicht Kriege, Konflikte oder der Nord-Süd-Gegensatz. Es wäre fatal, wenn Migranten und Flüchtlinge zu Sündenböcken für weltweite und innerstaatliche Probleme wie Arbeitslosigkeit gemacht würden.

Verfolgt man die deutsche Tagespresse, so könnte man gelegentlich meinen, der Islam und die Muslime – also in erster Linie die Türken – seien eine Bedrohung für die deutsche Kultur und Gesellschaft, sogar eine Gefahr für das Christentum. Insgesamt tauchen islamische Länder in erster Linie im Rahmen von Kriegsberichterstattung auf. Der Islam als Religion droht zum Synonym für Terrorismus und Islamismus zu werden. Durch die Schreckensbilder aus Syrien, den IS-Terrorismus, den Missbrauch des Islam dürfte sich dieses Bild weiter verfestigen. Die Medien tragen deshalb zurzeit eine ganz besondere Verantwortung, was das Bild vom «Islam» angeht. Sie sollten noch viel stärker zwischen Islam und Islamismus unterscheiden.

In der aktuellen Debatte um die gestiegenen Zahlen von Flüchtlingen in Deutschland wird allerdings ein recht differenziertes Bild vermittelt. Formulierungen wie «Asylantenflut» oder «Asylantenschwemme» tauchen im Gegensatz zum Anfang der 1990er Jahre praktisch nicht auf, auch weil die Politik diesmal solche Worte vermeidet. Gerade jetzt können die Medien durch Hintergrundberichte zur Versachlichung der Debatte beitragen, indem sie beispielsweise darauf hinweisen, dass nur ein Rinnsal des weltweiten Flüchtlingsstromes Europa erreicht und 80 Prozent der Flüchtlinge in den ärmsten Ländern der Welt bleiben, die somit die Hauptlast tragen. In den letzten Jahren haben die Medien ihre Berichterstattung über Flüchtlinge verstärkt – im Jahr 2015 erschienen 19 000 Beiträge in Zeitungen, 4000 mehr als in den vergangenen sechs Jahren zusammen. Die Medien sind dabei unter Beschuss geraten, von Rechtsradikalen als «Lügenpresse» beschimpft, mussten sie sich auch von Wissenschaftlern den Vorwurf gefallen lassen, sehr früh den Eindruck einer Überforderung erweckt, zu einseitig und zu positiv berichtet zu haben, von «Willkommensjournalismus» war gar die Rede. Vor allem die elektronischen Medien haben schon früh ein mehrsprachiges Angebot für die Flüchtlinge eingerichtet und sich ihrer Verantwortung gestellt. Eine besondere Rolle spielten in den letzten Jahren die sozialen Medien, das Internet und Smartphones, die auch von den Flüchtlingen auf ihrem Weg nach Europa und dann in Deutschland sehr stark genutzt wurden. Gerade in den «neuen Medien» wie Facebook kursierten aber viele Falschmeldungen und wurden Helfer oder Journalisten gezielt aufs Korn genommen.

88. Was bedeuten Diskriminierung und Antidiskriminierung? Als «unterschiedlich behandeln» wird Diskriminieren meist verstanden, als ungerechtfertigte ungleiche Behandlung. Antidiskriminierung geht gegen diese Ungleichbehandlung vor, in der Überzeugung, dass alle Menschen unabhängig von Persönlichkeitsmerkmalen den gleichen Wert genießen. Eine Diskriminierung liegt beispielsweise vor, wenn ein Mensch wegen eines bestimmten Merkmals wie Hautfarbe in einer vergleichbaren Situation schlechter behandelt wird als eine andere Person. Ziel von Antidiskriminierung ist es, solche Ungleichbehandlungen abzuschaffen und eine Antidiskriminierungskultur zu entwickeln. Dabei spielt das Allgemeine Gleichbehandlungsgesetz (AGG) seit 2006 eine wichtige Rolle, das Benachteiligungen aus Gründen der «Rasse», wegen der ethnischen Herkunft, der Religion oder Weltanschauung, des Geschlechts, einer Behinderung, des Alters oder der sexuellen Orientierung verhindern oder beseitigen will. In Deutschland wurde im gleichen Jahr die Antidiskriminierungsstelle des Bundes (ADS), die beim Bundesministerium für Familie, Senioren, Frauen und Jugend ihren Sitz hat, eingerichtet. Es besteht ein europäisches Antidiskriminierungsrecht, das auch vor dem Hintergrund rassistischer Gewalttaten verabschiedet wurde. Das in diesem Zusammenhang Papier geduldig ist, zeigt das Beispiel Ungarns mit vorbildlichen, über den europäischen Rahmen hinausgehenden Bestimmungen. In der Praxis, auf die es eben ankommt, werden aber in dem Land vor allem Roma diskriminiert und geradezu verfolgt.

Übereinstimmung besteht nicht nur in Deutschland darin, dass die Integration von Migrantinnen und Migranten nicht ohne eine aktive Antidiskriminierungsarbeit erfolgreich sein kann. Menschen mit Migrationshintergrund fühlen sich im Alltag diskriminiert. Untersuchungen von Bewerbungen weisen auf Benachteiligungen in der Arbeitswelt hin. Die gleichen Bewerbungen - einmal mit ausländischem Namen und einmal mit «deutschem» - haben gezeigt, dass die Bewerber ohne Migrationshintergrund eindeutig bessere Chancen haben, zu Vorstellungsgesprächen eingeladen zu werden.

89. Welchen Einfluss haben PEGIDA und AfD? Scheinbar aus dem Nichts tauchte im Herbst 2014 PEGIDA - Patriotische Europäer gegen die Islamisierung des Abendlandes - in Dresden auf. Aus zunächst ein paar hundert Teilnehmern wurden am 12. Januar 2015 rund 25 000 Menschen beim sogenannten Abendspaziergang. Auf ihren Plakaten fanden sich Aufschriften, wie «Keine Scharia in Europa», «Gewaltfrei und vereint gegen Glaubenskriege auf deutschem Boden» oder «Wir sind das Volk». Im Frühjahr 2015 ging die Zahl der Montagsdemonstranten in Dresden stark zurück. Das mag auch daran gelegen haben, dass der mehrfach vorbestrafte Lutz Bachmann nach ausländerfeindlichen Facebook-Postings und einem «Hitler-Selfie» als Chef zunächst zurückgetreten war und sich die Bewegung spaltete. PEGIDA e. V. ist vor allem eine Vereinigung, die sich gegen die angeblich drohende Ausbreitung des Islamismus in Deutschland einsetzt. Untersuchungen zeigen, dass es aber auch um eine allgemeine Unzufriedenheit mit dem politischen System und um die Angst vor «Heimatverlust» geht. Hinzu kommt ein ausgeprägtes Misstrauen gegenüber den Medien, die als «Lügenpresse» bezeichnet werden. An den PEGIDA-Demonstrationen nahmen vor allem Männer im mittleren Alter aus dem Raum Dresden teil. Die meisten haben ein überdurchschnittlich hohes Bildungsniveau. Viele sind voll erwerbstätig. Politisch orientieren sie sich an rechten Positionen und neigen der Alternative für Deutschland (AfD) zu. Befragungen widersprechen der Auffassung, bei PEGIDA wären in der Mehrheit harmlose, von Sorgen geplagte «Normalbürger» zu finden. Zwar würden die Organisatoren gerne dieses Bild vermitteln, in Wirklichkeit handelt es sich aber im Kern um «gruppenbezogene Menschenfeindlichkeit», zugespitzt um «kaum verhüllten Rassismus».

In mehreren deutschen Städten kam es zu Demonstrationen gegen

PEGIDA, so in München mit 12 000 Menschen. In Dresden demonstrierten rund 35 000 Menschen für Toleranz und Weltoffenheit. Bundeskanzlerin Angela Merkel distanzierte sich in ihrer Neujahrsansprache 2014/15 deutlich von PEGIDA, ohne sie wirklich zu erwähnen: «Deshalb sage ich allen, die auf solche Demonstrationen gehen: Folgen Sie denen nicht, die dazu aufrufen! Denn zu oft sind Vorurteile, ist Kälte, ja sogar Hass in deren Herzen.» Offensichtlich sind diese Demonstrationen auch ein Beweis dafür, dass die Ablehnung gegenüber Zuwanderern gerade dort am größten ist, wo es praktisch keine gibt. Im Freistaat Sachsen leben 8000 Muslime, die 0,1 Prozent der Bevölkerung ausmachen. Sachsens Wissenschaftsministerin Eva-Maria Stangel (SPD) sah durch die PEGIDA-Bewegung die Internationalität an den Hochschulen des Landes gefährdet. Als Reaktion auf PEGIDA wollten einige ausländische Forscherinnen und Forscher nicht mehr in Sachsen bleiben. Der Schaden, der durch den Imageverlust Deutschlands als modernes Einwanderungsland international entstanden ist, lässt sich nicht einschätzen. Auf jeden Fall hinterließ die Berichterstattung ein negatives, teilweise dramatisiertes Bild von Deutschland. Wegen der Proteste warnte das US-Außenministerium im Januar 2015 seine Bürger in Deutschland vor möglichen Gefahren in Leipzig, Dresden sowie in anderen Großstädten.

Auch wenn die PEGIDA-Demonstrationen weniger Zulauf erhalten, so bleibt die Strömung weiterhin eine Herausforderung. Nicht unbedingt PEGIDA, aber die Fragen, die dabei gestellt werden, sind allem Anschein nach ein Anzeichen dafür, dass viele Menschen sich gerade in der Migrations- und Flüchtlingspolitik nicht mitgenommen fühlen. Die Angst vor Heimatverlust, das Gefühl, «Fremd im eigenen Land?» zu sein, sind ernst zu nehmen, auch wenn dem viel Irrationales beiwohnt. Nicht zu akzeptieren ist allerdings, wenn «Heimat» als Kampfbegriff verwendet wird, zur Abgrenzung gegenüber Fremden, denen das Recht auf Heimat in Deutschland abgesprochen wird. Ein offener Dialog, die Vermittlung von Fakten und Hintergrundinformationen sind notwendig. Daran mangelt es seit der Ausländerbeschäftigung nach dem Zweiten Weltkrieg in Deutschland. Immer wieder tauchen wie in Wellen Unbehagen und Ängste vor Zuwanderung auf, die auch von rechtsradikalen Trittbrettfahrern geschürt werden. Gerade in Wahlkämpfen lassen sich diese teilweise berechtigten Befürchtungen instrumentalisieren. Herausforderungen wie PEGIDA gehören fast schon zur Normalität in einer Einwanderungsgesellschaft. Es wäre gut, gelassener damit umzugehen und beispielsweise PEGIDA und ihre Parolen zu hinterfragen, wie es die Konrad-Adenauer-Stiftung in Dresden versucht hat. Was versteht man unter Abendland, wurde dabei gefragt. Wie kommt es, dass PEGIDA-Demonstranten das christliche Abendland retten möchten, obwohl in Dresden etwa 75 Prozent der Menschen keiner Kirche angehören. Patriotismus meine vielmehr, das Eigene zu lieben und das Andere nicht abzuwerten.

In den letzten Jahren ist die Politik in Sachen Integration weit vorangeschritten, ohne dass ihr eine Mehrheit der Bürger gefolgt wäre. Ein gewisses Unbehagen ist auch nicht verwunderlich: Ein halbes Jahrhundert lang sprachen die Bundesregierungen davon, dass Deutschland kein Einwanderungsland sei, obwohl weltweit mit die höchsten Zuwanderungszahlen zu verzeichnen waren. Dieser Widerspruch musste zu merkwürdigen Stimmungslagen führen. Hinzu kam, dass Politiker im Laufe der Jahrzehnte immer wieder ähnliche Parolen – ob bewusst oder unbewusst – lieferten, die jetzt nicht nur von PEGIDA aufgegriffen werden. So warnte beispielsweise die CSU 1998 im Bundestagswahlkampf vor einer «Islamischen Republik Deutschland». PEGIDA-Vertreter beriefen sich auch auf ein Zitat von Bundeskanzlerin Merkel, wonach Multikulti gescheitert sei. Der Zulauf zu PEGIDA – am zweiten Jahrestag im Oktober 2016 versammelten sich nur zwischen 5000 und 8000 Anhängern – hat offensichtlich auch deshalb so stark nachgelassen, weil viele ihre politische Heimat in der AfD (Alternative für Deutschland) gefunden haben und sie in Landtagswahlen wählen. In Baden-Württemberg hat die AfD die jüngste Wählerschaft aller im Landtag vertretenen Parteien, ist also keineswegs eine Partei der «Alten». Programmatisch und personell stark verändert, gleicht sie zunehmend den anderen rechtspopulistischen Parteien in Europa. Drei Jahre nachdem die Partei gegründet wurde, geben mehr Wählerinnen und Wähler an, sich mit ihr verbunden zu fühlen als jemals mit den Republikanern, der NPD oder der DVU. Die AfD hat offenbar schon eine Parteibindung erreicht, die über ihre Positionierung als «Anti-Flüchtlings- und Anti-Islam»-Partei hinausgeht. Anhänger finden sich unter den Nichtwählern, bei den rechtsextremen Parteien und denjenigen, die unzufrieden mit der Demokratie sind und sich vor Einwanderung fürchten. «Arm und wenig gebildet» – das trifft entgegen mancher

Meinungen auf den typischen AfD-Wähler nicht zu, wie das Institut der deutschen Wirtschaft in einer Analyse herausgefunden hat. Die Klientel der AfD gehört durchaus zu den Besserverdienenden, die sich trotzdem Sorgen um Zuwanderung machen, so diese Untersuchung. Nach einer Befragung von Infratest dimap vom Dezember 2016 sieht sich sogar die Mehrheit der AfD-Anhänger – 56 Prozent – als Gewinner der gesellschaftlichen Entwicklung. Als Modernisierungsverlierer fühlen sich nur 28 Prozent der AfD-Anhänger. Rechtsextremes Gedankengut findet sich in der Partei eindeutig wieder. So postete der Freiburger Kandidat für die Bundestagswahl 2017, Thomas Seitz, auf Facebook, Merkels Flüchtlingspolitik sei der «Auftakt zur Vernichtung des deutschen Volkes», und die Regierung arbeite an der «Zerstörung Deutschlands». Gegen den Staatsanwalt läuft im Übrigen deshalb ein Disziplinarverfahren.

Nicht zu unterschätzen ist der Einfluss von PEGIDA und AfD auf das politische Klima und auf die demokratischen Parteien, die sich von ihrer Wählerschaft in der Flüchtlingspolitik unter Druck gesetzt fühlen. Insbesondere die CDU versucht offensichtlich Wähler von der AfD zurückzugewinnen. Nur so ist der Beschluss des Bundesparteitags im Dezember 2016 in Essen zu verstehen, den sogenannten Doppelpass, die doppelte Staatsbürgerschaft für in Deutschland geborene ausländische Kinder, wieder abzuschaffen. Nach jahrelanger Diskussion war er 2014 von der schwarz-roten Koalition eingeführt worden. Der Beschluss hat allerdings keine Aussicht auf Erfolg, zumal der Bundesinnenminister und die Bundeskanzlerin dieses Vorhaben postwendend ablehnten. Auch der Ruf nach «mehr Abschiebungen» ist als Versuch zu werten, Klientel von der AfD zurückzuholen. Alle Erfahrungen zeigen jedoch, dass meistens das «Original» gewählt wird und nicht die Kopie.

IX. Zukunftsperspektiven von Einwanderung und Asyl

90. Werden in Zukunft mehr Flüchtlinge und Migranten zu uns kommen? Solange es Bürgerkriege, Kriege, Menschenrechtsverletzungen, Not und Armut auf der Welt gibt, werden weiterhin viele Flüchtlinge versuchen nach Europa zu kommen. Prognosen darüber, wie viele es genau sein werden, stehen aber auf wackeligen Beinen. UNHCR hat ausgerechnet, dass schon jetzt in jeder vierten Sekunde ein Mensch auf der Welt gezwungen ist zu fliehen. Kaum einer hätte damit gerechnet, dass so viele Syrer ihre Heimat würden verlassen müssen. Falls sich die Lage im Libanon, wo die syrischen Flüchtlinge fast ein Viertel der gesamten Bevölkerung ausmachen, zuspitzt, werden Flüchtlinge versuchen nach Europa zu kommen. Insgesamt ist nicht nur in Deutschland ein Paradigmenwechsel notwendig - man wird sich darauf einstellen müssen, dass die Zahl der Flüchtlinge und Asylbewerber auf Dauer relativ hoch bleiben wird.

Weltweit steigt die Zahl der Umweltflüchtlinge. Experten gehen davon aus, dass durch den Anstieg des Meeresspiegels die Menschen in den Küstenregionen stark betroffen sein werden. Nach einem Szenario sind 145 Millionen Menschen bedroht, wenn der Meereswasserspiegel um einen Meter ansteigt. Drei Viertel davon leben in Ost- und Südostasien. Mancherorts müssten ganze Dorfgemeinschaften umgesiedelt werden. Die Malediven erwägen bereits, dafür Land in anderen Staaten zu kaufen. Die Schätzungen über die Anzahl der Menschen, die wegen des Klimawandels gezwungen sein werden, ihre Heimat zu verlassen, sind sehr vage und reichen von 200 Millionen bis zu einer Milliarde. Man sieht: Es sind Schätzungen, keiner weiß genau, wie viele es sein werden. Sicher ist aber, dass sie sich nicht alle auf den Weg in die reichen Industrieländer machen werden. Wie soll das auch passieren, wie soll jemand von Bangladesch nach Deutschland kommen und dann noch aufgenommen werden?

Durch die Genfer Flüchtlingskonvention und andere Abkommen werden Umwelt- und Klimaflüchtlinge nicht erfasst. Der Status von diesen Flüchtlingen sollte dringend geklärt werden. Die Vereinten Nationen könnten hier eine wichtige Rolle spielen. Sicher ist aber, dass wir in Europa oder in Amerika nicht Millionen von Umweltflüchtlingen aufnehmen könnten.

Es geht nach wie vor darum, Fluchtursachen wie eine Klimakatastrophe zu beseitigen. Wie schwierig und unbequem das für die Industrienationen ist, können wir bei den Klimaschutzkonferenzen verfolgen. Ein Scheitern der internationalen Konferenzen hätte gravierende Auswirkungen auf die weltweiten Flüchtlingszahlen, so viel ist sicher. Wir brauchen eine radikale Energiewende, die Reduzierung der Emissionen und Gelder für die betroffenen ärmsten Länder, die sich nicht wie wir, beispielsweise durch den Bau von Dämmen und Deichen, auf die Auswirkungen des Klimawandels einstellen können.

Wie es mit der Arbeitsmigration weitergeht, ist unklar. Es war nicht damit zu rechnen, dass so viele Menschen aus den Krisenländern Griechenland, Spanien oder Italien in den letzten Jahren Arbeit in Deutschland suchen würden. Ungewiss bleibt auch, wie lange sie bleiben werden und ob es Deutschland im internationalen Wettbewerb gelingt, dringend gesuchte Fachkräfte und andere Arbeitskräfte beispielsweise im Pflegebereich ins Land zu holen. Eine Obergrenze für Flüchtlinge würde gegen geltendes Recht verstoßen. Der wissenschaftliche Dienst des Deutschen Bundestages hat in einem Gutachten bereits juristische Bedenken gegen eine Obergrenze angemeldet. Die meisten, die eine solche Grenze fordern, sagen nicht, was damit genau gemeint ist, und vor allem nicht, wie so etwas praktisch umgesetzt werden soll. Durch mehrere tausend Kilometer lange Zäune? Durch ein riesiges Polizeiaufgebot? Will man Verletzte und Tote in Kauf nehmen? Was passiert bei Erreichen der Obergrenze? Werden alle weiteren Flüchtlinge dann zurückgeschickt? Man müsste dazu nicht nur das Grundgesetz ändern. Noch immer gilt die Genfer Flüchtlingskonvention. Artikel 33 enthält das Verbot, einen Flüchtling «auf irgendeine Weise über die Grenzen von Gebieten auszuweisen oder zurückzuweisen, in denen sein Leben oder seine Freiheit wegen seiner Rasse, Religion, Staatsangehörigkeit, seiner Zugehörigkeit zu einer bestimmten sozialen Gruppe oder wegen seiner politischen Überzeugung bedroht sein würde.» Die Grenzen dicht: Dagegen sprechen unter anderem auch die Europäische Menschenrechtskonvention und die UN-Kinderrechtskonvention. Man müsste diese Verträge aufkündigen oder gegen sie verstoßen, was wohl niemand will.

91. Ist Deutschland verstärkt auf Einwanderung angewiesen?
Die Entwicklung zu einer schrumpfenden und alternden Gesellschaft können Zuwanderer nicht mehr rückgängig machen. Der Zug

in Richtung «älter, weniger und bunter» ist längst abgefahren. Einwanderung kann diese Probleme nicht lösen, aber abmildern. Deshalb ist Einwanderung geradezu ein «Glücksfall» für Deutschland, trotz aller Probleme und Schwierigkeiten. Auf den Zusammenhang zwischen demografischer Entwicklung und Einwanderung hat bereits vor 20 Jahren Bundesinnenminister Wolfgang Schäuble (CDU), damals noch Kanzleramtschef, in einem Aufsatz unter der Überschrift «Älter und weniger» hingewiesen. Schäuble sagte «einen empfindlichen Mangel an Nachwuchs – und später an Arbeitskräften in allen Bereichen von Wirtschaft und Gesellschaft» voraus. Er forderte Gegenmaßnahmen in der Familienpolitik, stellte aber fest: «Langfristig werden wir nicht umhinkönnen, die Schrumpfung der deutschen Bevölkerung zumindest teilweise durch einen verstärkten Zuzug von Ausländern auszugleichen.» Diese vorausschauenden Erkenntnisse blieben allerdings ohne politische Konsequenzen.

Um die demografische Krise zu meistern, müsste man nur noch Kinder einwandern lassen, was natürlich genauso absurd ist. Einwanderung ist schon deshalb kein Allheilmittel gegen eine schrumpfende Gesellschaft, weil Zuwanderer auch älter werden und sich ihre Geburtenrate der Aufnahmegesellschaft angleicht. In diesem Sinne integrieren sich die Einwanderer, was aber auch wieder unerwünscht ist. Zunächst einmal geht es darum, das inländische Erwerbspotential voll auszuschöpfen, die Söhne, Töchter und Enkel der einstigen «Gastarbeiter» besser auszubilden und sie als «Schatz» in einer immer älter werdenden Gesellschaft zu begreifen. Die «demografische Entwicklung» war lange Zeit kein Thema in Deutschland. Erst in den letzten Jahren ist sie ins Bewusstsein gerückt.

Die demografische Entwicklung hängt von drei wichtigen Prozessen ab: den Geburten, den Sterbefällen und dem Ergebnis der Zu- und Abwanderungen. Deutschland zählt bereits seit der Mitte der 1970er Jahre weltweit zu den Ländern mit einer sehr niedrigen Geburtenrate, die jetzt, rein rechnerisch gesehen, bei 1,36 Kindern pro Frau liegt. Um den Bevölkerungsbestand aufrechtzuerhalten, müsste jede Frau, rein statistisch gesehen, im Durchschnitt 2,1 Kinder zur Welt bringen. Nur die grafische Darstellung der Altersstruktur für das Jahr 1990 lässt noch eine Alterspyramide erkennen. Man spricht aber auch schon von einem «zerzausten Tannenbaum». Die Zahl der jungen Menschen nimmt immer mehr ab, die der Alten dagegen zu. Die Zahl der Erwerbspersonen schrumpft. Die Alterspyramide von

2060 sieht dann, wie böse Zungen sagen, schon eher wie eine Urne aus. Falls die Bevölkerung um ein Viertel schrumpft, hätte dies katastrophale Folgen für die Industrieländer, für die Renten-, Kranken- oder Pflegeversicherung, für den Bestand von Kindergärten und Schulen. Insgesamt naht in Deutschland die Zeit, in der nicht mehr vier Erwerbstätige einen Rentner «ernähren» müssen, sondern auf einen Erwerbstätigen ein Rentner kommt. Bundesweit fehlen heute schon 30 000 Pfleger. Prognosen gehen davon aus, dass diese Zahl bis 2030 auf etwa 200 000 bis eine halbe Million ansteigen wird. Die Bundesregierung versucht deshalb schon, Pfleger in den Philippinen, Tunesien, Serbien, Bosnien-Herzegowina, China, Vietnam und Indonesien anzuwerben. Die ersten Pflegekräfte aus China sind schon da.

Das Institut der deutschen Wirtschaft machte im April 2015 auf das Problem des Ingenieurmangels aufmerksam: Allein 2015 gingen bundesweit 41 400 Ingenieure in den Ruhestand. Bis zum Jahr 2029 müssen rund 700 000 Ingenieure ersetzt werden, was mehr als 40 Prozent des Ingenieurbestands entspricht. Ohne Einwanderer lässt sich nach Auffassung des Instituts der Ingenieurmangel nicht beheben.

Der demografische Wandel führt nicht nur zur Schrumpfung und Alterung der Erwerbspersonen in Deutschland, unter denen sich Mitte des nächsten Jahrzehnts fast 30 Prozent Personen mit Migrationshintergrund befinden werden. Nach Angaben der Bundesagentur für Arbeit tut sich bis dahin eine Fachkräftelücke in Höhe von 5,5 Millionen Personen auf. Allein bis 2020 könnten bis zu 1,4 Millionen Fachkräfte im MINT-Bereich (Mathematiker, Informatiker, Naturwissenschaftler, Techniker) fehlen. Heute sind es schon 121 000. Die Wirtschaft rechnet damit, dass der Zuzug der Flüchtlinge dem MINT-Arbeitsmarkt zugutekommt. Bis 2020 könnten zwischen 24 000 und 40 000 Flüchtlinge einen Arbeitsplatz in einem MINT-Beruf besetzen, wodurch sich aber das Personalproblem allein nicht lösen lasse. Vielmehr brauche es eine gezielte Zuwanderungspolitik, um genügend ausländische Fachkräfte für Deutschland zu gewinnen. Insgesamt trugen die 1,6 Millionen zugewanderten MINT-Erwerbstätigen nach Angaben des Instituts der deutschen Wirtschaft 2014 rund 157 Milliarden Euro zur gesamtwirtschaftlichen Wertschöpfung bei.

Nach der 13. koordinierten Bevölkerungsvorausberechnung des Statistischen Bundesamtes, veröffentlicht am 28. April 2015, setzt sich der Trend «älter, weniger und bunter» fort. Die Statistiker bestätigen, welche wichtige Rolle die Nettozuwanderung bei der weiteren Bevölkerungsentwicklung spielt. Bei der letzten Vorausberechnung 2009 hatten sie nicht mit einer so hohen Einwanderung gerechnet und mussten deshalb ihre Zahlen korrigieren. Was die weitere Zuwanderung angeht, so ist der damalige Präsident des Statistischen Bundesamtes, Roderich Egeler, allerdings skeptisch. Auch er weist darauf hin, dass die Nettozuwanderung – Zuzüge minus Fortzüge – in den letzten Jahren zu mehr als drei Viertel aus Europa und davon zu 94 Prozent aus der Europäischen Union stammt. Die ost- und südosteuropäischen EU-Staaten haben selbst stark alternde Bevölkerungen, aus diesem Grund sei künftig mit deutlich weniger Zuzug aus den derzeit wichtigsten Herkunftsregionen zu rechnen. Das Statistische Bundesamt untersucht die künftige Bevölkerungsentwicklung in zwei Szenarien mit unterschiedlichen Wanderungsannahmen. Die erste Variante geht von einem Abflachen der sehr hohen jährlichen Nettozuwanderung von 500 000 auf 100 000 Personen innerhalb von sechs Jahren bis zum Jahr 2021 aus. Anschließend bleibt der Wanderungssaldo aufgrund dieser Berechnung bei 100 000 Personen pro Jahr. Im zweiten Szenario wird angenommen, dass der jährliche Wanderungssaldo bis zum Jahr 2021 auf 200 000 Personen sinken und sich dann auf diesem Niveau verfestigen würde. «Die aktuelle hohe Zuwanderung hat nur sehr eingeschränkte Auswirkungen auf die langfristige Bevölkerungsentwicklung», bekräftigte das Statistische Bundesamt im Januar 2016. Der Trend zur zunehmenden Alterung der Bevölkerung könne dadurch nicht umgekehrt werden.

Nicht nur Deutschland, ganz Europa ist von der demografischen Entwicklung betroffen und droht zum «Altersheim» zu werden. Man könnte es auf den Nenner bringen: «Das Boot ist nicht voll, es wird immer leerer!» Unter dieser Zukunftsperspektive sollten auch die jungen Flüchtlinge gesehen werden, von denen viele auf Dauer hierbleiben werden und von denen 10 Prozent einen Hochschul- oder Fachhochschulabschluss haben.

92. Brauchen wir ein Einwanderungsgesetz? Im Januar 2015 sorgte CDU-Generalsekretär Peter Tauber für Aufsehen, als er ein Einwanderungsgesetz forderte. Noch im Jahr 2004 wurde im Rahmen der Verabschiedung des Zuwanderungsgesetzes auf die Forderung der Unionsparteien hin der Paragraf 20 «Zuwanderung im Auswahlverfahren» gestrichen. Vorgesehen war, die Einwanderung nach einem Punktesystem zu steuern. Von dieser Möglichkeit wollte die Bundesregierung überhaupt erst in zehn Jahren Gebrauch machen. Zum ersten Mal in der Geschichte der Bundesrepublik Deutschland wäre Zuwanderung durch ein solches Auswahlverfahren möglich gewesen. Eine genau festgelegte Anzahl von qualifizierten Bewerbern sollte unabhängig von einem konkreten Arbeitsangebot - ausgerichtet nach den wirtschaftlichen Interessen Deutschlands - ins Land geholt werden können, orientiert an den Erfolgen klassischer Einwanderungsländer. Nach dem Entwurf hätten Bundestag und Bundesrat einem solchen Verfahren zustimmen müssen, so dass auf keinen Fall - wie von den Gegnern der Regelung unterstellt - mit diesem Paragrafen 20 Tür und Tor für eine erhöhte Zuwanderung geöffnet worden wäre. Auch eine Null-Zuwanderung wäre aus arbeitsmarktpolitischen Gründen möglich gewesen. In den Vermittlungsgesprächen wurden diese Pläne jedoch aufgegeben.

SPD, Grüne und FDP befürworteten Taubers Initiative, doch Bundesinnenminister de Maizière und der damalige Präsident des Bundesamtes für Migration und Flüchtlinge, Manfred Schmidt, lehnten sie ab. Zwar hat Deutschland in den letzten Jahren seine Migrationspolitik liberalisiert und sich auf den Weg zu einem Einwanderungsland gemacht, es fehlt jedoch an einem Einwanderungsgesetz. Ein solches Gesetz müsste von einem breiten Parteienkonsens getragen und nach einer ausführlichen öffentlichen Debatte verabschiedet werden. Das vorhandene Zuwanderungsgesetz ist auf jeden Fall unzureichend und könnte höchstens als Grundlage für ein Einwanderungsgesetz, das seinen Namen verdient, genutzt werden. Von den Gegnern eines Zuwanderungsgesetzes wird ins Feld geführt, dass ja schon alles genau geregelt sei. Das stimmt, aber darin liegt auch das Problem. Haargenau und bürokratisch bis ins letzte Detail festgeschrieben, sind die zahlreichen Bestimmungen selbst für Fachleute kaum noch zu durchschauen. Ein übersichtliches Zuwanderungsgesetz mit einfachen, klaren Bestimmungen wäre deshalb hilfreich. Wie sehr weiterhin Flickschusterei betrieben wird, zeigte die Abstimmung im Bundestag am 2. Juli 2015 zur Neubestimmung des Bleiberechts und der Aufenthaltsbeendigung. Die entsprechenden gesetzlichen Bestimmungen lagen seit einem Jahr auf dem Tisch bzw. in der Schublade, um dann im Eilverfahren noch vor der Sommerpause durch das Parlament «gepeitscht» zu werden, damit sie noch im Laufe des Jahres in Kraft treten konnten. Im Herbst 2016 überraschte die SPD-Bundestagsfraktion mit einem erneuten Vorstoß und stellte den Entwurf für ein Einwanderungsgesetz vor, freilich ohne Erfolgsaussichten vor den Bundestagswahlen 2017.

93. Ist Kanada ein Vorbild für Deutschland? Immer wieder taucht in der migrationspolitischen Diskussion Kanada mit seinem Punktesystem für Einwanderer als Vorbild für Deutschland auf, immer wieder reisen deutsche Politiker dorthin, um sich das «Modell» anzuschauen. Selbst Bundespräsident Joachim Gauck informierte sich 2014 vor Ort. Bis zu einem gewissen Grad handelt es sich dabei um einen Mythos. Es wird übersehen, dass die Kanadier ihr Punktesystem bereits geändert haben und dabei sind, weitere Veränderungen in ihrer Einwanderungspolitik vorzunehmen. Auch in Kanada haben Einwanderer Schwierigkeiten, einen ihrer Qualifikation entsprechenden Arbeitsplatz zu finden. Trotz Punktesystems gibt es auch dort den Arzt, der Taxi fährt. Die Arbeitslosigkeit unter Migranten ist fast 50 Prozent höher als die von im Land geborenen Kanadiern. Im Lande selbst wird die Migrationspolitik von Wissenschaftlern kritisiert, die befürchten, dass Kanada seinen internationalen Ruf als «Top-Einwanderungsland» verliert. In Kanada ist also auch nicht alles Gold, was glänzt, die Einwanderungspolitik ist im Fluss. Eine jährliche Quote für die Einwanderung festzulegen und nach einem System – Bildungsgrad oder Sprachkenntnissen – Punkte zu vergeben, das kann zwar Stoff für die Diskussion in Deutschland sein, ist aber kein «Allheilmittel» für das Einwanderungsland Deutschland und seinen Arbeitskräftemangel. Vorbild kann Kanada aber insofern sein, als es Einwanderung immer als Bereicherung gesehen hat. Seit 1988 besteht dort ein Gesetz, das Multikulturalismus als «unschätzbare Ressource» für Kanadas Zukunft ansieht und verlangt, die Freiheit aller anzuerkennen, ihr kulturelles Erbe zu bewahren, zu teilen und zu fördern. Alle Regierungen haben an diesem Konzept einer multikulturellen Gesellschaft festgehalten und es als Selbstverständnis des Landes begriffen.

94. Was wird aus den Gastarbeiterrentnern? Im Rentenalter wollen viele «Gastarbeiter» in die «alte Heimat» zurück, die aber längst zur Fremde geworden ist. Auch in Deutschland finden sie sich oft nicht zurecht und sprechen schlecht Deutsch. Wo ist also für die 1,5 Millionen «Gastarbeiterrentner» die Heimat? Wie es der türkischstämmige Journalist Cüneyt Özadali formuliert: «Nach 60 Jahren Einwanderungsgeschichte ist mittlerweile Heimat dort, wo die ganze Familie lebt, und dort, wo man stirbt. Und das ist Deutschland.»

Die Zahl der «Gastarbeiterrentner» wird sich bis 2030 schätzungsweise auf drei Millionen verdoppeln. Das wird zunehmend eine Herausforderung für die Sozialpolitik und die Altenheime. Auch mit der deutschen Friedhofsordnung gibt es Probleme, wenn Muslime nach ihren Glaubensvorschriften beerdigt werden wollen. In vielen Orten ist man jedoch dabei, die Voraussetzungen dafür zu schaffen.

95. Was ist die Willkommens- und Anerkennungskultur? In den letzten Jahren wird in Deutschland viel von Willkommenskultur gesprochen. Der Begriff ist fast schon inflationär geworden. Im Grunde genommen geht es darum, im Einwanderungsland Deutschland neue Zuwanderer – wie der Name schon sagt – willkommen zu heißen, ihnen bei der Integration zu helfen. Dabei sollen die Chancen und Fähigkeiten der Einwanderer gesehen und die problemorientierten Sichtweisen verlassen werden. Das Konzept der Willkommenskultur wendet sich damit an die Aufnahmegesellschaft und nicht wie bisher vor allem an die Migranten. Neben den Angeboten für Neuzuwanderer spricht man von einer Anerkennungskultur, d. h., die Leistungen der Einwanderer, die schon da sind, sollen honoriert werden. Der Begriff der Willkommenskultur wird somit zu einer Willkommens- und Anerkennungskultur erweitert. In der Praxis besteht die Gefahr, dass der Begriff zur Worthülse verkommt. Er muss mit Inhalt gefüllt und gelebt werden. Dazu gehört auch die interkulturelle Öffnung in der Verwaltung und auf Ämtern. Inzwischen sind bereits Willkommenszentren entstanden, die sich aber in erster Linie um die hoch qualifizierten neuen Einwanderer kümmern, die dringend gebraucht werden. Die Flüchtlinge der letzten Jahre trafen auf eine Welle der Hilfsbereitschaft und der Willkommenskultur in Deutschland, die aber gefährdet ist. Viele ehrenamtliche Helferinnen und Helfer drohen zu resignieren, zumal sie oft zu wenig professionelle und finanzielle Unterstützung erhielten. Gerade diese Willkommenskultur gilt es aber in Zukunft zu stärken und die Arbeit der

Unterstützer zu würdigen. Die Themen Zuwanderung und Integration könnten insgesamt noch viel stärker beachtet, beispielsweise in Museen und Heimatbüchern verankert werden. Die Zeit ist reif für ein Denkmal, das beispielsweise an die Einwanderung der «Gastarbeiter» erinnert, denen das Land so viel zu verdanken hat. Schließlich ist die Zeit auch reif dafür, ein Migrationsmuseum einzurichten, wie es von «DOMiD - Dokumentationszentrum und Museum über die Migration in Deutschland» in Köln geplant ist.

96. Was ist Diversity Management? Eine Einwanderungsgesellschaft muss lernen, mit Diversity - Vielfalt - umzugehen. Dazu werden in Deutschland erste Ansätze von Diversity Management entwickelt, also ein Konzept zur Förderung personeller Vielfalt in Unternehmen. Der Ansatz soll Vorteile wie einen wirtschaftlichen Gewinn bringen. Der wichtigste Gedanke von Diversity Management ist, «ein Arbeitsumfeld zu schaffen, in dem alle Beschäftigten ihre individuellen Kompetenzen in einem von Offenheit und Inklusion gezeichneten Klima unabhängig von persönlichen Merkmalen voll entfalten können», wie es Andreas Merx, Experte auf diesem Gebiet, ausdrückt.

97. Welche Rolle spielt die kommunale Integrationspolitik? «Aus den Wanderarbeitern der sechziger Jahre wurden ausländische Dauerarbeitnehmer. De facto ist die Bundesrepublik Deutschland zu einem Einwanderungsland geworden.» Diese Feststellung stammt nicht etwa aus einem Integrationsbericht dieser Tage, sondern aus einer 400 Seiten starken «Ausländerstudie» der Stadt Stuttgart aus dem Jahr 1976. Bereits vor über 30 Jahren zog die Landeshauptstadt aus dieser Erkenntnis die entsprechenden Konsequenzen in der kommunalen Ausländerpolitik und leitete auf zahlreichen Gebieten wie bei den Kindertagesstätten Maßnahmen ein, die Ausländern und Deutschen zugutekamen. Die Grundlagen für die heutige Integrationspolitik in Stuttgart wurden frühzeitig unter Oberbürgermeister Manfred Rommel (CDU) gelegt, der von 1974 bis 1996 die Geschicke der Stadt lenkte. Stuttgart gilt seit vielen Jahren aufgrund dieser vorausschauenden lokalen Integrationspolitik als Leuchtturm für die Städte und Gemeinden in Deutschland, was auch Rommels Nachfolger Wolfgang Schuster (CDU) und dem Integrationsbeauftragten der Stadt, Gari Pavcovic, zu verdanken ist.

Viele Kommunen sind inzwischen diesem Beispiel gefolgt und

haben lokale Integrationskonzepte entwickelt. Integration wurde beispielsweise in Solingen oder im Landkreis Hersfeld-Rotenburg als Querschnittsaufgabe in der Verwaltung verankert. Die Rahmenbedingungen, die die Bundesländer und der Bund vorgeben, schränken die Handlungsspielräume der Städte allerdings ein. So haben sich auch auf kommunaler Ebene das jahrzehntelange Leugnen der Wirklichkeit eines Einwanderungslandes und die damit verbundene unzureichende Förderung der Kommunen ausgewirkt. Sicher ist, dass die Kommunen als «Integrationsmaschinen» eine wichtige Aufgabe erfüllen, nicht nur bei der Unterbringung von Flüchtlingen, sondern zum Beispiel auch im Kindergarten-, Schul- oder Freizeitbereich. In der Einwanderungsgesellschaft wird der kommunalen Integrationspolitik künftig eine noch größere Bedeutung zukommen.

98. Kann der Sport die Integration beflügeln? Der Sport, insbesondere der Fußball, gilt als ein Paradebeispiel für multikulturelle Vielfalt. Beim EM-Turnier 2012 bestand etwa ein Drittel der deutschen Fußballnationalmannschaft aus Spielern mit ausländischen Wurzeln, wie Mario Gomez oder Sami Khedira.

Beim «Sommermärchen» der WM 2006 zeigten deutsch-türkische Fußballfans öffentlich, dass ihr Herz sowohl für die deutsche als auch für die türkische Mannschaft schlägt. Die Weltmeisterschaft gewann Deutschland 2014 mit einem Multikulti-Team: Jérôme Boatengs Vater stammt aus Ghana, Lukas Podolski aus Polen. Bundeskanzlerin Angela Merkel gratulierte 2010 Mesut Özil in der Mannschaftskabine zum Sieg der deutschen Fußballnational-Elf gegen die Türkei.

Auch immer mehr Spieler der Junioren-Auswahlmannschaft des Deutschen Fußballbundes (DFB) haben Migrationshintergrund. Der Manager der deutschen Nationalmannschaft, Oliver Bierhoff, stellt fest: «Spieler, die einen anderen kulturellen Hintergrund haben, bringen andere Charaktere mit, eine andere Spielauffassung, eine andere Lebensphilosophie – und das bereichert uns.» Der frühere DFB-Präsident Dr. Theo Zwanziger bezeichnete den Fußball als wichtigen gesellschaftlichen Integrationsmotor: «Die große Wirkung entfachen in erster Linie nicht Projekte, sondern das, was an der Basis geschieht. Für eine kluge Integrationsstrategie braucht man den Sport.»

Der Sport als Vorbild für Toleranz und Völkerverständigung hat allerdings auch seine Schattenseiten mit den rassistischen Provokationen in den Fußballstadien. Verschiedene Aktionen des DFB setzen sich für Integration und gegen Rassismus ein. «Integration durch Sport» heißt ein Programm des Deutschen Olympischen Sportbundes (DOSB). Auch auf regionaler und lokaler Ebene bestehen sportliche Integrationsprogramme. Der Sport ist seit Langem zu einem Synonym für Multikulturalität, Völkerverständigung und Toleranz geworden. Es darf aber nicht darüber hinwegtäuschen, dass Menschen mit Migrationshintergrund - mit Ausnahme vom Fußball - in den Sportvereinen unterrepräsentiert sind. Rassistische Provokationen sind leider auch auf und neben dem Spielfeld keine Seltenheit. Im Sport sind Prozesse der Integration genauso möglich wie Prozesse der Ausgrenzung, betont der Sportwissenschaftler Klaus Seiberth. Integration ist nach seiner Beobachtung kein Automatismus des Sports, sondern hängt in hohem Maße von den konkreten Rahmenbedingungen vor Ort ab, also den Vereinen selbst. Es braucht konkrete Ziele, tragfähige Konzepte, spezifische Angebote und vor allem Personen, die sich für das Thema begeistern und einsetzen. Der Sport kann einen besonderen Beitrag zur Integration der Flüchtlinge leisten.

99. Vor welchen Herausforderungen stehen die Schulen? Deutschlands Schulen befinden sich allem Anschein nach in einer «Flüchtlingskrise». Die Lage ist dramatisch. Das Bundesarbeitsministerium schreibt, was sich hier anbahne, sei «sozialer Zündstoff mit Zeitzünder». Deshalb müsse die deutsche Bevölkerung wissen, «dass sie auf Dauer nicht in sozialem Frieden leben kann, wenn die soziale und berufliche Integration der Ausländer nicht gelingt. Es ist nicht nur eine humanitäre Frage, ob unser Land den insgesamt rund eine Million ausländischen Kindern und Jugendlichen gute Entwicklungschancen bietet, sondern eine Frage der sozialen Stabilität unseres Landes ... Alles, was an dieser jungen Ausländergeneration versäumt wird, muss eines Tages auf die deutsche Bevölkerung zurückschlagen.»

Das Zitat könnte aus den letzten Jahren stammen. Es geht aber auf das Jahr 1976 zurück! Vor genau 40 Jahren wurden ähnliche Probleme hochdramatisch beschrieben. Nach dem Motto «Alles schon mal dagewesen» wiederholen sich die Debatten in Deutschland, gerade auch, was die Asylpolitik angeht. Wie wir wissen, ist es nicht so «schlimm» gekommen. Im Gegenteil: Die Integration gerade der jungen Zuwanderinnen und Zuwanderer ist besser als ihr Ruf, was auch den Schulen und engagierten Lehrerinnen und Lehrern zu verdanken ist. So verfasste beispielsweise in den 1970er Jahren der Grundschuldirektor in Kirchheim unter Teck, Karl-Heinz Rehm, selbst ein Schülerheft für «Gastarbeiterkinder», um die Sprachkenntnisse seiner Schüler zu verbessern. Es gab damals praktisch noch nichts zu dieser Herausforderung für Politik und Gesellschaft, die Lehrer fühlten sich oft alleingelassen. Heutzutage sieht es natürlich ganz anders aus, gerade was die Schulbücher angeht. Allerdings zeigt eine aktuelle Schulbuchstudie, dass Einwanderung oft als Problem dargestellt wird. Obwohl mittlerweile ein Drittel aller Kinder in Deutschland einen Migrationshintergrund haben, wird die Vielfalt unseres Landes noch immer nicht als Normalität dargestellt. Bei einer Tagung, die die Staatsministerin für Migration, Aydan Özoğuz, zusammen mit der Kultusministerkonferenz 2016 veranstaltete, wurden Verbesserungen deutlich. Immer mehr Lehrerinnen und Lehrer bilden sich interkulturell fort – so ein Ergebnis der Tagung. Viele Schulen würden das Thema inzwischen aktiv aufgreifen.

Lehrerinnen und Lehrer stehen jetzt vor einer großen Herausforderung. Aber die Schulen fangen nicht bei null an. Im Gegenteil: Sie können auf langjährige Erfahrungen in der Integrationsarbeit aufbauen. Verschiedene Einwanderungswellen mit den entsprechenden Herausforderungen für die Schulen hat es im Laufe der Jahrzehnte immer wieder gegeben.

Deshalb sind offene Gespräche zu Einwanderung und Asyl gerade in den Schulen besonders wichtig, bei denen auch die Eltern mit einbezogen werden sollten. Schülerinnen und Schüler mit Migrationshintergrund können eine Brückenfunktion zu den neuen Flüchtlingskindern übernehmen und ihnen gezielt in- und außerhalb des Unterrichts helfen. Wichtig ist zunächst einmal eine Bestandsaufnahme – angefangen von den realistischen Zahlen der Flüchtlinge bis hin zu ihrem Bildungsstand. Die Robert Bosch Stiftung und ihre Expertenkommission haben bereits Handlungsempfehlungen und Reformvorschläge vorgelegt, was den Zugang zu Bildungseinrichtungen für Flüchtlinge angeht. Danach soll beispielsweise die Schulpflicht für Flüchtlingskinder gesetzlich verankert werden. Auch für die Aus- und Fortbildung der Lehrer hat die Kommission Vorschläge unterbreitet. Das Mercator Institut für Sprachförderung und Deutsch als Zweitsprache geht von rund 200 000 Kindern und Jugendlichen im schulpflichtigen Alter aus, die 2015 zugewandert sind. Ihr Anteil an der Gesamtschülerschaft hat sich damit seit 2014 von einem auf zwei Prozent verdoppelt Das Institut hat ebenfalls einen Katalog von Empfehlungen vorgelegt und begrüßt, dass sich die Kultusministerkonferenz gerade dazu bekannt hat, Strukturen, Konzepte und Qualifizierungsangebote auf Dauerhaftigkeit auszurichten, was die zugewanderten Kinder und Jugendlichen angeht.

An guten Ratschlägen fehlt es also (wieder einmal) in der Integrationspolitik nicht. «Mehr Geld und Personal» heißt die banale Zauberformel für die Umsetzung. Mehrere Milliarden Euro haben Bund und Länder bereits für die Unterbringung und die administrative Bewältigung der «Flüchtlingskrise» bereitgestellt. Deutschland ist dabei europaweit ein Vorbild. Für die schulische Integration sollte aber noch mehr getan werden, mit Maßnahmen, die allen Schülerinnen und Schülern zugutekommen. Mit den Deutschkenntnissen – vor allem mit der Rechtschreibung – steht es an deutschen Schulen allgemein nicht zum Besten. Das Bundeskriminalamt konnte im Dezember 2016 viele Stellen nicht besetzen, weil Bewerber reihenweise durch den hauseigenen Deutschtest fielen, trotz Abitur.

Studien zeigen, dass die Lehrkräfte in den meisten Bundesländern immer noch unzureichend auf den Unterrichtsalltag in der Einwanderungsgesellschaft vorbereitet sind. Das Land braucht jetzt vor allem eine Integrationspolitik, die allen Kindern – ob mit oder ohne Migrationshintergrund – zugutekommt. Sprachförderung ist dringend angesagt. Die Flüchtlingskinder stellen trotz allem nur einen Teil der Integrationsaufgabe in den Schulen dar. Die Enkel und Urenkel der einstigen Gastarbeiter erreichen immer noch schlechtere Abschlüsse als ihre Altersgenossen ohne Migrationshintergrund. Nicht nur die PISA-Studie 2016 zeigt, dass der Abstand zwischen Schülern mit und ohne Migrationshintergrund in Deutschland unverändert hoch bleibt und dass der schulische Erfolg immer noch stark von der sozialen Herkunft und dem finanziellen Einkommen der Eltern abhängt. In Anlehnung an die Förderprogramme für Arbeiterkinder in den 1970er Jahren könnte man sich jetzt ähnliche Maßnahmen in den Schulen vorstellen. Die Schulen brauchen eine verlässliche, vorausschauende Bildungs- und Integrationspolitik, um die Herausforderung bewältigen zu können. Darüber hinaus muss es mehr Programme und Geld für die Bekämpfung von Rassismus an Schulen geben. Das Gleiche gilt für Maßnahmen gegen islamistische Tendenzen und Gefahren, denen gerade Flüchtlingskinder ausgesetzt sind und denen durch Präventionsmaßnahmen Einhalt geboten werden muss.

100. Wann und wie gelingt Integration? Zunächst einmal gelingt Integration durch eine klare, berechenbare und vorausschauende Migrations- und Integrationspolitik. Dabei ist es von entscheidender Bedeutung, dass die einheimische Bevölkerung eine solche Politik mitträgt und erkennt, dass dies allen zugutekommt. Die Sozialwissenschaftlerin Annette Treibel fordert nicht zu Unrecht Integrationskurse für alle, denn viele Deutsche haben sich noch immer nicht daran gewöhnt, dass wir längst in einer Einwanderungsgesellschaft leben. In der Tat sind auch Teile der deutschen Gesellschaft nicht integriert, nicht nur beispielsweise PEGIDA-Anhänger, sondern auch viele Nichtwähler – die Wahlbeteiligung bei manchen Regionalwahlen ist erschreckend niedrig. Kann man von «politischer Integration» sprechen, wenn das Wahlrecht als wichtigstes Instrument der politischen Teilhabe nicht wahrgenommen wird? Integration ist keine Einbahnstraße, Alteingesessene haben eine Bringschuld, Zuwanderer eine Pflicht, Integrationsanstrengungen zu unternehmen, was die Mehrzahl auch tut. Den Medien kommt eine besondere Verantwortung zu. Positive Beispiele von gelungener Integration stehen nicht unbedingt im Brennpunkt, sondern eher die negativen Schlagzeilen, die vom Publikum oft verallgemeinert werden. Integration gibt es nicht zum Nulltarif. Es muss Geld in Bildung, in die Kindergärten, in Sprachkurse, in die Ausbildung der Lehrer, in die Schulen, in die Hochschulen, in die Erwachsenenbildung, in den sozialen Wohnungsbau investiert werden, um nur einige Beispiele zu nennen. Dabei muss klar sein: All diese Maßnahmen kommen allen zugute, ob zugewandert oder nicht. Eine «Neiddebatte» nach dem Motto «die Flüchtlinge bekommen alles, uns kürzt man noch die Rente» darf es nicht geben. Integration findet vor Ort in den Kommunen, in der Nachbarschaft, in den Vereinen statt. Sprachkenntnisse, Arbeit und Wohnraum – das sind die Voraussetzungen für eine erfolgreiche Integration. Fremdenfeindlichkeit und Gewalt gegenüber Ausländern verhindert Integration und muss deshalb entschieden bekämpft werden. Integration braucht den guten Willen auf beiden Seiten. Die viel zitierte Willkommenskultur, auf die wir stolz sein können, zählt dazu.

Die sogenannte Flüchtlingskrise ist eine Nagelprobe für Politik und Gesellschaft, letztendlich auch für unsere Demokratie und unsere Werte, die immer wieder gerade im Hinblick auf die Flüchtlinge, die sich daran halten sollen, beschworen werden. Es besteht durch die «Krise» jetzt die Chance, gemeinsam – Einheimische und Zuwanderer – eine Vision von unserer Einwanderungsgesellschaft, von einem neuen Integrationsbegriff zu entwickeln. In der Erkenntnis, dass wir eine historische, politische, moralische und religiöse Verpflichtung haben, Flüchtlingen zu helfen, was eigentlich auch niemand leugnet. Letztendlich geht es in der «Flüchtlingskrise» um die innere Einstellung, die Haltung nicht nur gegenüber Fremden, gegenüber den Mitmenschen generell, auch um die Frage: «Sind wir bereit zu teilen?»

Damit die Integration gelingt, wäre eine bessere Abstimmung der Maßnahmen zwischen den Bundesländern einerseits und zwischen Bund und Ländern andererseits wichtig. Das gilt ebenfalls für die Koordinierung zwischen den verschiedenen Ministerien auf Landes- und Bundesebene, von denen viele Integrationspolitik betreiben. Noch immer liegt die Macht, was die Themen «Migration/Integration» angeht, beim Bundesinnenminister. Die anderen Ressorts sind meist finanziell und personell im Hintertreffen. Es besteht sogar so etwas wie Konkurrenzkampf, zumindest entsteht dieser Eindruck, wenn beispielsweise die Integrationsbeauftragte der Bundesregierung am 9. Dezember 2016 ihren Migrationsbericht veröffentlicht und der Bundesinnenminister seinen eigenen wenige Tage später, am 14. Dezember. Vielleicht ist ein Bundesministerium für Migration und Integration nach den Bundestagswahlen 2017 eine Lösung. Das bisher einzige Integrationsministerium in Deutschland, das es bis zu den Landtagswahlen 2016 gab, wurde sang- und klanglos aufgelöst, ohne dass eine Auswertung stattgefunden hätte, ob ein solches Ministerium sinnvoll wäre.

Die Daten und Fakten müssen stärker in die Öffentlichkeit gebracht werden, denn was die Menschen verwirrt, sind nicht die Tatsachen, sondern die Meinungen über die Tatsachen, wie der griechisch-römische Philosoph Epiktet schon 300 n. Chr. sagte. Der gute Wille und die Hilfsbereitschaft sollten gestärkt und gefördert werden, jeder kann sich vor Ort engagieren. Oftmals bestehen immer noch wenig Kontakte zwischen Einheimischen und Zugewanderten sowie ihren Kindern, die hier geboren und aufgewachsen sind. Gerade durch nachbarschaftliche Begegnungen können Vorbehalte abgebaut werden. Wer sich für die Migranten engagiert, der profitiert auch selbst, denn wenn man mit Flüchtlingen spricht und von ihrem Schicksal erfährt, relativieren sich unsere Probleme in einem der reichsten Länder der Welt. Die Politik sollte der Bevölkerung «reinen Wein» einschenken - mit der unbequemen Wahrheit, dass wir auf Dauer mit hohen Flüchtlingszahlen leben werden, solange Kriege und Bürgerkriege und andere Fluchtursachen nicht beseitigt werden. Die Zahl der Flüchtlinge geht zwar gerade zurück, was uns aber nicht darüber wegtäuschen sollte, dass sie in Zukunft schon auf Grund von Umweltflüchtlingen eher wieder ansteigen wird. Damit Integration gelingt, ist ein integrationsfreundliches Klima in der Aufnahmegesellschaft von großer Bedeutung. Dabei sind Äußerungen von Politikern und anderen Meinungseliten wichtig. Zitate aus 50 Jahren Einwanderungsgeschichte belegen allerdings, dass immer wieder - ob bewusst oder unbewusst - Einwanderung als Problem und als Gefahr dargestellt wurde. Dabei wiederholen sich im Übrigen die Debatten. Bereits 1980 sprach zum Beispiel der damalige baden-württembergische Innenminister Palm (CDU) davon, dass es «eine flukturiende Flüchtlingsmasse» gebe, «die überall dorthin überschwappe», wo es wirtschaftlich besser gehe. Es gebe ein «Zuflussproblem» und ein «Abflussproblem».

Solche Aussagen waren über die Jahrzehnte hinweg nicht gerade integrationsfördernd. Was wir jetzt brauchen, ist ein offener und breiter Dialog über Einwanderung und Integration, eine Vision für die Einwanderungsgesellschaft in Deutschland. Dabei dürfen Probleme und Schwierigkeiten nicht ausgeklammert werden. Integration ist kein «Zuckerschlecken», sondern mit Problemen und Enttäuschungen verbunden. Integration ist nur möglich, wenn die Mehrheit kulturelle Verschiedenheiten akzeptiert.

101. Wo kann man sich am besten über Einwanderung und Asyl informieren?

Links

Neueste Zahlen und weitere statistische Angaben finden sich beim *Statistischen Bundesamt*: www.destatis.de/DE/Startseite.html

Studien, rechtliche Bestimmungen, Zahlen beim *Bundesamt für Migration und Flüchtlinge* (bamf): www.bamf.de/DE/Startseite/startseite-node.html

Antworten auf viele detaillierte Fragen, kritische Hintergrundberichte und wissenschaftliche Erkenntnisse unter: www.mediendienst-integration.de/
Besonders zum Thema Asyl: *PRO ASYL*: www.proasyl.de/
Dazu auch *Flüchtlingshilfswerk der Vereinten Nationen*: www.unhcr.de
Zur Migration allgemein: *Internationale Organisation für Migration:* www.iom.int
Tagesaktuelle Internetseite mit viel Hintergrundmaterial bei *SWR International*: www.swr.de/international
Wissenschaftliche Untersuchungen und aktuelle Studien bei: www.rat-fuer-migration.de/
Sachverständigenrat deutscher Stiftungen für Integration und Migration (SVR): www.svr-migration.de/
Bertelsmann-Stiftung: www.bertelsmann-stiftung.de/de/startseite/
Stiftung Wissenschaft und Politik: www.swp-berlin.org/
Heinrich Böll Stiftung: www.boell.de/
Die *Amadeu Antonio Stiftung* setzt sich gegen Rechtsextremismus, Rassismus und Antisemitismus ein: www.amadeu-antonio-stiftung.de
Zur Frage, wie man helfen kann: www.flüchtlinge-willkommen.de
Das Handbuch für ehrenamtliche Helfer kann man herunterladen: http://www.fluechtlingshilfe-bw.de
Caritas: www.caritasinternational.de
Diakonie: www.diakonie.de/
Mit Fragen, Herausforderungen in der europäischen Politik beschäftigt sich eine «Denkfabrik» mit Sitz in Brüssel: *CEPS*: www.ceps.be/
Internationale Vergleiche bei der *OECD*: www.oecd.org
Zu Migration und Bevölkerung: www.migration-info.de
Weiterführendes Material kostengünstig bei den *Landeszentralen für Politische Bildung* bzw. bei der *Bundeszentrale für Politische Bildung*: www.bpb.de/
Praktische Hilfe und Informationen für Asylsuchende: www.ankommenapp.de

Bücher

Beiträge von namhaften Autoren aus ganz Deutschland zum Einwanderungsland: Karl-Heinz Meier-Braun, Reinhold Weber (Hrsg.): Deutschland Einwanderungsland. Begriffe – Fakten – Kontroversen. Stuttgart: Kohlhammer 2017
Autorinnen und Autoren schreiben über das Zusammenleben im Einwanderungsland Deutschland: Dorte Huneke (Hrsg.): Ziemlich deutsch. Betrachtung aus dem Einwanderungsland Deutschland. Bonn: Bundeszentrale für politische Bildung 2013
Was wäre Deutschland ohne Ausländer – dazu haben ein Buch geschrieben: Pitt von Bebenburg, Matthias Thieme: Deutschland ohne Ausländer. Ein Szenario. München: Redline Verlag 2012
Eine Analyse zu PEGIDA liefern: Lars Geiges, Stine Marg, Franz Walter: PEGIDA. Die schmutzige Seite der Zivilgesellschaft? Bielefeld: Transcript Verlag 2015

Friedrich Heckmann hat den klassischen Integrationsbegriff in Deutschland geprägt. Sein neuestes Buch ist erschienen unter dem Titel: Friedrich Heckmann: Integration von Migranten. Einwanderung und neue Nationenbildung. Wiesbaden: Springer VS 2015
Wer sich für den Islam interessiert, dem seien zwei Bücher empfohlen: Bülent Ucar, Rauf Ceylan (Hrsg.): Islam und Diaspora. Analysen zum muslimischen Leben in Deutschland aus historischer, rechtlicher sowie migrations- und religionssoziologischer Perspektive. Frankfurt/M.: Peter Lang GmbH 2012
Ursula Spuler-Stegemann: Die 101 wichtigsten Fragen. Islam. München: Verlag C.H.Beck 2007
Auf die globale Migration, über den Tellerrand Deutschland hinaus, schaut: Jochen Oltmer: Globale Migration. Geschichte und Gegenwart. München: Verlag C.H.Beck 2016
Karin Hunn hat eine Geschichte der türkischen Gastarbeiter geschrieben: Karin Hunn: «Nächstes Jahr kehren wir zurück» – Die Geschichte der türkischen «Gastarbeiter» in der Bundesrepublik. Göttingen: Wallstein Verlag 2005
Zum Rechtsextremismus: Andreas Zick, Beate Küpper, Daniela Krause: Gespaltene Mitte. Feindselige Zustände. Rechtsextreme Einstellungen in Deutschland 2016. Herausgegeben für die Friedrich-Ebert-Stiftung von Ralf Melzer. Bonn: J. H. W. Dietz 2016
Zu den Heimatvertriebenen nach dem Zweiten Weltkrieg: Andreas Kossert: Kalte Heimat. Die Geschichte der deutschen Vertriebenen nach 1945. München: Siedler Verlag 2008
Matthias Beer: Flucht und Vertreibung der Deutschen. Voraussetzungen, Verlauf, Folgen. München: Verlag C.H.Beck 2011
Ein Plädoyer für ein radikales Umdenken in der Flüchtlings- und Einwanderungspolitik: Heribert Prantl: Im Namen der Menschlichkeit. Rettet die Flüchtlinge! Berlin: Ullstein Buchverlage 2015
Deutschland findet sich neu statt «Deutschland schafft sich ab» – unter dem Motto steht: Annette Treibel: Integriert Euch! Plädoyer für ein selbstbewusstes Einwanderungsland, Frankfurt/M.: Campus Verlag 2015
Aktuelles Datenmaterial und Hintergrund, erschienen im Dezember 2016: Die Beauftragte der Bundesregierung für Migration, Flüchtlinge und Integration: 11. Bericht der Beauftragten-Teilhabe, Chancengleichheit und Rechtsentwicklung in der Einwanderungsgesellschaft Deutschland
Migrationsbericht des Bundesamtes für Migration und Flüchtlinge im Auftrag der Bundesregierung: Migrationsbericht 2015